AF239078

Ödön von Horváth

Der ewige Spießer

Erbaulicher Roman
in drei Teilen

Für Ernst Weiß
→ Seite 167

Erbaulicher
[Seite 3 : Unter-
titel des Romans]
Erhebender,
das sittliche
Empfinden
und die Moral
stärkender

Für Ernst Weiß

westermann

Ödön von Horváth

Der ewige Spießer

Herausgegeben
und kommentiert von
Hans-Georg Schede

Ödön von Horváth (1901–1938).
Um 1925 entstandene Porträtfotografie (Detail)

Der Spießer ist bekanntlich ein hypochondrischer Egoist, und so trachtet er danach, sich überall feige anzupassen und jede neue Formulierung der Idee zu verfälschen, indem er sie sich aneignet.

5 Wenn ich mich nicht irre, hat es sich allmählich herumgesprochen, dass wir ausgerechnet zwischen zwei Zeitaltern leben. Auch der alte Typ des Spießers ist es nicht mehr wert, lächerlich gemacht zu werden; wer ihn heute noch verhöhnt, ist bestenfalls ein Spießer der Zukunft. Ich sage »Zukunft«, 10 denn der neue Typ des Spießers ist erst im Werden, er hat sich noch nicht herauskristallisiert.

Es soll nun versucht werden, in Form eines Romans einige Beiträge zur Biologie dieses werdenden Spießers zu liefern. Der Verfasser wagt natürlich nicht zu hoffen, dass er durch 15 diese Seiten ein gesetzmäßiges Weltgeschehen beeinflussen könnte, jedoch immerhin.

Spießer
Spießbürger; engstirniger, allem Unvertrauten mit Ablehnung begegnender Mensch

hypochondrischer schwermütiger, an eingebildeten Krankheiten leidender

der Idee
hier wohl: einer neuen Lebensauffassung, einer neuartigen Weltsicht

zwischen zwei Zeitaltern
→ Seite 168

Erster Teil

Herr Kobler wird Paneuropäer

Herr Kobler
→ Seite 168

Paneuropäer
→ Seite 168

> *»Denn solang du dies nicht hast,*
> *Dieses ›Stirb und werde!‹*
> *Bist du noch ein trüber Gast*
> *Auf der dunklen Erde.«*

Denn solang …
dunklen Erde.
→ Seite 169

1

Schellingstraße
→ Seite 170

sechshundert
Reichsmark
→ Seite 170

Mitte September 1929 verdiente Herr Alfons Kobler aus der
Schellingstraße sechshundert Reichsmark. Es gibt viele Leut,
die sich so viel Geld gar nicht vorstellen können.

Auch Herr Kobler hatte noch niemals so viel Geld so ganz
auf einmal verdient, aber diesmal war ihm das Glück hold.
Es zwinkerte ihm zu, und Herr Kobler hatte plötzlich einen
elastischeren Gang. An der Ecke der Schellingstraße kaufte
er sich bei der guten alten Frau Stanzinger eine Schachtel
Achtpfennigzigaretten, direkt aus Mazedonien. Er liebte nämlich dieselben sehr, weil sie so überaus mild und aromatisch
waren.

»Jessas Mariandjosef!«, schrie die brave Frau Stanzinger,
die, seitdem ihr Fräulein Schwester gestorben war, einsam
zwischen ihren Tabakwaren und Rauchutensilien saß und
aussah, als würde sie jeden Tag um ein Stückchen kleiner
werden – »Seit wann rauchens denn welche zu acht, Herr
Kobler? Wo habens denn das viele Geld her? Habens denn
wen umbracht oder haben Sie sich gar mit der Frau Hofopern-

»Jessas Mariandjosef!« Bestür-
zung oder bloße
Verwunderung
signalisierender
Ausruf einer
überzeugten
Katholikin aus
Bayern

brave redliche,
treffliche

ihr Fräulein
Schwester im
Sprachgebrauch
der Zeit: ihre
unverheiratet
gebliebene
Schwester

Frau Hofopern-
sänger
→ Seite 170

Sechszylinder
→ Seite 170

Kabriolett mit
Notsitz »Perso-
nenkraftwagen
mit zurückklapp-
barem Verdeck
und versenkba-
ren Seitenfens-
tern« (»DWDS«,
»Der deutsche
Wortschatz von
1600 bis heute«:
https://www.
dwds.de/) sowie
– im angespro-
chenen Fall –
mit kleinem zu-
sätzlichen Sitz

Rosenheim
gut fünfzig Ki-
lometer südlich
von München
gelegene Stadt
in Oberbayern
mit damals
knapp 18 000
Einwohnern

achtete schätz-
te, erachtete

steuerfreies
Leichtmotorrad
→ Seite 171

sänger wieder versöhnt?« »Nein«, sagte der Herr Kobler. »Ich hab bloß endlich den Karren verkauft.«

Dieser Karren war ein ausgeleierter Sechszylinder, ein Kabriolett mit Notsitz. Es hatte bereits vierundachtzigtausend Kilometer hinter sich, drei Dutzend Pannen und zwei lebensgefährliche Verletzungen. Ein Greis.

Trotzdem fand Kobler einen Käufer. Das war ein Käsehändler aus Rosenheim, namens Portschinger, ein begeisterungsfähiger großer dicker Mensch. Der hatte bereits Mitte August dreihundert Reichsmark angezahlt und hatte ihm sein Ehrenwort gegeben, jenen Greis spätestens Mitte September abzuholen und dann auch die restlichen sechshundert Reichsmark sofort in bar mitzubringen. So sehr war er über diesen außerordentlich billigen Gelegenheitskauf Feuer und Flamme.

Und drum hielt er auch sein Ehrenwort. Pünktlich erschien er Mitte September in der Schellingstraße und meldete sich bei Kobler. In seiner Gesellschaft befand sich sein Freund Adam Mauerer, den er sich aus Rosenheim extra mitgebracht hatte, da er ihn als Sachverständigen achtete, weil dieser Adam bereits seit 1925 ein steuerfreies Leichtmotorrad besaß. Der Herr Portschinger hatte nämlich erst seit vorgestern einen Führerschein, und weil er überhaupt kein eingebildeter Mensch war, war er sich auch jetzt darüber klar, dass er noch lange nicht genügend hinter die Geheimnisse des Motors gekommen war.

Der Sachverständige besah sich das Kabriolett ganz genau und war dann auch schlechthin begeistert. »Das ist ein Notsitz!«, rief er. »Ein wunderbarer Notsitz! Ein gepolsterter Notsitz! Der absolute Notsitz! Kauf's, du Rindvieh!« Das Rindvieh kaufte es auch sogleich, als wären die restlichen sechshundert Reichsmark Lappalien, und während der Kobler die Scheine auf ihre Echtheit prüfte, verabschiedete es

sich von ihm: »Alsdann, Herr Kobler, wanns mal nach Rosenheim kommen, besuchens mich mal. Meine Frau wird sich freuen, Sie müssen ihr nachher auch die Geschicht von dem Prälatn erzählen, der wo mit die jungen Madin herum-
5 gstreunt is wie ein läufiges Nachtkastl. Meine Frau is näm-lich noch liberaler als ich. Heil!«

Hierauf nahmen die beiden Rosenheimer Herren im Ka-briolett Platz und fuhren beglückt nach Rosenheim zurück, das heißt: Sie hatten dies vor.

10 »Der Karren hat an schönen Gang«, meinte der Sachver-ständige. Sie fuhren über den Bahnhofsplatz. »Es is scho schöner so im eignen Kabriolett als auf der stinkerten Bahn«, meinte der Herr Portschinger. Er strengte sich nicht mehr an, hochdeutsch zu sprechen, denn er war sehr befriedigt.

15 Sie fuhren über den Marienplatz.

»Schließen Sie doch den Auspuff!«, brüllte sie ein Schutz-mann an. »Is ja scho zu!«, brüllte der Herr Portschinger, und der Sachverständige fügte noch hinzu: Das Kabriolett hätte halt schon eine sehr schöne Aussprache, und nur kein Neid.

20 Nach fünf Kilometern hatten sie die erste Panne. Sie muss-ten das linke Vorderrad wechseln. »Das kommt beim besten Kabriolett vor«, meinte der Sachverständige. Nach einer weiteren Stunde fing der Ventilator an zu zwitschern wie ei-ne Lerche, und knapp vor Rosenheim überschlug sich das
25 Kabriolett infolge Achsenbruchs, nachdem kurz vorher sämtliche Bremsen versagt hatten. Die beiden Herren flogen in hohem Bogen heraus, blieben aber wie durch ein soge-nanntes Wunder unverletzt, während das Kabriolett einen dampfenden Trümmerhaufen bildete.

30 »Es ist bloß gut, dass uns nix passiert is«, meinte der Sach-verständige. Der Portschinger aber lief wütend zum nächs-ten Rechtsanwalt, jedoch der Rechtsanwalt zuckte nur mit den Schultern. »Der Kauf geht in Ordnung«, sagte er. »Sie

Alsdann (süd-deutsch und österreichisch) Also; nun denn

wanns wenn Sie

Prälatn ›Prälat‹ ist ein Amtstitel eines ranghohen Geistlichen.

der wo mit die jungen Madin herumgstreunt is wie ein läufiges Nachtkastl
→ Seite 171

liberaler weniger sittenstreng, großzügiger in der Beurtei-lung anderer Menschen

Heil!
→ Seite 172

an (Z. 10) einen

stinkerten Bahn mit Kohle betriebenen Dampfloko-motive

Marienplatz
→ Seite 172

Schutzmann heute veralte-te Bezeichnung für: Polizist

geht in Ordnung ist nicht anfechtbar

vor Abschluss
vor Abschluss
des Handels

hätten eben vor Abschluss genauere Informationen über die Leistungsfähigkeit des Kabrioletts einholen müssen. Beruhigen Sie sich, Herr Portschinger, Sie sind eben betrogen worden, da kann man nichts machen!«

5

2

die wo dialektal für: welche

aushält finanziell unterstützt und so an sich bindet

in pekuniärer Hinsicht in finanzieller Hinsicht (vgl. lat. ›pecuniarius‹: ›das Geld betreffend‹)

platonisch
→ Seite 172

Umsturz
→ Seite 172

nur mehr lediglich noch

ungeniert ungehemmt, ohne Gewissensbisse

würdigte es nicht wusste es nicht zu schätzen, hielt es nicht für einen Vorzug

dänischen Honorarkonsul
→ Seite 172

Seinerzeit, als dieser Karren noch fabrikneu war, hatte ihn 10 sich jene Hofopernsängerin gekauft, die wo die Frau Stanzinger in Verdacht hatte, dass sie den Herrn Kobler aushält. Aber das stimmte nicht in dieser Form. Zwar hatte sie den Kobler gleich auf den ersten Blick recht lieb gewonnen; dies ist in der Firma »Gebrüder Bär« geschehen, also in eben 15 jenem Laden, wo sie sich den fabrikneuen Karren gekauft hatte.

Der Kobler ging dann bei ihr ein und aus, von Anfang Oktober bis Ende August, aber dieses ganze Verhältnis war in pekuniärer Hinsicht direkt platonisch. Er aß, trank und ba- 20 dete bei ihr, aber niemals hätte er auch nur eine Mark von ihr angenommen. Sie hätte ihm so was auch niemals angeboten, denn sie war eine feine gebildete Dame, eine ehemalige Hofopernsängerin, die seit dem Umsturz nur mehr in Wohltätigkeitskonzerten sang. Sie konnte sich all diese 25 Wohltäterei ungeniert leisten, denn sie nannte u. a. eine schöne Villa mit parkähnlichem Vorgarten ihr eigen, aber sie würdigte es nicht, zehn Zimmer allein bewohnen zu können, denn oft in der Nacht fürchtete sie sich vor ihrem verstorbenen Gatten, einem dänischen Honorarkonsul. Der hatte 30 knapp vor dem Weltkrieg mit seinem vereiterten Blinddarm an die Himmelspforte geklopft und hatte ihr all sein Geld hinterlassen, und das ist sehr viel gewesen. Sie hatte ehrlich um ihn getrauert, und erst 1918, als beginnende Vierzigerin, hatte sie wieder mal Sehnsucht nach irgendeinem Mannsbild empfunden. Und 1927 blickte sie auf ein halbes Jahrhundert zurück.

5 Der Kobler hingegen befand sich 1929 erst im siebenundzwanzigsten Lenze und war weder auffallend gebildet noch besonders fein. Auch ist er immer schon ziemlich ungeduldig gewesen – drum hielt er es auch bei »Gebrüder Bär« nur knapp den Winter über aus, obwohl der eine Bär immer wie-

10 der sagte: »Sie sind ein tüchtiger Verkäufer, lieber Kobler!« Er verstand ja auch was vom Autogeschäft, aber er hatte so seine Schrullen, die ihm auf die Dauer der andere Bär nicht verzeihen konnte. So unternahm er u. a. häufig ausgedehnte Probefahrten mit Damen, die er sich im Geheimen extra dazu

15 hinbestellt hatte. Diese Damen traten dann vor den beiden Bären ungemein selbstsicher auf, so ungefähr, als könnten sie sich aus purer Laune einen ganzen Autobus kaufen. Einmal jedoch erkannte der andere Bär in einer solchen Dame eine Prostituierte, und als dann gegen Abend der Herr Kobler

20 zufrieden von seiner Probefahrt zurückfuhr, erwartete ihn dieser Bär bereits auf der Straße vor dem Laden, riss die Tür auf und roch in die Limousine hinein. »Sie machen da sonderbare Probefahrten, lieber Kobler«, sagte er maliziös. Und der liebe Kobler musste sich dann wohl oder übel selbststän-

25 dig machen. Zwar konnte er sich natürlich keinen Laden mieten und betrieb infolgedessen den Kraftfahrzeughandel in bescheidenen Grenzen, aber er war halt sein eigener Herr. Er hatte jedoch diese höhere soziale Stufe nur erklimmen können, weil er mit jener Hofopernsängerin befreundet war.

30 Darüber ärgerte er sich manchmal sehr.

Recht lange währte ja diese Freundschaft nicht. Sie zerbrach Ende August aus zwei Gründen. Die Hofopernsängerin fing plötzlich an, widerlich rasch zu altern. Dies war der

Mannsbild »(umgangssprachlich, besonders süddeutsch, österreichisch) Mann (meist mit Betonung des Körperlichen, Äußeren der männlichen Gestalt)« (Duden)

Lenze bildhaftdichterisch für: Frühling; im übertragenen Sinne: Lebensjahre

Schrullen wunderlichen Eigenheiten

purer bloßer, reiner

maliziös (bildungssprachlich) boshaft

eine Grund. Aber der ausschlaggebende Grund war eine geschäftliche Differenz.

Nämlich die Hofopernsängerin ersuchte den Kobler, ihr
kaputtes Kabriolett mit Notsitz möglichst günstig an den
Mann zu bringen. Als nun Kobler von dem Herrn Portschinger die ersten dreihundert Reichsmark erhielt, lieferte er der
Hofopernsängerin in einer ungezogenen Weise lediglich
fünfzig Reichsmark ab, worüber die sich derart aufregte,
dass sie ihn sogar anzeigen wollte. Sie unterließ dies aber aus
Angst, ihr Name könnte in die Zeitungen geraten, denn dies
hätte sie sich nicht leisten dürfen, da sie mit der Frau eines
Ministerialrats aus dem Kultusministerium, die sich einbil-
dete singen zu können, befreundet war. Also schrieb sie ihrem Kobler lediglich, dass sie ihn für einen glatten Schurken
halte, dass er eine Enttäuschung für sie bedeute und dass sie
mit einem derartigen Subjekte als Menschen nichts mehr zu
tun haben wolle. Und dann schrieb sie ihm einen zweiten
Brief, in dem sie ihm auseinandersetzte, dass man eine Liebe
nicht so einfach zerreißen könne wie ein Seidenpapier, denn
als Weib bleibe doch immer ein kleines Etwas unauslösch-
lich in einem drinnen stecken. Der Kobler sagte sich: ›Ich bin
doch ein guter Mensch‹, und telefonierte mit ihr. Sie trafen
sich dann zum Abendessen draußen im Ausstellungsrestaurant. »Peter«, sagte die Hofopernsängerin. Sonst sagte sie die
erste Viertelstunde über nichts. Kobler hieß zwar nicht Peter,
sondern Alfons, aber »Peter klingt besser«, hatte die Hofopernsängerin immer schon konstatiert. Auch ihm selbst gefiel es besser, besonders wenn es die Hofopernsängerin aus-
sprach, dann konnte man nämlich direkt meinen, man sei zumindest in Chicago. Für Amerika schwärmte er zwar nicht,
aber er achtete es. »Das sind Koofmichs!«, pflegte er zu sagen.

Die Musik spielte sehr zart im Ausstellungsrestaurant,
und die Hofopernsängerin wurde wieder ganz weich. »Ich

will dir alles verzeihen, Darling, behalt nur getrost mein ganzes Kabriolett«, so ungefähr lächelte sie ihm zu. Der Darling aber dachte: Jetzt fällt's mir erst auf, wie alt dass die schon ist.‹ Er brachte sie dann nach Haus, ging aber nicht mit hinauf. Die Hofopernsängerin warf sich auf das Sofa und stöhnte: »Ich möcht mein Kabriolett zurück!«, und plötzlich fühlte sie, dass ihr verstorbener Gatte hinter ihr steht. »Schau mich nicht so an!«, brüllte sie. »Pardon! Du hast Krampfadern«, sagte der ehemalige Honorarkonsul und zog sich zurück in die Ewigkeit.

Krampfadern krankhaft erweiterte und erschlaffte Venen, die knotig oder sich schlängelnd besonders an den Beinen hervortreten (vgl. Duden)

3

An der übernächsten Ecke der Schellingstraße wohnte Kobler möbliert im zweiten Stock links bei einer gewissen Frau Perzl, einer Wienerin, die zur Generation der Hofopernsängerin gehörte. Auch sie war Witwe, aber ansonsten konnte man sie schon in gar keiner Weise mit jener vergleichen. Nie kam es unter anderem vor, dass sie sich vor ihrem verstorbenen Gatten gefürchtet hätte, nur ab und zu träumte sie von Ringkämpfern. So hat sich mal solch ein Ringkämpfer vor ihr verbeugt, der hat dem Kobler sehr ähnlich gesehen und hat gesagt: »Es ist gerade 1904. Bitte, halt mir den Daumen, Josephin! Ich will jetzt auf der Stelle Weltmeister werden, du Hur!«

Sie sympathisierte mit dem Kobler, denn sie liebte unter anderem sein angenehmes Organ so sehr, dass er ihr die Miete auch vierzehn Tage und länger schuldig bleiben konnte. Besonders seine Kragenpartie, wenn er ihr den Rücken zuwandte, erregte ihr Gefallen.

Oft klagte sie über Schmerzen. Der Arzt sagte, sie hätte einen Hexenschuss, und ein anderer Arzt sagte, sie hätte ei-

möbliert in von der Vermieterin gestellten Möbeln

halt drück

sein … Organ seine … Stimme

Hexenschuss volkstümliche Bezeichnung für einen »plötzlich auftretende[n], heftige[n], von der Wirbelsäule ausstrahlende[n] Kreuzschmerz« (Duden)

Wanderniere
Nierensenkung

groben ruppig
und empathielos
auftretenden

artigen höf-
lichen, entge-
genkommenden

Seliger ver-
storbener Mann

*leicht ver-
blödeten*
→ Seite 172

*christlichso-
zialen Familie*
→ Seite 172

Brescia
→ Seite 173

Anno Domini
→ Seite 173

Quartalssäufer
→ Seite 173

Kadettenschule
→ Seite 173

*ein k. u. k.
Oberleutnant*
→ Seite 173

*in der Etappe
zu verhuren*
→ Seite 173

die Valutastarken
→ Seite 173

Kontor
→ Seite 173

ne Wanderniere, und ein dritter Arzt sagte, sie müsse sich vor ihrer eigenen Verdauung hüten. Was ein vierter Arzt sagte, das sagte sie niemandem. Sie ging gern zu den Ärzten, zu den groben und zu den artigen.

Auch ihr Seliger ist ja Mediziner gewesen, ein Frauenarzt 5 in Wien. Er stammte aus einer angesehenen, leicht verblödeten, christlichsozialen Familie und hatte sich im Laufe der Vorkriegsjahre sechs Häuser zusammengeerbt. Eines stand in Prag. Sie hingegen hatte bloß den dritten Teil einer Windmühle bei Brescia in Oberitalien mit in die Ehe ge- 10 bracht, aber das hatte er ihr nur ein einziges Mal vorgeworfen. Ihre Großmutter war eine gebürtige Mailänderin gewesen.

Der Doktor Perzl ist Anno Domini 1907 ein Opfer seines Berufes geworden. Er hatte sich mit der Leiche einer seiner 15 Patientinnen infiziert. Wie er die nämlich auseinandergeschnitten hatte, um herauszubekommen, was ihr eigentlich gefehlt hätte, hatte er sich selbst einen tiefen Schnitt beigebracht, so unvorsichtig hat er mit dem Seziermesser herumhantiert, weil er halt wieder mal besoffen gewesen ist. Es hat 20 allgemein geheißen, wenn er kein Quartalssäufer gewesen wär, so hätt er eine glänzende Zukunft gehabt.

Ferdinand Perzl, das einzige Kind, hatte die Kadettenschule absolvieren müssen, weil er als Gymnasiast nichts Vernünftiges hatte werden wollen. Er ist dann ein k. u. k. 25 Oberleutnant geworden, und es ist ihm auch gelungen, den Weltkrieg in der Etappe zu verhuren. Aber nachdem Österreich-Ungarn alles verspielt und auch er selbst allmählich alles, was er erben sollte, die sechs Häuser und das Drittel der Windmühle, verloren hatte, ist er in sich gegangen und 30 hat nicht mehr herumgehurt, sondern hat bloß zähneknirschend und mit der Faust in der Tasche zugeschaut, wie dies die Valutastarken taten. Er ist in ein Kontor gekommen und hatte seine liederliche Haltung während des großen Völkerringens in seinen Augen ausradiert, ist Antisemit geworden und hat die Kontoristin Frieda Klovac geheiratet, eine Blondine mit zwei linke Füß. Solch kleine Abnormitäten konnten ihn seit seiner Etappenzeit ganz wehmütig stimmen.

Erläuterungen zu dieser Seite → Seiten 173 bis 174

Über diese Heiraterei hatte sich jedoch seine Mutter sehr aufgeregt, denn sie hatte ja immer schon gehofft, dass der Nandl mal ein anständiges Mädl aus einem schwerreichen Hause heiraten würde. Eine Angestellte war in ihren Augen keine ganz einwandfreie Persönlichkeit, besonders als Schwiegertochter nicht. Sie titulierte sie also nie anders als »das Mensch«, »die Sau«, »das Mistvieh« und dergleichen.

Und je ärmer sie wurde, umso stärker betonte sie ihre gesellschaftliche Herkunft, mit anderen Worten: Je härter sie ihre materielle Niederlage empfand, umso bewusster wurde sie sich ihrer ideellen Überlegenheit. Diese ideelle Überlegenheit bestand vor allem aus Unwissenheit und aus der natürlichen Beschränktheit des mittleren Bürgertums. Wie alle ihresgleichen hasste sie nicht die uniformierten und zivilen Verbrecher, die sie durch Krieg, Inflation, Deflation und Stabilisierung begaunert hatten, sondern ausschließlich das Proletariat, weil sie ahnte, ohne sich darüber klar werden zu wollen, dass dieser Klasse die Zukunft gehört. Sie wurde neidisch, leugnete es aber ab. Sie fühlte sich zutiefst gekränkt und in ihren heiligsten Gefühlen verletzt, wenn sie sah, dass sich ein Arbeiter ein Glas Bier leisten konnte. Sie wurde schon rabiat, wenn sie nur einen demokratischen Leitartikel las. Es war kaum mit ihr auszuhalten am 1. Mai.

Nur einmal hatte sie acht Jahre lang einen Hausfreund, einen Zeichenlehrer von der Oberrealschule im achten Bezirk. Der ist immer schon etwas nervös gewesen und hat immer schon so seltsame Aussprüche getan, wie: »Na, wer ist

Erläuterungen
zu dieser Seite
→ Seiten 174
bis 176

denn schon der Tizian? Ein Katzlmacher!« Endlich wurde er
eines Tages korrekt verrückt, so wie sich's gehört. Das begann mit einem übertriebenen Reinlichkeitsbedürfnis. Er rasierte sich den ganzen Körper, schnitt sich peinlich die Här-
chen aus den Nasenlöchern und zog sich täglich zehnmal
um, obwohl er nur einen Anzug besaß. Später trug er dann
auch beständig ein Staubtuch mit sich herum und staubte
alles ab, die Kandelaber, das Pflaster, die Trambahn, den Sockel des Maria-Theresia-Denkmals – und zum Schluss wollte
er partout die Luft abstauben. Dann war's aus.

4

Doch lassen wir nun diese historisch-soziologischen Skizzen
und kehren wir zurück in die Gegenwart, und zwar in die
Schellingstraße.

Knapp zehn Minuten bevor der Kobler nach Hause kam,
läutete ein gewisser Graf Blanquez bei der Frau Perzl. Er sagte ihr, er wolle in Koblers Zimmer auf seinen Freund Kobler
warten.

Dieser Graf Blanquez war eine elegante Erscheinung und
eine verpatzte Persönlichkeit. Seine Ahnen waren Hugenotten,
er selbst wurde im Bayerischen Wald geboren. Erzogen wurde
er teils von Piaristen, teils von einem homosexuellen Stabsarzt in einem der verzweifelten Kriegsgefangenenlager Sibiriens. Mit seiner Familie vertrug er sich nicht, weil er vierzehn
Geschwister hatte. Trotzdem schien er meist guter Laune zu
sein, ein großer Junge, ein treuer Gefährte, jedoch leider ohne Hemmungen. Er liebte Musik, ging aber nie in die Oper,
weil ihn jede Oper an die Hugenotten erinnerte, und wenn
er an die Hugenotten dachte, wurde er melancholisch.

Die Perzl ließ ihn ziemlich unfreundlich hinein, denn er war ihr nicht gerade sympathisch, da sie ihn im Verdacht hatte, dass er sich nur für junge Mädchen interessiert. ›Wo hat der nur seine eleganten Krawatten her?‹, überlegte sie misstrauisch und beobachtete ihn durchs Schlüsselloch. Sie sah, wie er sich aufs Sofa setzte und in der Nase bohrte, das Herausgeholte aufmerksam betrachtete und es dann gelangweilt an die Tischkante schmierte. Dann starrte er Koblers Bett an und lächelte zynisch. Hierauf kramte er in Koblers Schubladen, durchflog dessen Korrespondenz und ärgerte sich, dass er nirgends Zigaretten fand, worauf er sich aus Koblers Schrank ein Taschentuch nahm und sich vor dem Spiegel seine Mitesser ausdrückte. Er war eben, wie bereits gesagt, leider hemmungslos.

Er kämmte sich gerade mit Koblers Kamm, als dieser die Perzl am Schlüsselloch überraschte. »Der Herr Graf sind da«, flüsterte sie. »Aber ich an Ihrer Stell würd ihm das schon verbieten. Denken Sie sich nur, kommt er da gestern nicht herauf mit einem Mensch, legt sich einfach in Ihr Bett damit, gebraucht Ihr Handtuch und ist wieder weg damit! Das geht doch entschieden zu weit, ich tät das dem Herrn Grafen mal sagen!«

»Das ist gar nicht so einfach, wie Sie sich das vorstellen«, meinte Kobler. »Der Graf ist nämlich leicht gekränkt, er könnt das leicht falsch auffassen, und ich muss mich mit ihm vertragen, weil ich oft geschäftlich mit ihm zusammenarbeiten muss. An dem Handtuch ist mir zwar heut schon etwas aufgefallen, wie ich mir das Gesicht abgewischt hab, aber eine Hand wäscht halt die andere.«

Die Perzl zog sich gekränkt in ihre Küche zurück und murmelte was Ungünstiges über die heutigen Kavaliere.

Als der Graf den Kobler erblickte, gurgelte er gerade mit

durchflog dessen Korrespondenz verschaffte sich einen schnellen Überblick über den Inhalt der von ihm aufbewahrten Briefe

Mitesser Pickel

einem Mensch hier: einer Prostituierten (›das Mensch‹ war früher ein harter Ausdruck für: ›die Hure‹)

Kavaliere eigentlich: Männer von vornehmem, weltläufigem, Frauen gegenüber zuvorkommendem Wesen; hier weniger achtungsvoll: die (mit Frauen anbändelnden) Männer

Apropos (frz.)
Übrigens; da wir
gerade davon
sprechen

chevaleresken
(frz.) ritterlichen

verbindlich
liebenswürdig,
entgegenkom-
mend

ein Bazillus eine
als Krankheits-
erreger wirken-
de Bakterie

Wucherung
krankhafte Ver-
mehrung von
fleischlichem
Gewebe;
Geschwulst

Zoppot (heute:
Sopot in Polen)
gut zehn Kilo-
meter nordwest-
lich von Danzig
gelegener
vornehmer
Ostseebadeort
mit gut 30 000
Einwohnern
(Stand 1929)

*Freistaat Danzig,
der direkt dem
Völkerbund un-
tergeordnet ist*
→ Seite 176

auf zehn Tag
für zehn Tage

Luxushotel
→ Seite 176

dessen Mundwasser und ließ sich nicht stören. »Ah, Servus!«, rief er ihm zu. »Verzeih, aber ich hab grad so einen miserablen Geschmack im Mund. Apropos: Ich weiß schon, du hast den Karren verkauft. Man gratuliert!«

»Danke«, sagte Kobler kleinlaut und wartete verärgert, dass man ihn anpumpt. ›Woher weiß denn das schon jeder Gauner, dass ich den Portschinger betrogen hab?‹, fragte er sich verzweifelt.

Er überlegte: ›Pump mich nur an, aber dann schlag ich dir auf dein unappetitliches Maul!‹

Aber es kam ganz im Gegenteil. Der Graf legte mit einer chevaleresken Geste zehn Reichsmark auf den Tisch. »Mit vielem Dank zurück«, lächelte er verbindlich und gurgelte weiter, als wäre nichts Besonderes passiert. »Du hast es, scheint's, vergessen«, bemerkte er dann noch so nebenbei, »dass du mir mal zehn Mark geliehen hast.« ›Was für ein Tag!‹, dachte Kobler.

»Ich kann es dir heut leicht zurückzahlen«, fuhr der Graf fort, »weil ich heut Nacht eine Erbschaft machen werd. Mein Großonkel, der um zehn Monate jünger ist als ich, liegt nämlich im Sterben. Er hat den Krebs. Der Ärmste leidet fürchterlich, Krebs ist bekanntlich unheilbar, wir wissen ja noch gar nicht, ob das ein Bazillus ist oder eine Wucherung. Er wird die Nacht nicht überleben, das steht fest. Wie er von seinem Leiden erlöst ist, fahr ich nach Zoppot. Nein, nicht durch Polen, oben rum.«

»Gehört Zoppot noch zu Deutschland?«, erkundigte sich Kobler.

»Nein, Zoppot liegt im Freistaat Danzig, der direkt dem Völkerbund untergeordnet ist«, belehrte ihn der Graf. »Übrigens, wenn ich du wär, würd ich jetzt auch wegfahren, du kannst deine Sechshundert gar nicht besser anlegen. Wenn du mir folgst, fährst du einfach auf zehn Tag in ein Luxusho-

tel, lernst dort eine reiche Frau kennen, und alles Weitere wird sich dann sehr leger abspielen, du hast ja ein gutes Auftreten. Du kannst für dein ganzes Leben die märchenhaftesten Verbindungen bekommen, garantiert! Du kennst doch
5 den langen Kammerlocher, der wo früher bei den Ulanen war, den Kadettaspiranten, der wo in der Maxim-Bar die Zech geprellt hat? Der ist mit ganzen zweihundert Schilling nach Meran gefahren, hat sich dort in ein Luxushotel einlogiert, hat noch am gleichen Abend eine Ägypterin mit a paar
10 Pyramiden zum Boston engagiert, hat mit ihr geflirtet und hat sie dann heiraten müssen, weil er sie kompromittiert hat. Jetzt gehört ihm halb Ägypten. Und was hat er gehabt? Nix hat er gehabt. Und was ist er gewesen? Pervers ist er gewesen! Lange Seidenstrümpf hat er sich angezogen und hat sei-
15 ne Haxen im Spiegel betrachtet. Ein Narziß!«

»Das muss ich mir noch durch den Kopf gehen lassen, wie ich am besten mein Geld ausgib«, meinte Kobler nachdenklich. »Ich bin kein Narziß«, fügte er hinzu. Die langen Haxen des Kammerlocher, das Luxushotel und die Pyramiden
20 hatten ihn etwas verwirrt. Mechanisch bot er dem Grafen eine Achtpfennigzigarette an. »Das sind Mazedonier«, sagte der Graf. »Ich nehm mir gleich zwei.«

Sie rauchten. »Ich fahr bestimmt nach Zoppot«, wiederholte der Graf. Es schlug elf. »Es ist schon zwölf«, sagte der
25 Graf, denn er war sehr verlogen.

Dann wurde er plötzlich nervös.

»Also ich fahr nach Zoppot«, wiederholte er sich abermals. »Ich werd dort spielen, ich hab nämlich ein Spielsystem, das basiert auf den Gesetzen der Wahrscheinlichkeits-
30 rechnung. Du setzt immer auf die Zahl, die am wahrscheinlichsten herauskommt. Du musst wahrscheinlich gewinnen. Das ist sehr wahrscheinlich. Apropos wahrscheinlich: Gib mir doch deine zehn Mark wieder retour, es ist mir gerade

Erläuterungen zu dieser Seite → Seiten 177 bis 179

eingefallen, dass ich sie dir lieber morgen retour gib. Ich krieg sonst meine Wäsche nicht raus. Ich hab mir schon zuvor ein Taschentuch von dir borgen müssen.«

nicht raus
nicht von der
Wäscherei zurück

5

5

*Ende gut, alles
gut* Die Rede-
wendung ist
auch der deut-
sche Titel von
William Shake-
speares um 1602
entstandener
»dark comedy«
»All's Well That
Ends Well«.

Kobler rasierte sich gerade, und die Perzl brachte ihm das neue Handtuch. »Ende gut, alles gut«, triumphierte sie. »Ich bin Ihnen direkt dankbar, dass Sie diesen Grafen endlich energisch hinauskomplimentiert habn! Ich freu mich wirklich sehr, dass ich den Strizzi nimmer zu sehn brauch!«

*hinauskom-
plimentiert*
weggeschickt,
die Tür gewiesen

›Halt's Maul, Perzl!‹, dachte Kobler und setzte ihr spitz auseinander, dass sie den Grafen total verkenne, man müsse es ihm nur manchmal sagen, dass er ein unmöglicher Mensch sei, sonst würd er sich ja mit sich selber nicht mehr auskennen. Im Moment sei er freilich gekränkt, aber hernach danke er einem dafür. – »So, und jetzt bringens mir etwas heißes Wasser!«, sagte er und schien keinen Widerspruch zu dulden.

Strizzi Strolch,
durchtriebenen,
leichtfertigen
Burschen
(»besonders
bayrisch, öster-
reichisch um-
gangssprach-
lich«, Duden)

Sie brachte es ihm, setzte sich dann auf den kleinsten Stuhl und sah ihm aufmerksam zu. Sich rasierenden Männern hatte sie schon immer vieles verzeihen müssen. Das lag so in ihrem Naturell.

spitz hier: in
unfreundlich
abfertigen-
dem Ton

Er hingegen beachtete sie kaum, da er es schon gar nicht mochte, dass sie mit ihrem Rüssel in seinem Privatleben herumwühlte.

Im Moment
Im ersten Mo-
ment, zunächst

»Also einen Großonkel hab ich nie gehabt«, ließ sie sich schüchtern wieder vernehmen, »aber wie mein Stiefbruder gestorben ist …« Kobler unterbrach sie ungeduldig: »Also das mit dem sterbenden Großonkel war doch nur Stimmungsmache, damit ich ihm leichter was leih! Der Graf ist

Naturell
Charakter,
Wesensart

Rüssel Nase

nämlich sehr raffiniert. Er ist aber auch sehr vergesslich; bedenken Sie, dass er im Krieg verschüttet war. Er ist doch nicht mehr der Jüngste. Heutzutag muss man über Leichen gehen, wenn man was erreichen will. Ich geh aber nicht über
5 Leichen, weil ich nicht kann. So und jetzt bringens mir etwas kaltes Wasser!«

Sie brachte ihm auch das kalte Wasser und betrachtete treuherzig seinen Rücken. »Darf man ein offenes Wort sagen, Herr Kobler?« – Kobler stutzte und fixierte sich selbst
10 im Spiegel. ›Offen?‹, überlegte er. ›Offen? Aber dann künd ich zum ersten Oktober!‹ Langsam wandte er sich ihr zu. »Bitte!«, sagte er offiziell.

»Sie wissens ja jetzt, wie hoch ich den Herrn Grafen einschätz, aber trotzdem hat er vorhin in einem Punkt recht ge-
15 habt, nämlich was das Reisen betrifft. Wenn ich jetzt Ihr Geld hätt, ließ ich sofort alles liegen, wie's grad liegt, nur naus in die Welt!« ›Also das ist der ihr offenes Wort‹, dachte Kobler beruhigt und wurde auffallend überlegen: »Sagen Sie, Frau Perzl, warum horchen Sie denn immer, wenn ich
20 Besuch empfange?« »Ich hab doch nicht gehorcht!«, protestierte die Perzl und gestikulierte sehr. »Ich war doch grad am Radio, aber ich hab schon kein Ton gehört von dem klassischen Quartett, so laut haben sich die beiden Herren die Meinung gesagt! Könnens mir glauben, ich hätt mich lieber
25 an der Musik erbaut, als Ihr urdanäres Gschimpf mit angehört!« »Schon gut, Frau Perzl, so war es ja nicht gemeint«, trat Kobler den Rückzug an, während sie sich als verfolgte Unschuld sehr gefiel. »Wenn ich an all die fremden Länder denk«, sagte sie, »so hebt's mich direkt von der Erden weg,
30 so sehr sehn ich mich nach Abbazia.«

Kobler ging auf und ab.

»Was Sie da über die weite Welt reden«, sagte er, »interessiert mich schon sehr. Nämlich ich hab mir schon oft ge-

verschüttet eine Weile lang lebendig begraben (unter den Trümmern eines zerstörten Hauses oder in einem unter Feindbeschuss umgepflügten Schützengraben)

Radio Das Radio kam in den Zwanzigerjahren als neues Massenmedium auf.

klassischen Quartett Streichquartett Haydns, Mozarts oder Beethovens

urdanäres Verballhornung (bzw. dialektal gefärbte Aussprache) des Adjektivs ordinär: unfein, gewöhnlich, primitiv, billig, anstößig

sie sich als verfolgte Unschuld sehr gefiel ihr die Rolle der zu Unrecht Beschuldigten offenkundig sehr behagte

Abbazia → Seite 179

dacht, dass man das Ausland kennenlernen soll, um seinen Horizont zu erweitern. Besonders für mich als jungen Kaufmann wär's schon sehr arg, wenn ich hier nicht rauskommen tät, denn man muss sich mit den Verkaufsmethoden des Auslands vertraut machen. Also wie zum Beispiel ein Kabriolett mit Notsitz in Polen und wie das Gleiche in Griechenland verkauft wird. Das werden zwar oft nur Nuancen sein, aber auf solche Nuancen kommt's halt oft an. Es wird ja immer schwerer mit dem Dienst am Kunden. Die Leut werden immer anspruchsvoller und« – er stockte, denn plötzlich durchzuckte es ihn schaurig: Wer garantiert mir, dass ich noch einen Portschinger find?

Niemand garantiert dir, Alfons Kobler, kein Gott und kein Schwein, so ging es in ihm zu. Er starrte bekümmert vor sich hin. »Nichts ist der Kundschaft gut und billig genug«, meinte er traurig und lächelte resigniert.

»Sie werden im Ausland sicher viel lernen, was Sie dann opulent verwerten können«, tröstete ihn die Perzl. »Was Sie nur allein an Kunstschätzen sehn werden! In Paris den Louvre, und im Dogenpalast hängt das Porträt eines alten Dogen, der schaut einen immer an, wo man auch grad steht. Aber besonders Florenz! Und das Forum Romanum in Rom! Überhaupt die Antike!« Doch Kobler wehrte ab: »Also für die Kunst hab ich schon gar nichts übrig! Haltens mich denn für weltfremd? Dafür interessieren sich doch nur die Weiber von den reichen Juden, wie die Frau Autobär, die von der Gotik ganz weg war und sich von einem Belletristen hat bearbeiten lassen!« Die Perzl nickte deprimiert. »Früher war das anders«, sagte sie.

»Bei mir muss alles einen Sinn haben«, konstatierte Kobler. »Habens das ghört, was der Graf über die Ägypterin mit den Pyramiden gewusst hat? Sehens, das hätt einen Sinn!«

---

so ging es in ihm zu das waren so seine Gedanken

opulent aufwendig, üppig, fürstlich; hier: in großem Stil, mit prächtigen Gewinnaussichten

Louvre → Seite 180

Dogenpalast → Seite 180

Dogen → Seite 180

Forum Romanum → Seite 180

Gotik → Seite 181

weg ›hin und weg‹, (übertrieben) verzückt

Belletristen meist in etwas abschätziger Bedeutung verwendet: Verfasser von Unterhaltungsliteratur (vgl. frz. ›belles-lettres‹: ›schöne Literatur‹)

Die Perzl wurde immer deprimierter. »Ihnen tät ich's von Herzen gönnen, lieber Herr!«, rief sie verzweifelt. »Hätt doch nur auch mein armer Sohn einen Sinn ghabt und hätt sich so eine reiche Ägypterin rausgsucht statt das Mistvieh von einer Tippmamsell, Gott verzeih ihr die Sünd!«

Sie schluchzte.

»Kennen Sie Zoppot?«, fragte Kobler.

»Ich kenn ja nur alles von vor dem Krieg! Mein Mann selig ist viel mit mir rumgefahren. Sogar auf den Vesuv hat er mich nauf. Oh, wie möcht ich mal wieder nauf!«

Sie weinte.

»Beruhigen Sie sich«, sagte Kobler. »Was nicht geht, geht nicht!«

»Damit tröst ich mich auch«, wimmerte die Perzl.

Dann nahm sie sich zusammen.

»Pardon, dass ich Sie molestiert hab«, lächelte sie geschmerzt. »Aber wenn ich Sie wär, würd ich morgen direkt nach Barcelona fahren, dort ist doch jetzt grad eine Weltausstellung. Da müssens in gar kein Luxushotel, da können solche Ägypterinnen leicht in den Pavillonen kennenlernen, das ist immer so in Weltausstellungen. In der Pariser Weltausstellung hab ich mal meinen Seligen verloren, und schon spricht mich ein eleganter Herr an, und wie ich ihn anschau, macht er seinen Ulster auf und hat nichts darunter an, ich erwähn das nur nebenbei.«

6

Kobler betrat ein amtliches Reisebüro, denn er wusste, dass einem dort umsonst geantwortet wird. Er wollte sich über Barcelona erkundigen und wie man es am einfachsten er-

Tippmamsell
→ Seite 181

Gott verzeih ihr die Sünd! bigotter (scheinheiliger, engherzig frommer) Ausruf der Missbilligung für die ›sittenlose Tippmamsell‹

Vesuv weltberühmter Vulkan bei Neapel

Damit tröst ich mich auch Das ist ja ein toller Trost!

molestiert (lat.) gebildet-geziert für: belästigt

geschmerzt mit leidendem Ausdruck

Pavillonen
→ Seite 181

Pariser Weltausstellung
→ Seite 181

Ulster
→ Seite 181

amtliches Reisebüro Filialen des »Amtlichen Bayerischen Reisebüros (A. B. R.)« gab es auf dem Promenadenplatz und im Münchner Hauptbahnhof.

reichen tät. Zoppot hatte er nämlich fallenlassen, da er von der Perzl überzeugt worden war, dass an einem Orte, wo die ganze Welt ausstellt, wahrscheinlich eine bedeutend größere Auswahl Ägypterinnen anzutreffen wäre als in dem luxuriösesten Luxushotel. Außerdem würde er dabei auch die ganzen Luxushotelkosten sparen, und wenn es nichts werden sollte mit den Ägypterinnen (was er zwar nicht befürchtete, aber er rechnete mit jeder Eventualität), so könnte er seine Kenntnisse im Automobilpavillon vervollständigen und das Automobilverkaufswesen der ganzen Welt auf einmal überblicken. ›Ich werd das Geschäftliche mit dem Nützlichen verbinden‹, sagte er sich.

In dem amtlichen Reisebüro hingen viele Plakate mit Palmen und Eisbergen, und man hatte das Gefühl, als wär man schon nicht mehr in der Schellingstraße.

Fast jeder Beamte schien mehrere Sprachen zu sprechen, und Kobler horchte andächtig. Er stand an dem Schalter »Ausland«.

Vor ihm standen bereits zwei vornehme Damen und ein alter Herr mit einem gepflegten Bart. Die Damen sprachen russisch, sie waren Emigrantinnen. Auch der Beamte war ein Emigrant. Die Damen nahmen ihn sehr in Anspruch; er musste ihnen sagen, wo gegenwärtig die Sonne scheint, am Lido, in Cannes oder in Deauville. Sie würden zwar auch nach Dalmatien fahren, meinten die Damen, auf die Preise käm's ja nicht an, auch wenn es in Dalmatien billiger wäre.

Der alte Herr mit dem gepflegten Bart war ein ungarischer Abgeordneter. Er nannte sich Demokrat und las gerade in seiner ungarischen Zeitung, dass die Demokratie Schiffbruch erleide, und nickte beifällig.

Die eine Dame streifte Kobler mit dem Blick. Sie streifte ihn sehr schön, und Kobler ärgerte sich, dass er kein Emigrant sei, während sich der bärtige Demokrat über Mac-

jeder Eventualität allen Möglichkeiten, und seien sie noch so unwahrscheinlich

Automobilpavillon
→ Seite 181

das Geschäftliche mit dem Nützlichen verbinden
→ Seite 181

Emigrantinnen
→ Seite 182

Lido
→ Seite 182

Cannes
→ Seite 182

Deauville
→ Seite 182

Dalmatien
→ Seite 182

ein ungarischer Abgeordneter
→ Seite 182

beifällig
zustimmend,
erfreut

Donald ärgerte. ›Man sollte jeden Demokraten ausrotten‹, dachte er.

MacDonald
→ Seite 183

Endlich gingen die beiden Damen. Der Beamte schien sie sehr gut zu kennen, denn er küsste der einen die Hand. Sie kamen ja auch jede Woche und erkundigten sich nach allerhand Routen. Gefahren sind sie aber noch nirgends hin, denn sie kamen mit ihrem Geld grad nur aus. Sie holten sich also jede Woche bloß die Prospekte, und das genügte ihnen. Mit der, deren Hand der Beamte küsste, paddelte er manchmal am Wochenend.

paddelte er
unternahm er …
(romantische)
Bootsfahrten

»Ich möchte endlich nach Hajdúszoboszló mit Schlafwagen«, sagte der mit dem Bart ungeduldig und sah den Kobler kriegerisch an. ›Was hat er nur?‹, dachte Kobler. ›Ob das auch ein Demokrat ist?‹, dachte der Demokrat.

Hajdúszoboszló
→ Seite 184

»Nach Hajdúszoboszló kann ich Ihnen leider keine Karte geben«, sagte der Beamte. »Ich hab sie nur bis Budapest hier.« »Skandal«, entrüstete sich der Bart. »Ich werde mich bei meinem guten Freunde, dem königlich ungarischen Handelsminister, beschweren!« »Ich bin Beamter«, sagte der Beamte. »Ich tu meine Pflicht und kann nichts dafür. Welche Klasse wollen Sie?«

Welche Klasse
wollen Sie?
→ Seite 184

Der mit dem Bart sah ihn unsagbar wehmütig und gekränkt an. »Erster natürlich«, nickte er traurig. »Armes Ungarn!«, fiel es ihm ohne jeden Zusammenhang ein. Da trat ihm Kobler zufällig auf das Hühnerauge. »Was machen Sie da?!«, brüllte der Bart. »Verzeihung«, sagte Kobler. »Also das ist sicher ein Demokrat!«, zischte der Demokrat auf Ungarisch.

Hühnerauge
»gewöhnlich
durch Druck
von beengen-
den Schuhen
hervorgerufene
[schmerzende]
kegelförmige
Verdickung der
Hornhaut an
den Füßen, be-
sonders auf der
Oberseite der
Zehen« (Duden)

»Bitte, gedulden Sie sich einige Augenblicke, ich muss erst nachfragen lassen, ob es noch Budapester Schlafwagenplätze gibt«, sagte der Beamte und wandte sich dann an Kobler: »Wohin?« »Nach Barcelona«, antwortete dieser, als wär das in der Nachbarschaft. Der Bart horchte auf. ›Barcelona‹,

Erläuterungen
zu dieser Seite
→ Seiten 184
bis 186

überlegte er, ›war vor Primo de Rivera eine Zentrale der anarchistischen Bewegung. Er ist mir auf das Hühnerauge getreten, und dritter Klasse fährt er auch!‹

»Barcelona ist weit«, sagte der Beamte, und Kobler nickte; auch der Bart nickte unwillkürlich und ärgerte sich darüber. »Barcelona ist sehr weit«, sagte der Beamte. »Wie wollen Sie denn fahren? Über die Schweiz oder Italien? Sie fahren zur Weltausstellung? Dann passen Sie auf: Fahren Sie hin durch Italien und retour durch die Schweiz. Preis und Entfernung sind egal, ja. Sie fahren hin und her dreiundneunzig Stunden, D-Zug natürlich. Sie brauchen das Visum nach Frankreich und Spanien. Wird besorgt! Nach Österreich, Italien und Schweiz brauchen Sie kein Visum, wird besorgt! Wenn Sie hier abfahren, sind Sie an der deutschen Grenze um 10.32 und in Innsbruck um 13.05. Ich schreib's Ihnen auf. Ab Innsbruck 13.28. An Brennero 15.23. Ab Brennero 15.30. An Verona 20.50. Ab Verona 21.44. An Milano 0.13. Ab Milano 3.29. Ab Genova 7.04. An Ventimiglia 11.27. An Marseille 18.40. An spanische Grenze Portbou 5.16. An Barcelona 10.00. Ab Barcelona 11.00.«

Und so schrieb ihm der Beamte auch noch alle Ankunfts- und Abfahrtszeiten der Rückfahrt auf: Cerbéres, Tarascon, Lyon, Genf, Bern, Basel, und zwar hatte er diese Zahlen alle im Kopf. ›Also das ist ein Gedächtniskünstler‹, dachte Kobler. ›Ein Zirkus!‹

»Und das kostet dritter Klasse hin und her nur einhundertsiebenundzwanzig Mark vierundfünfzig Pfennig«, sagte der Zirkus.

Hin und her?! Kobler war begeistert.

»Nur? Nicht möglich!«, staunte er.

»Doch«, beruhigte ihn rasch der Beamte. »Deutschland ist bekanntlich mit das teuerste europäische Land, weil es den Krieg verloren hat. Frankreich und Italien sind bedeutend billiger, weil sie eine Inflation haben. Nur Spanien und die Schweiz sind noch teurer als Deutschland.«

Erläuterungen zu dieser Seite → Seiten 186 bis 188

»Sie vergessen Rumpfungarn«, mischte sich der Bart plötzlich ins Gespräch. »Rumpfungarn ist auch billiger als Deutschland, obwohl es alles im Kriege verloren hat. Es ist zerstückelt worden, meine Herren! Serbien und Kroatien sind dagegen noch billiger als Rumpfungarn, weil Amerika den Krieg gewonnen hat, obwohl militärisch wir den Krieg gewonnen haben!«

»Am End ist es anscheinend ganz wurscht, wer so einen Krieg gewinnt«, sagte Kobler. Der Bart blitzte ihn empört an. ›Ha, das ist ein Bolschewik!‹, dachte er.

»Die Neutralen sind am besten dran, das sind heute die teuersten Länder«, schloss der Beamte die Debatte.

Kobler tat es aufrichtig leid, dass nicht auch Spanien und die Schweiz in den Weltkrieg verwickelt worden waren.

7

Am Abend bevor Kobler zur Weltausstellung fuhr, betrat er nochmals sein Stammlokal in der Schellingstraße, das war ein Café-Restaurant und nannte sich »Schellingsalon«. Er betrat es, um zu imponieren, und bestellte sich einen Schweinsbraten mit gemischtem Salat. »Sonst noch was?«, fragte die Kellnerin. »Ich fahre nach Barcelona«, sagte er. »Geh, wer werd denn so blöd sein!«, meinte sie und ließ ihn sitzen.

Da ging der Herr Kastner an seinem Tisch vorbei. »Ich fahr nach Barcelona!«, rief ihm der Kobler zu, aber der Herr Kastner war schon längst vorbei.

Auch der Herr Dünzl ging an ihm vorbei. »Sie fahren nach Barcelona?«, fragte der Dünzl bissig. »In diesen ernsten Zei-

Kusch! (öster-
reichisch
salopp) Still!

*erkundigten
sich der Graf …
sagten der Graf*
Dem Grafen wird
hier der (norma-
lerweise regie-
renden Fürsten
vorbehaltene)
Pluralis Majes-
tatis zugestan-
den, vermutlich
in ironischer
Absicht, um sein
Selbstgefühl als
vornehmer Herr
zu kennzeichnen.

*Also dann
steigst mir noch
heut auf den
Hut!* ›Jeman-
dem auf den
Hut steigen‹ ist
im Bayrischen
eine Redensart
für: ›jemanden
in Ruhe lassen‹.

ins Klosett
in den Toilet-
tenraum

*zehn oder
fünfzehn*
→ Seite 188

ten, junger Mann …« »Kusch!«, unterbrach ihn Kobler verstimmt.

Auch der Graf Blanquez ging vorbei. »Ich fahr nach Barcelona«, sagte Kobler. »Seit wann denn?«, erkundigten sich
der Graf. »Seit heute.« »Also dann steigst mir noch heut auf
den Hut!«, sagten der Graf.

Und auch der Herr Schaal ging vorbei. »Ich fahr nach Barcelona«, meinte Kobler. »Glückliche Reise!«, sagte der brave
Herr Schaal und setzte sich an einen andern Tisch.

Kobler war erschüttert, denn er wollte ja imponieren, und es
ging unter keinen Umständen. Geduckt schlich er ins Klosett.

»Zu zehn oder fünfzehn?«, fragte ihn die zuvorkommende
alte Rosa. »Ich fahr nach Barcelona«, murmelte er. »Was
fehlt Ihnen?!«, entsetzte sich die gute Alte, aber Kobler
schwieg beharrlich, und die Alte machte sich so ihre Gedanken. Als er dann wieder draußen war, schielte sie sorgenvoll
durch den Türspalt, ob er sich auch ein Bier bestellt hätte. Ja,
er hatte sich sogar bereits das zweite Glas Bier bestellt, so
hastig hatte er das erste heruntergeschüttet, weil er niemandem imponieren konnte. ›Es ist schon alles wie verhext!‹,
sagte er sich.

Da kam sie, das Fräulein Anna Pollinger.

»Ich fahr nach Barcelona«, begrüßte er sie. »Wieso?«,
fragte sie und sah ihn erschrocken an. Er sonnte sich in
ihrem Blick. »Dort ist jetzt eine internationale Weltausstellung«, lächelte er gemein, und das tat ihm sogar wohl, ob-
zwar er sonst immer anständig zu ihr gewesen ist.

Er half ihr überaus aufmerksam aus dem Mantel und legte
ihn ordentlich über einen Stuhl, dabei hatte er jedoch einen
sehr höhnischen Gesichtsausdruck. Sie nahm neben ihm
Platz und beschäftigte sich mit einem wackelnden Knöpfchen auf ihrem Ärmel. Das Knöpfchen war nur zur Zierde
da. Sie riss es ab.

Dann erst sah sich Anna in dem Lokal um und nickte ganz in Gedanken dem Herrn Schaal zu, der sie gar nicht kannte. »Nach Barcelona«, sagte sie, »da tät ich schon auch gern hinfahren.« »Und warum fährst du nicht?«, protzte Kobler.

5 »Frag doch nicht so dumm«, sagte sie. –

Kennt ihr das Märchen von Fräulein Pollinger? Vielleicht ist noch einer unter euch, der es nicht kennt, und dann zahlt sich's ja schon aus, dass ihr's alle noch mal hört. Also:

Es war einmal ein Fräulein, das fiel bei den besseren Her-
10 ren nirgends besonders auf, denn es verdiente monatlich nur hundertzehn Mark und hatte nur eine Durchschnittsfigur und ein Durchschnittsgesicht, nicht unangenehm, aber auch nicht hübsch, nur nett. Sie arbeitete im Kontor einer Kraftwagenvermietung, doch konnte sie sich höchstens ein
15 Fahrrad auf Abzahlung leisten. Hingegen durfte sie ab und zu auf einem Motorrad hinten mitfahren, aber dafür erwartete man auch meistens was von ihr. Sie war auch trotz allem sehr gutmütig und verschloss sich den Herren nicht. Sie ließ aber immer nur einen drüber, das hatte ihr das Leben
20 bereits beigebracht. Oft liebte sie zwar gerade diesen einen nicht, aber es ruhte sie aus, wenn sie neben einem Herrn sitzen konnte, im Schellingsalon oder anderswo. Sie wollte sich nicht sehnen, und wenn sie dies trotzdem tat, wurde ihr alles fad. Sie sprach sehr selten, sie hörte immer nur zu, was
25 die Herren untereinander sprachen. Dann machte sie sich heimlich lustig, denn die Herren hatten ja auch nichts zu sagen. Mit ihr sprachen die Herren nur wenig, meistens nur dann, wenn sie gerade mal mussten. Oft wurde sie dann in den Anfangssätzen boshaft und tückisch, aber bald ließ sie
30 sich wieder gehen. Es war ihr fast alles in ihrem Leben einerlei, denn das musste es ja sein, sonst hätte sie's nicht ausgehalten. Nur wenn sie unpässlich war, dachte sie intensiver an sich.

im Kontor im Büro, in der Geschäftsstelle (siehe auch Seite 173)

unpässlich war sich unwohl, sich krank fühlte

Einmal ging sie mit einem Herrn beinahe über ein Jahr, der hieß Fritz. Ende Oktober sagte sie: »Wenn ich ein Kind bekommen tät, das wäre das größte Unglück.« Dann erschrak sie über ihre Worte. »Warum weinst du?«, fragte Fritz. »Ich hab es nicht gern, wenn du weinst! Heuer fällt Allerheiligen auf einen Samstag, das gibt einen Doppelfeiertag, und wir machen eine Bergtour.« Und er setzte ihr auseinander, dass bekanntlich die Erschütterungen beim Abwärtssteigen sehr gut dafür wären, dass sie kein Kind kriegt.

Sie stieg dann mit Fritz auf die westliche Wasserkarspitze, zweitausendsiebenunddreißig Meter hoch über dem fernen Meer. Als sie auf dem Gipfel standen, war es schon ganz Nacht, aber droben hingen die Sterne. Unten im Tal lag der Nebel und stieß langsam zu ihnen empor. Es war sehr still auf der Welt, und Anna sagte: »Der Nebel schaut aus, als würden da drinnen die ungeborenen Seelen herumfliegen.« Aber Fritz ging auf diese Tonart nicht ein.

Seit dieser Bergtour hatte sie oft eine kränkliche Farbe. Sie wurde auch nie wieder ganz gesund, und ab und zu tat ihr's im Unterleib schon ganz verrückt weh. Aber sie trug das keinem Herrn nach, sie war eben eine starke Natur. Es gibt so Leut, die man nicht umbringen kann. Wenn sie nicht gestorben ist, so lebt sie heute noch. –

Mitte September saß sie also neben Kobler im Schelling-salon und bestellte sich lediglich ein kleines dunkles Bier. Ihr Abendbrot, zwei Buttersemmeln, hatte sie bereits in der Kraftwagenvermietung zu sich genommen, denn sie hatte dort an diesem Tag ausnahmsweise bis abends neun Uhr zu tun. Sie musste dies durchschnittlich viermal wöchentlich ausnahmsweise tun. Für diese Überstunden bekam sie natürlich nichts bezahlt, denn sie hatte ja das Recht, jeden Ersten zu kündigen, wenn sie arbeitslos werden wollte.

Heuer
(süddeutsch, österreichisch, schweizerisch)
In diesem Jahr

Allerheiligen
Das am 1. November begangene Fest dient dem Gedenken an die Heiligen der christlichen Kirche. Der Feiertag fiel im Jahre 1928 auf einen Samstag, der damals noch ein Werktag war; daher ist hier von einem »Doppelfeiertag« (Feiertag und Sonntag) die Rede.

Wasserkarspitze
Gipfel in der hinteren Karwendelkette, nahe der 80 Kilometer südlich von München gelegenen Stadt Mittenwald

Buttersemmeln
(besonders österreichisch, bayrisch) Butterbrötchen

jeden Ersten
zu Beginn jedes Monats

»Gib mir was von deinem Kartoffelsalat«, sagte sie plötzlich, denn plötzlich musste sie noch etwas verzehren. »Bitte«, meinte Kobler, und es war ihm unvermittelt, als müsste er sich eigentlich schämen, dass er nach Barcelona fährt.

5 »Es wird sehr anstrengend werden«, sagte er.

»Dann wird es also heut Nacht nichts«, sagte sie.

»Nein«, sagte er.

Bitte Bitte sehr, bedien dich, greif zu

unvermittelt auf einmal

10

8

Der D-Zug, der den Kobler bis über die deutsche Grenze bringen sollte, fuhr pünktlich ab, denn der Herr mit der ro-
15 ten Dienstmütze hob pünktlich den Befehlsstab. »Das ist die deutsche Pünktlichkeit!«, hörte er jemanden sagen mit hannöverschem Akzent.

Da stand auf dem Bahnsteig unter anderen eine junge Kaufmannsgattin und winkte begeistert ihrem Gatten im
20 vorderen Wagen nach, der in die Fremde fuhr, um dort einen anderen Kaufmann zu übervorteilen.

Kobler drängte sich dazwischen. Er beugte sich aus dem Fenster und nickte der jungen Frau gnädig zu. Die verzog aber das Gesicht und machte eine wegwerfende Handbewe-
25 gung. ›Jetzt ärgert sie sich‹, freute sich Kobler und musste an das Fräulein Pollinger denken. ›Auch Anna wird sich jetzt ärgern‹, dachte er weiter, ›es ist nämlich grad acht, und da beginnt ihr Büro. Ich würd mich auch ärgern, wenn jetzt mein Büro beginnen tät, es geht doch nichts über die Selbst-
30 ständigkeit. Was wär das für ein Unglück, wenn alle Leut Angestellte wären, wie sich das der Marxismus ausmalt – als Angestellter hätte ich mich doch niemals so angestrengt, den Portschinger zu betrügen. Wenn das Kabriolett Staatseigen-

zu übervorteilen übers Ohr zu hauen, geschäftlich zu benachteiligen

da beginnt ihr Büro da muss sie im Büro sein, da beginnt ihre Arbeitszeit

der Marxismus die marxistische (von Karl Marx entwickelte) Lehre

brachliegen
ungenutzt
bleiben

*Das wär nicht
anders* Das
käme so

*Asphaltdeut-
scher* ein ab-
wertender Be-
griff für den zeit-
genössischen
Großstadtmen-
schen, der aus
der Perspektive
der völkischen
Verfechter
einer deutsch-
tümelnden ›Blut
und Boden‹-
Gesinnung
›entwurzelt‹
und ›interna-
tionalistisch‹
eingestellt war

einem Magazin
einer Zeitschrift

*Nur noch einige
Wörterbücher,
ganz winzig be-
druckte mit je
zwölftausend
Wörtern.*
→ Seite 188

Studienrat
→ Seite 188

tum gewesen wär, hätt ich's halt einfach einschmelzen lassen, wie sich's eigentlich gehört hätt. Aber durch diese dro-
hende Sozialisierung würden halt viele Werte brachliegen,
die sich noch verwerten ließen. Das wär nicht anders, weil
halt die persönliche Initiative zerstört wär.‹ Er setzte sich
schadenfroh auf seinen Fensterplatz und fuhr stolz durch die
tristen Vorortbahnhöfe, an den Vorortreisenden vorbei, die
ohne jede Bewegung auf die Vorortzüge warteten. Dann
hörte die Stadt allmählich auf. Die Landschaft wurde immer
langweiliger, und Kobler betrachtete gelangweilt sein Gegenüber, einen Herrn mit einem energischen Zug, der sehr
in seine Zeitung vertieft war. In der Zeitung stand unter der
Überschrift »Nun erst recht!«, dass ein Deutscher, der sagt,
er sei stolz, dass er ein Deutscher sei, denn wenn er nicht
stolz wäre, würde er ja trotzdem auch nur ein Deutscher
sein, also sei er natürlich stolz, dass er ein Deutscher wäre –
»ein solcher Deutscher«, stand in der Zeitung, »ist kein
Deutscher, sondern ein Asphaltdeutscher.«

Auch Kobler hatte sich mit Reiselektüre versorgt, nämlich
mit einem Magazin. Da schulterten im Schatten fotomon-
tierter Wolkenkratzer ein Dutzend Mädchen ihre Beine, als
wären's Gewehre, und darunter stand: Der Zauber des Mili-
tarismus, und dass es eigentlich also gespenstisch wirke,
dass Girls auch Köpfe hätten. Und dann sah Kobler auch
noch ein ganzes Rudel weiblicher Schönheiten – die eine
stand auf einer dressierten Riesenschildkröte und lächelte
sinnlich. Sonst hatte er keine Lektüre bei sich.

Nur noch einige Wörterbücher, ganz winzig bedruckte mit
je zwölftausend Wörtern. Deutsch-Italienisch, Français-Alle-
mand, Deutsch-Französisch, Español-Aleman usw. Auch eine Broschüre hatte er sich zugelegt mit Redensarten für den
Reisegebrauch in Spanien (mit genauer Angabe der Aussspra-
che), herausgegeben von einem Studienrat in Erfurt, dessen

Tochter immer noch hoffte, von einem reichen Deutsch-
argentinier geheiratet zu werden, der ihr dies in der Inflation
mal versprochen hatte. Nun beklagte der Studienrat in der
Einleitung, es sei tief betrüblich, dass man in deutschen Lan-
5 den so wenig Spanisch lerne, wo doch die spanische Welt
arm an Industrie sei, während sie uns Deutschen die mannigfachsten Naturprodukte liefere. Diese Tatsachen würden
von der jungen Handelswelt noch lange nicht genügend ge-
würdigt. Und dann zählte der Studienrat die Länder auf, in
10 denen Spanisch gesprochen wird: zum Beispiel in Spanien
und in Lateinamerika, ohne Brasilien.

Kobler las: Ich bin hungrig, durstig. Tengo hambre, sed.
Aussprache: tengo ambrre, ßed. Wie heißt das auf Spanisch?
Como se llama eso en Castellano? Aussprache: komo ße lja-
15 ma ehßo en kasteljano? Wollen Sie freundlichst langsamer
sprechen? Tenga usted la bondád de ablárr máss despászio?
Wiederholen Sie bitte das Wort. Sie müssen etwas lauter
sprechen. Er führt eine stolze Sprache, aber er drückt sich
gut aus. Kofferträger, besorgen Sie mir mein Gepäck. Ich ha-
20 be einen großen Koffer, einen Handkoffer, ein Plaid und ein
Bund Stöcke und Regenschirme. Ist das dort der richtige Zug
nach Figueras? Geben Sie mir trockene Bettwäsche. Bitte
Zwiebeln. Jetzt ist sie richtig. Seit längerer Zeit entbehren
wir Ihre Aufträge. Was bin ich schuldig? Sehr wohl, mein
25 Herr, ich bleibe alles schuldig. Was haben Sie? Nichts. Wollen Sie zahlen? Nein. Sie wollen nicht zahlen? Nein. Es
scheint, dass Sie mich verstanden haben. Auf Wiedersehen
also! Grüßen Sie Ihre Frau Gemahlin (Ihren Herrn Gemahl)!
Tausend Dank! Glückliche Reise! Gott schütze Sie!

30 »Was lesens denn da?«, hörte er plötzlich seinen Nachbar
fragen, der dem Herrn Portschinger ähnlich sah. Er hatte bereits seit einiger Zeit misstrauisch in das Werk des Erfurter
Studienrats geschielt. Er hieß Timotheus Bschorr.

in der Inflation
→ Seite 188

mannigfachsten
vielfältigsten

der jungen
Handelswelt
der jüngeren
Generation der
im internatio-
nalen Handel
tätigen Unter-
nehmer

führt eine stolze
Sprache spricht
recht hochmütig

besorgen Sie
mir mein Gepäck
kümmern Sie
sich um mein
Gepäck

Plaid
→ Seite 189

Bund Stöcke
Bündel Spa-
zierstöcke

Figueras
→ Seite 189

Seit längerer
Zeit entbehren
wir Ihre Aufträge.
→ Seite 189

ich bleibe alles
schuldig ich
zahle gar nichts

Timotheus
→ Seite 189

»Ich fahr nach Barcelona«, erwiderte Kobler lakonisch und wartete gespannt auf den Erfolg dieser Worte. Sein Gegenüber mit dem energischen Zug hob ruckartig den Kopf, starrte ihn hasserfüllt an und las dann zum zwanzigsten Mal die Definition des Asphaltdeutschen.

In der Ecke saß noch ein dritter Herr, aber auf den schienen Koblers Reisepläne gar keinen Eindruck zu machen. Er lächelte nur müde, als wäre er bereits einige Mal um die Erde gefahren. Der Kragen war ihm zu weit.

»Alsdann fahrens nach Italien«, konstatierte der Herr Bschorr phlegmatisch.

»Barcelona liegt bekanntlich in Spanien«, meinte Kobler überlegen.

»Des is gar net so bekanntlich!«, ereiferte sich der Bschorr. »Bekanntlich hätt i gschworn, dass des Barcelona bekanntlich in Italien liegt!«

»Ich fahr durch Italien nur lediglich durch«, sagte Kobler und strengte sich an, genau nach der Schrift zu sprechen, um den Timotheus Bschorr zu reizen. Aber der ließ sich nicht. »Da werdens lang brauchen nach Barcelona hinter«, meinte er stumpf. »Sehr lang. Da beneid ich Sie scho gar net. Überhaupts muss Spanien recht drecket sein. Und eine heiße Zone. Was machens denn in Madrid?«

»Madrid werde ich links liegen lassen«, erklärte Kobler. »Ich möcht nur mal lediglich das Ausland sehen.«

Bei diesen Worten zuckte sein Gegenüber wieder furchtbar zusammen und mischte sich ins Gespräch, klar, kurz und bündig: »Ein Deutscher sollte sein ehrlich erworbenes Geld in diesen wirtschaftlich depressiven Zeiten unter keinen Umständen ins Ausland tragen!« Dabei fixierte er Kobler strafend, denn er hatte ein Hotel in Partenkirchen, das immer leer stand, weil es wegen seiner verrückt hohen Preise allgemein gemieden wurde.

phlegmatisch
träge, schwer-
fällig

genau nach
der Schrift
tadelloses
Schriftdeutsch

Partenkirchen
→ Seite 189

»Aber Spanien war ja im Krieg neutral«, kam der dritte Herr in der Ecke Kobler zu Hilfe. Er lächelte noch immer.

»Egal!«, schnarrte der Hotelier.

»Spanien ist uns sogar sehr freundlich gesinnt«, ließ der in der Ecke nicht locker.

»Uns is überhaupt niemand freundlich gesinnt!«, entgegnete ihm erregt der Timotheus. »Es wäre ja ein Wunder, wenn uns jemand freundlich gesinnt wäre!! Oder war's ka Wunder, Leutl?!«

Der Hotelier nickte: »Ich wiederhole: Ein Deutscher soll sein ehrlich erworbenes Geld in der Heimat lassen!« Kobler wurde allmählich wütend. ›Was geht dich dem Portschinger sein Kabriolett an, du Hund!‹, dachte er und wies den Hotelier in seine Schranken zurück: »Sie irren sich! Wir jungen deutschen Handelsleute müssten noch bedeutend innigere Beziehungen mit dem uns wohlgesinnten Ausland anknüpfen. Zu guter Letzt müssen wir dabei natürlich die nationale Ehre hochhalten.«

»Das mit dem Hochhalten der Ehre sind Redensarten!«, unterbrach ihn der Hotelier unwirsch. »Wir Deutsche sind eben einfach nicht fähig, kommerzielle Beziehungen zum Ausland ehrenvoll anzuknüpfen!«

kommerzielle Beziehungen geschäftliche Verbindungen

»Aber die Völker!«, meinte der Dritte und lächelte plötzlich nicht mehr. »Die Völker sind doch aufeinander angewiesen, genau wie Preußen auf Bayern und Bayern auf Preußen.«

»Sie, wanns mir Bayern schlechtmachen!«, brüllte der Timotheus. »Wer is angwiesen? Was is angwiesen? Die Schnapspreißn solln halt nach der Schweiz fahren! Zu was brauchn denn mir an Fremdenverkehr, bei mir kauft ka Fremder was, i hab a Ziegelei und war früher Metzger!«

nach der in die

»Oho!«, fuhr der Hotelier auf. »Oho, Herr! Ohne Fremdenverkehr dürfte die bayerische Eigenstaatlichkeit beim

Teufel sein! Wir brauchen die norddeutschen Kurgäste, wir bräuchten auch die ausländischen Kurgäste, besonders die angelsächsischen Kurgäste, aber bei uns fehlt es leider noch häufig an der entgegenkommenden Behandlung des ausländischen Fremdenstromes, wir müssten uns noch viel stärker der ausländischen Psyche anpassen. Jedoch natürlich, wenn der Herr Reichsfinanzminister erklärt ... «

Nun aber tobte der Timotheus.

»Des san do kane Minister, des san do lauter Preißen!«, tobte er. »Lauter Lumpn sans! Wer geht denn zgrund? Der Mittelstand! Und wer kriegt des ganz Geld vom Mittelstand? Der Arbater! Der Arbater raucht schon Sechspfennigzigaretten ... Meine Herren! I sag bloß allweil: Berlin!«

»Bravo!«, sagte der Hotelier und memorierte den Satz vom Asphaltdeutschen.

Der Herr in der Ecke erhob sich und verließ rasch das Abteil. Er stellte sich an das Fenster und sah traurig hinaus auf das schöne bayerische Land. Es tat ihm aufrichtig leid um dieses Land.

»Der is draußn, den hab i nausbissn«, stellte der Timotheus befriedigt fest. »Ich verfolge mit Aufmerksamkeit die Heimstättenbewegung«, antwortete der Hotelier. ›Ihr Quadratidioten!‹, dachte Kobler und wandte sich seinem Fenster zu.

Auf den Feldern wurde gearbeitet, auf den Weiden stand das Vieh, am Waldrand das Reh, und nur die apostolischen Doppelkreuze der Überlandleitungen erinnerten an das zwanzigste Jahrhundert. Der Himmel war blau, die Wolken weiß und bayerisch barock.

So näherte sich der D-Zug der südlichen Grenze der Deutschen Republik. Zuerst ist er an großen Seen vorbeigerollt, da sind die Berge am Horizont noch klein gewesen. Aber jetzt wurden die Berge immer größer, die Seen immer klei-

der Herr Reichs-finanzminister → Seite 189

allweil (besonders österreichisch umgangssprachlich) immer

memorierte (lat.) lernte ... auswendig (bildungssprachlich altertümlich)

Heimstätten-bewegung nach amerikanischem Vorbild seit Ende des 19. Jahrhunderts auch in Europa sich ausbreitende Bewegung, die am Anfang der Geschichte des sozialen Wohnungsbaus steht

apostolischen Doppelkreuze der Überlandleitungen → Seite 189

ner und der Horizont immer enger. Und dann hörten die Seen ganz auf, und ringsherum gab's nur mehr Berge. Das war das Werdenfelser Land.

In Partenkirchen stieg der Hotelier aus und würdigte Kob-
5 ler keines Blickes. Auch der Herr Bschorr stieg aus und stol-
perte dabei über ein vierjähriges Kind. »Eha!«, meinte er, und das Kind brüllte fürchterlich, denn der Herr Bschorr hätt es fast zertreten.

Dann fuhr der D-Zug wieder weiter.
10 Richtung Mittenwald.

Der Herr, der in der Ecke gesessen hatte, betrat nun wieder das Abteil, weil Kobler allein war. Er setzte sich ihm gegenüber und sagte: »Dort sehen Sie die Zugspitze!«

Bekanntlich ist die Zugspitze Deutschlands höchster Berg,
15 aber ein Drittel der Zugspitze gehört halt leider zu Öster-
reich. Also bauten die Österreicher vor einigen Jahren eine Schwebebahn auf die Zugspitze, obwohl dies die Bayern schon seit zwanzig Jahren tun wollten. Natürlich ärgerte das die Bayern sehr, und infolgedessen brachten sie es endlich
20 fertig, eine zweite Zugspitzbahn zu bauen, und zwar eine rein bayerische, keine luftige Schwebebahn, sondern eine so-
lide Zahnradbahn. Beide Zugspitzbahnen sind unstreitbar grandiose Spitzenleistungen moderner Bergbahnbautechnik, und es sind dabei bis Mitte September 1929 schon rund vier
25 Dutzend Arbeiter tödlich verunglückt. Jedoch bis zur Inbe-
triebnahme der bayerischen Zugspitzbahn werden natürlich leider noch zahlreiche Arbeiter daran glauben müssen, versicherte die Betriebsleitung.

»Ich hab dies mal einer Dame erzählt«, sagte der Herr zu
30 Kobler, »aber die Dame sagte, das wären bloß Erfindungen der Herren Arbeiter, um einen höheren Tarif zu erpressen.« Dabei lächelte der Herr so sonderbar, dass sich der Kobler schon gar nicht mit ihm auskannte.

Werdenfelser Land ober-
bayerische Region, in deren Zentrum sich Garmisch-Partenkirchen befindet und an deren süd-
östlichem Rand Mittenwald liegt

Mittenwald → Seite 190

Schwebebahn auf die Zugspitze → Seite 190

eine zweite Zugspitzbahn zu bauen … eine solide Zahnradbahn → Seite 190

unstreitbar in-
zwischen nicht mehr gebräuch-
liche Neben-
form von ›un-
bestreitbar‹

Tarif vertraglich festgesetzten Arbeitslohn

sich … schon gar nicht mit ihm auskannte endgültig nicht mehr wusste, was er über ihn denken (von ihm halten) sollte

Aufsichtsrates
Mitglied des
Kontrollgre-
miums der Ge-
schäftsführung
eines großen
Unternehmens

Kuba
→ Seite 190

Weimarer
Verfassung …
Freiheitsrechte
→ Seite 191

dem bayerischen
Konkordat
→ Seite 191

vertrete ich eine
Zahnpasta, die
… miserabel
ist bin ich als
Vertreter einer
Firma tätig,
die minder-
wertige und
entsprechend
unverkäufliche
Zahnpasta
herstellt

die Alte
die Schwie-
germutter

wirft den
Kindern jeden
Bissen vor ist
so geizig, dass
sie ihren Enkeln
ständig vorhält,
sie würden zu
viel essen

liegt lieblich ist
idyllisch gelegen

»Diese Dame«, fuhr der Herr fort, »ist die Tochter eines Düsseldorfer Aufsichtsrates und hat schon 1913 nach Kuba geheiratet, sie hat also den Weltkrieg in Kuba mitgemacht.« Und wieder lächelte der Herr so sonderbar, und Kobler verwirrte dies fast. »In Kuba wird der Krieg angenehmer gewesen sein«, sagte er, und das gefiel dem Herrn. »Sie werden jetzt ein schönes Stückchen Welt sehen«, nickte er ihm freundlich zu. Stückchen ist gut, dachte Kobler gekränkt und fragte: »Sind Sie auch Kaufmann?«

»Nein!«, sagte der Herr sehr knapp, als wollte er kein Wort mehr mit ihm sprechen. ›Was kann der nur sein?‹, überlegte Kobler.

»Ich war früher Lehrer«, sagte der Herr plötzlich. »Ich weiß nicht, ob Sie die Weimarer Verfassung kennen, aber wenn Sie Ihre politische Überzeugung mit dem Einsatz Ihrer ganzen Persönlichkeit, mit jeder Faser Ihres Seins vertreten, dann nützen Ihnen auch Ihre verfassungsmäßig verankerten Freiheitsrechte einen großen Dreck. Ich, zum Beispiel, hab eine Protestantin geheiratet und hab nun meine Stelle verloren, das verdanke ich dem bayerischen Konkordat. Jetzt vertrete ich eine Zahnpasta, die niemand kauft, weil sie miserabel ist. Meine Familie muss bei meinen Schwiegereltern in Mittenwald wohnen, und die Alte wirft den Kindern jeden Bissen vor – Dort sehen Sie Mittenwald! Es liegt lieblich, nicht?«

9

Mittenwald ist deutsch-österreichische Grenzstation mit Pass- und Zollkontrolle.

5 Das war die erste Grenze, die Kobler in seinem Leben überschritt, und dieser Grenzübertritt mit seinen behördlichen Zeremonien berührte ihn seltsam feierlich. Mit fast scheuer Bewunderung betrachtete er die Gendarmen, die sich auf dem Bahnsteig langweilten.

10 Bereits vor Mittenwald hielt er seinen Pass erwartungsvoll in der Hand, und nun lag auch sein Koffer weit aufgerissen auf der Bank. »Bitte nicht schießen, denn ich bin brav«, sollte das heißen.

Er zuckte direkt zusammen, als der österreichische Finanzer im Wagen erschien. »Hat wer was zu verzollen?«, rief der Finanzer ahnungslos. »Hier«, rief der Kobler und wies auf seinen braven Koffer. Aber der Finanzer sah gar nicht hin. »Hat wer was zu verzollen?!«, brüllte er entsetzt und raste überstürzt aus dem Wagen, denn er hatte Angst, dass

20 ausnahmsweise jemand wirklich was zu verzollen hätte, nämlich dann hätte er ausnahmsweise wirklich was zu tun gehabt.

Allerdings bei der Passkontrolle ging es schon schärfer zu, denn dies war das bessere Geschäft. Es saß ja in jedem Zug

25 meist eine Person, deren Pass gerade abgelaufen war, und der konnte man dann einen Grenzschein für einige Mark respektive Schilling verkaufen. Eine solche Person sagte mal dem Passbeamten: »Erlauben Sie, ich bin aber schon sehr für den Anschluss!« Jedoch der Passbeamte verbat sich ener-

30 gisch jede Beamtenbeleidigung. –

Langsam verließ der D-Zug die Deutsche Republik. Er fuhr an zwei Schildern vorbei:

Gendarmen Polizisten, Vollzugsbeamten der Staatsgewalt

Finanzer österreichisch umgangssprachlich für: Zoll- und Finanzbeamter

respektive bildungssprachlich für: beziehungsweise, genauer gesagt (vgl. mittellateinisch ›respectivus‹ ›beachtenswert‹)

Schilling (siehe Seite 178 Mitte)

Erlauben Sie Gestatten Sie die Bemerkung

ich bin aber schon sehr für den Anschluss → Seite 192

Königreich
→ Seite 192

<table>
<tr><td>Königreich Bayern
Rechts fahren!</td><td>Bundesstaat Österreich
Links fahren!</td></tr>
</table>

Rechts fahren! …
Links fahren!
→ Seite 192

»Fahren wir jetzt auch links?«, fragte Kobler den österreichischen Schaffner. »Wir sind eingleisig«, gähnte der Schaffner,
und Kobler musste direkt an Großdeutschland denken.

Großdeutschland
→ Seite 192

Nun ging's durch die nördlichen Kalkalpen, und zwar ent- 10
lang der alten Römerstraße zwischen Wetterstein und Karwendel. Der D-Zug musste auf 1160 Meter empor, um das
rund 600 Meter tiefer gelegene Inntal erreichen zu können.
Es war dies für D-Züge eine komplizierte Landschaft.

die nördlichen
Kalkalpen
→ Seite 193

Das Karwendel ist ein mächtiger Gebirgsstock, und seine 15
herrlichen Hochtäler zählen unstreitbar zu den ödesten Gebieten der Alpen. Von brüchigen Graten ziehen grandiose
Geröllhalden meist bis auf die Talsohle hinab und treffen
sich dort mit dem Schutt von der anderen Seite. Dabei gibt's
fast nirgends Wasser und also kaum was Lebendiges. 1928 20
wurde es zum Naturschutzgebiet erklärt, damit es in seiner
Ursprünglichkeit erhalten bleibt.

zwischen
Wetterstein
und Karwendel
→ Seite 193

Inntal vom Inn,
einem Neben-
fluss der Donau,
durchflossenes
malerisches Tal
in den Ostalpen

So rollte der D-Zug an fürchterlichen Abgründen entlang,
durch viele, viele Tunnels und über kühn konstruierte Viadukte. Jetzt erblickte Kobler eine schmutzige Dunstwolke 25
über dem Inntal. Unter dieser Dunstwolke lag Innsbruck, die
Hauptstadt des heiligen Landes Tirol.

Graten schar-
fen Kammlinien
von Bergrücken

Viadukte
über Täler oder
Schluchten
führende
(Eisenbahn-)
Brücken, »deren
Tragwerk meist
aus mehreren
Bogen besteht«
(Duden)

Kobler wusste nichts weiter von ihr, als dass sie ein be-
rühmtes goldenes Dachl hat, einen preiswerten Tiroler Wein
und dass der Reisende, der von Westen ankommt, zur linken 30
Hand einige große Bordelle sehen kann. Das hatte ihm mal
der Graf Blanquez erläutert.

goldenes Dachl
→ Seite 193

In Innsbruck musste er umsteigen, und zwar in den

Schnellzug nach Bologna. Dieser Schnellzug kam aus Kufstein und hatte Verspätung. ›Die Österreicher sind halt sehr gemütliche Leut‹, dachte Kobler. Endlich kam der Schnellzug.

Erläuterungen zu dieser Seite → Seiten 194 bis 196

5 Bis Steinach am Brenner, also fast bis zur neuen italienischen Grenze, also kaum fünfzig Minuten lang, saßen in Koblers Abteil ein altösterreichischer Hofrat und ein sogenannter Mann aus dem Volke, der dem Hofrat sehr schöntat, weil er von ihm eine Protektion haben wollte. Dieser Mann
10 war ein charakterloser Werkmeister, der der Heimwehr, einer österreichischen Abart des italienischen Faschismus, beigetreten war, um seine Arbeitskollegen gründlicher übervorteilen zu können. Nämlich sein leitender Ingenieur war Gauleiter der Heimwehr.

15 Der Hofrat hatte einen altmodischen goldenen Zwicker und ein hinterlistiges Geschau. Sein Äußeres war sehr gepflegt – er schien überhaupt ein sehr eitler Mensch zu sein, denn er schwätzte in einer Tour, nur um den Beifall des Mannes hören zu können.

20 Der Schnellzug wandte sich ab von Innsbruck, und schon fuhr er durch den Berg-Isel-Tunnel.

»Jetzt ist es finster«, sagte der Hofrat. »Sehr finster«, sagte der Mann. »Es ist so finster geworden, weil wir durch den Tunnel fahren«, sagte der Hofrat. »Vielleicht wird's noch
25 finsterer«, sagte der Mann. »Kruzitürken, ist das aber finster!«, rief der Hofrat. »Kruzitürken!«, rief der Mann.

Die Österreicher sind sehr gemütliche Leute.

»Hoffentlich erlaubt's mir unser Herrgott noch, dass ich's erleb, wie alle Sozis aufgehängt werden«, sagte der Hofrat.
30 »Verlassen Sie sich auf den dort oben«, sagte der Mann. »Über uns ist jetzt der Berg Isel«, sagte der Hofrat. »Andreas Hofer«, sagte der Mann und fügte hinzu: »Die Juden werdn zu frech.«

Der Hofrat klapperte mit dem Gebiss.

»Den Halsmann solln s nur tüchtig einsperren bei Wasser und Brot!«, krähte er. »Ob nämlich der Judenbengel seinen Judentate erschlagen hat oder nicht, das ist wurscht! Da geht's um das Prestige der österreichischen Justiz, man kann sich doch nicht alles von den Juden gefallen lassen!«

»Neulich haben wir einen Juden ghaut«, sagte der Mann.

»A geh, wirklich?«, freute sich der Hofrat. »Der Jud war allein«, sagte der Mann, »und wir waren zehn, da hat's aber Watschen ghagelt! Heimwehrwatschen!«

Der Hofrat kicherte.

»Ja, die Heimwehr!«, sagte er. »Heil!«, rief der Mann. »Und Sieg!«, sagte der Hofrat. »Und Tod!«, rief der Mann. –

Als der Schnellzug den Berg-Isel-Tunnel verließ, trat Kobler auf den Korridor, denn er konnte es drinnen nicht mehr aushalten, weil ihn das ewige Geschwätz im Denken störte.

Und er musste mal nachdenken – das war so ein Bedürfnis, als hätte er dringend austreten müssen. Es war ihm nämlich plötzlich die Ägypterin, sein eigentliches Reiseziel, eingefallen, und er ist darüber erschrocken, dass er nun einige Stunden lang nicht an die Pyramiden gedacht hatte.

Aber als er nun an dem Fenster stand, wurde er halt wieder abgelenkt, und zwar diesmal durch Gottes herrliche Bergwelt, wie der Kitsch die seinerzeit geborstene Erdkruste nennt. ›Was ist der Mensch neben einem Berg?‹, fiel es ihm plötzlich ein, und dieser Gedanke ergriff ihn sehr. ›Ein großes Nichts ist der Mensch neben einem Berg. Also ständig möcht ich nicht in den Bergen wohnen. Dann wohn ich schon lieber im Flachland. Höchstens noch im Hügelland.‹

Halsmann
→ Seite 196

Judentate
›Tate‹ ist das jiddische kindersprachliche Wort für ›Vater‹.

Prestige
Ansehen

ghaut
verdroschen, verprügelt

A geh
(bayrisch, österreichisch umgangssprachlich) Wirklich?

Watschen
(bayrisch, österreichisch umgangssprachlich) Ohrfeige

10

Seit dem Frieden von Saint-Germain zieht die österreichisch-italienische Grenze über die Passhöhe des Brenners zwischen Nord- und Südtirol. Die Italiener haben nämlich ihre Brüder im Trento von dem Habsburgischen Joche erlöst, und so was kann man als anständiger Mensch nur lebhaft begrüßen.

Die Italiener waren ja nicht in den Weltkrieg gezogen, um fremde Völker zu unterjochen, sie wollten keine Annexionen, ebenso wenig wie Graf Berchtold, Exkaiser Wilhelm II. und Ludendorff. Aber aus militärisch-strategischen Gründen waren die Italiener eben leider gezwungen, das ganze deutsche Südtirol zu annektieren, genau wie etwa Ludendorff gezwungen gewesen wäre, aus rein strategischen Gründen Polen, Finnland, Kurland, Estland, Litauen, Belgien usw. zu annektieren. »Der Friede von Saint-Germain ist ein glattes Verbrechen«, hatte mal ein Innsbrucker Universitätsprofessor gesagt, und er hätte schon sehr recht gehabt, wenn er kein Chauvinist gewesen wäre. –

Bekanntlich will nun der Mussolini das deutsche Südtirol durch und durch italienisieren. Genauso rücksichtslos, wie seinerzeit Preußen das polnische Posen germanisieren wollte.

So hat der Mussolini u. a. auch verfügt, dass möglichst alle deutschen Namen – Ortsnamen, Familiennamen usw. – ins Italienische übersetzt werden müssen, auf dass sie nur italienisch ausgesprochen werden dürften. Und zwar sollen sie ihrem Sinn nach übersetzt werden. Hat nun aber ein Name keinen übersetzbaren Sinn, so hängt der Mussolini hinten einfach ein o an. Wie zum Beispiel: Merano. So auch Brennero.

Als Kobler den Brennero erblickte, fiel es ihm sogleich auf, dass dort oben ungemein viel gebaut wird, und zwar lauter Kasernen.

Frieden von Saint-Germain
→ Seite 198

Trento
→ Seite 198

Annexionen gewaltsame und völkerrechtswidrige Aneignungen fremder Staatsgebiete

Graf Berchtold, Exkaiser Wilhelm II. und Ludendorff
→ Seite 199

Kurland der westliche Teil des heutigen Lettland

Chauvinist
→ Seite 199

italienisieren
→ Seite 199

wie seinerzeit Preußen das polnische Posen germanisieren wollte
→ Seite 199

auf dass mit dem Ziel, dass

Merano (siehe Seite 178 Mitte: Meran)

faschistischen
Behörden
Beamten des
faschistischen
Staates Italien

Napoleonshüte
Hut mit vorne
und hinten
aufgestellter
Krempe
→ Seite 199

herabwallten
gravitätisch
(feierlich) her-
unterhingen

feldgrau oder
feldbraun
→ Seite 199

Schwarzhemden
→ Seite 200

romanischen
Rasse sei-
nerzeit gängige
Bezeichnung für
die Menschen in
Südwesteuropa,
die zur romani-
schen Sprach-
familie zählen,
also Italiener,
Franzosen,
Spanier und
Portugiesen

kolorierten
Fotografie
→ Seite 200

Prego
(ital.) Bitte

Im Bahnhof Brennero wurde der Schnellzug von den faschistischen Behörden bereits erwartet. Da standen ungefähr dreißig Männer, und fast jeder war anders uniformiert.

Da hatten welche Napoleonshüte und weite lange Mäntel,
oder kurze enge oder weite kurze oder enge lange. Einige
trugen prächtige Hahnenfedern, die ihnen fast bis auf die
Schultern herabwallten. Andere wieder trugen Adlerfedern
oder Wildentenfedern, und wieder andere trugen gar keine
Federn, höchstens Flaum. Die meisten waren feldgrau oder
feldbraun, aber es waren auch welche da in Stahlblau und
Grünlich mit Aufschlägen in Rot, Ocker, Silber, Gold und Li-
la. Viele hatten schwarze Hemden – das waren die bekannten Schwarzhemden.

Sie boten ein farbenfrohes Bild. Alle schienen sehr zu frieren, denn knapp hundert Meter über ihnen hing der herbst-
liche Nebel Nordtirols.

Keiner der Reisenden durfte den Schnellzug verlassen,
denn hier ging's viel strenger zu als zwischen Bayern und
Österreich in Mittenwald. Und dies nicht nur deshalb, weil
die Italiener zur romanischen Rasse gehören, sondern weil
sie obendrein noch den Mussolini haben, der in permanenter
Wut ist, dass es bloß vierzig Millionen Italiener gibt.

Neunundzwanzig von den dreißig Uniformierten waren
mit den Grenzübertrittsangelegenheiten schon sehr beschäftigt. Der Dreißigste schien der Anführer zu sein, er tat nämlich nichts. Er stand auf dem Bahnsteig etwas im Hinter-
grunde, unter einer kolorierten Fotografie des Duce, und
hatte sehr elegante Schuhe. Er war vielleicht 1,40 Meter hoch,
und forschend glitt sein Blick über den Schnellzug. Er forsch-
te nach, wo eine blonde Frau saß, eine Deutsche oder eine
Skandinavierin.

»Prego den Pass!«, sagte der italienische Passbeamte. Er
sprach gebrochen Deutsch, höflich, aber bestimmt. »Wohin

fahren Sie, Signor Kobler?«, fragte er. »Nach Barcelona«, sagte der Signor. »Sie fahren also nach Italien«, meinte der Passbeamte. »Ja«, sagte der Signor. Und nun geschah etwas Mysteriöses. Der Passbeamte wandte sich ernst seinem Be-
5 gleiter zu, einem Passunterbeamten, und sagte auf Italienisch: »Er fährt nach Italien.« Der Passunterbeamte nickte würdevoll: »Soso, nach Italien fährt er«, meinte er gedehnt und kam sich wichtiger vor als Mussolini persönlich, während sich der Oberpassbeamte bereits mit dem nächsten Rei-
10 senden beschäftigte. »Sie fahren nach Italien?«, fragte er. »Jawohl«, sagte der nächste Signor. Er hieß Albert Hausmann. »Und warum fahren Sie nach Italien?«, fragte der Oberpassbeamte. »Ich will mich in Italien erholen«, sagte der Signor Hausmann. »Sie werden sich in Italien erholen!«, sag-
15 te der Oberpassbeamte stolz. »Hoffentlich!«, meinte der Erholungsbedürftige, worauf sich der Oberpassbeamte wieder seinem Begleiter zuwandte: »Er will sich in Italien erholen«, sagte er. »Vielleicht auch nicht!«, meinte der Passunterbeamte lakonisch und blickte den Erholungsbedürftigen miss-
20 trauisch an, denn er erinnerte ihn an einen gewissen Isidore Niederthaler in Brixen, dessen Weib als politisch verdächtig auf der faschistischen schwarzen Liste stand. ›Das Weib hat einen prächtigen Hintern‹, dachte der Passunterbeamte.

Inzwischen hatte sich der Oberpassbeamte bereits wieder
25 an einen dritten Reisenden gewandt. Der hieß Franz Karl Zeisig. »Sie fahren nach Italien?«, fragte der Oberpassbeamte.

»Zu blöd!«, murmelte Kobler. »Wir fahren doch alle nach Italien!« »Unterschätzen Sie nicht Benito Mussolini«, flüsterte ihm der Erholungsbedürftige zu. »Mit dieser scheinbar
30 ungereimten Fragerei verfolgen die Passbeamten einen ganz bestimmten Zweck. Das sind alles besonders hervorragende Detektive von der politischen Polizei in Rom. Wissen Sie, was ein Kreuzverhör ist?«

Signor (ital.) Herr

lakonisch einsilbig, knapp, abweisend

Isidore Niederthaler vermutlich eine fiktive Person

Brixen Stadt in Südtirol, seit 1920 italienisch

Weib hier (weitgehend) neutrale Bezeichnung für: Ehefrau

schwarzen Liste Liste von Personen, die als politisch unzuverlässig oder missliebig gelten und drangsaliert oder auch ›beseitigt‹ werden sollen

Franz Karl Zeisig → Seite 200

politischen Polizei polizeiliche Sonderorganisation in totalitären Staaten, deren Aufgabe es ist, jede politische Opposition im Keim zu ersticken

Kobler blieb ihm die Antwort schuldig, denn plötzlich standen drei Faschisten vor ihm. »Haben Sie Zeitungen?«, fragte der erste Faschist. »Österreichische, sozialistische, kommunistische, anarchistische, syndikalistische und nihilistische dürfen Sie nicht mit nach Italien nehmen, weil das strengstens verboten ist!« »Ich bin kein Nihilist«, sagte Kobler, »ich hab bloß ein Magazin bei mir.«

Und dann durchwühlten noch einige italienische Finanzer seinen Koffer. »Was ist das?«, fragte der eine und hielt ihm eine Krawatte unter die Nase. »Das ist eine Krawatte«, sagte Kobler. Der Finanzer nickte befriedigt, lächelte ihm freundlich zu und verschwand mit seinen Kollegen.

Endlich war's vorbei mit den Grenzübertrittschwierigkeiten, und der Schnellzug setzte sich als »diretto« südwärts in Bewegung.

Hinab vom Brenner – durch das neue Italien.

11

Nun waren aber plötzlich alle Aufschriften italienisch. Kobler konnte sich kaum mehr vom Fenster trennen, so kindisch faszinierte ihn jede Aufschrift, obwohl oder weil er nicht wusste, was sie bedeuten sollte. »Albergo Luigi, Uscita, Tabacco, Olio sasso, Donne, Uomine«, las er. ›Das hat halt alles einen Klang‹, dachte er. ›Schad, dass ich nicht Koblero heiß!‹

Im ehemaligen Franzensfeste hatten sie etwas Aufenthalt. »Erlauben Sie, wo sind wir jetzt?«, fragte ihn ein nervöser deutscher Italienreisender, der ihm nicht über die Schulter schauen konnte. »In Latrina«, antwortete Kobler. »Machen Sie da gefälligst keine schlechten Witze!«, schrie der Nervöse.

Zeitungen ... anarchistische, syndikalistische und nihilistische
→ Seite 200

als »diretto« als Eilzug (von ital. ›diretto‹: ›direkt‹)

das neue Italien Italien nach seiner durch die faschistische Bewegung bewirkten »Wiedergeburt«

»Albergo Luigi, Uscita, Tabacco, Olio sasso, Donne, Uomine« (ital.) »Herberge Luigi, Ausgang, Tabak, Olivenöl, Frauen, Männer«

ehemaligen Franzensfeste
→ Seite 200

Erlauben Sie kurz für: Erlauben Sie mir die Frage (vgl. auch Seite 39, Zeile 28)

Latrina Offenbar hält Kobler das Schild, das auf die Bahnhofstoilette von Fortezza hinweist, für den Ortsnamen.

Kobler war sehr verdutzt. Da hing ja direkt vor ihm das Schild:

```
            Latrina
```

»Brüllen Sie nicht mit mir!«, brüllte er den Nervösen an.

»Bedaure, Herr«, kreischte der Nervöse und zappelte sehr. »Ich bin zu solchen Späßen keineswegs bereit!«

›Jetzt kommt der feierliche Moment, wo ich dir eine schmier‹, dachte Kobler, aber hier mischte sich jener erholungsbedürftige Albert Hausmann überaus freundlich in die Auseinandersetzung, um den Streit im Keime zu ersticken, denn er war sehr ängstlich. »Irrtum, meine Herren!«, meinte er. »Latrina bedeutet so viel wie Abort! Sie reden aneinander vorbei, meine Herren!«

Der Erholungsbedürftige sprach nämlich perfekt Italienisch und war überhaupt ein sehr intelligenter und belesener Mann, der besonders in der Weltgeschichte bewandert war. »Das alles war früher Südtirol«, sagte er.

Und dann gab er Kobler den Rat, sich nur ja vor den faschistischen Spitzeln zu hüten, die wären nämlich äußerst raffiniert und brutal. »Dort drüben am dritten Fenster zum Beispiel«, wisperte er geheimnisvoll und deutete verstohlen auf einen Mann, der wie ein Bauer aussah, »dort dieser Kerl ist sicher ein Spitzel. Der wollte mich nämlich gerade in ein verfängliches Gespräch verwickeln, er wird auch Sie verwickeln wollen, er trachtet ja nur danach, jeden zu verwickeln – und bei der ersten abfälligen Äußerung über Mussolini, Nobile oder überhaupt das System werden Sie sofort aus dem Zuge heraus verhaftet. Geben Sie acht!«

Kobler gab acht.

zappelte sehr gestikulierte erregt

verfängliches heikles, kompromittierendes, den Sprecher in Gefahr bringendes

Nobile
→ Seite 200

Bolzano italienischer Name von Bozen, der Landeshauptstadt von Südtirol, die um 1930 gut 35 000 Einwohner hatte

Knapp vor Bolzano näherte sich ihm der Spitzel.

»Bolzano hieß früher Bozen«, sagte der Spitzel.

›Aha!‹, dachte Kobler.

»In Bozen bauen jetzt die Italiener ein riesiges Elektrizitätswerk«, sagte der Spitzel.

›Nur zu!‹, dachte Kobler.

»Die Italiener«, fuhr der Spitzel fort, »haben die Wassermengen von ganz weit weg nach Bozen geleitet. Sie haben durch diese ganze Bergkette da draußen einen Schacht gebohrt, und zwar haben sie dort droben unterhalb der Kuppe angefangen zu bohren, und in Bozen haben sie auch angefangen zu bohren und haben sich so zusammenbohren wollen, aber sie haben gleich dreimal aneinander vorbeigebohrt, anstatt, dass sie sich zusammengebohrt hätten. Sie mussten sich erst reichsdeutsche Ingenieure engagieren«, grinste der Spitzel.

schon hier: vermutlich

»Die Reichsdeutschen werden sich schon auch nicht zusammengebohrt haben«, meinte Kobler.

»Doch, und zwar haargenau!«, ereiferte sich der Spitzel.

»Zufall«, meinte Kobler.

Pause.

»Kennen Sie Bozen?«, fragte der Spitzel.

»Nein«, sagte Kobler.

»Dann schauen Sie sich doch Bozen an!«, rief der Spitzel.

weg ›hin und weg‹, verrückt nach

»Die Bozener sind ja ganz weg über die reichsdeutschen Gäste!«

»Ich bin ein reichsdeutscher Faschist«, sagte Kobler.

Der Spitzel sah ihn erschrocken an. »Dort drüben ist jetzt der Rosengarten«, meinte er kleinlaut.

der Rosengarten → Seite 201

»Vielleicht!«, sagte Kobler und ließ ihn stehen.

Der Spitzel sah ihm noch lange nach. Er war ja gar kein Spitzel.

Befriedigt darüber, dass er Mussolinis vermeintlichem Spitzel ein Schnippchen geschlagen hatte, betrat Kobler den
5 Speisewagen. ›Jetzt hab ich mir meinen Kaffee verdient‹,
sagte er sich und war so glücklich, als hätt er gerade einen
Prozess gewonnen, den er rechtens hätte verlieren müssen.

Es war nur noch ein Platz frei im Speisewagen. »Prego?«,
fragte Kobler, und das war sein ganzes Italienisch. »Aber bit-
10 te!«, sagte der Gast in deutscher Sprache. Das war ein kulti-
vierter Herr aus Weimar, der Stadt Goethes und der Verfassung.

Überhaupt fiel es auf, dass trotz des italienischen Hoheits-
gebietes im ganzen Zuge, außer von den Schaffnern und ei-
15 nigen Schwarzhemden, lediglich deutsch gesprochen wurde.
Besonders im Speisewagen hörte man allerhand deutsche
Dialekte.

Der kultivierte Herr an Koblers Tisch hatte ein schwam-
miges Äußeres und schien ungemein verfressen zu sein. Ein
20 Gourmand. Als Sohn eines ehemaligen Pforzheimer Stadtbau-
meisters, der in der wilhelminischen Epoche eine schwerrei-
che Weimarer Patriziertochter geheiratet hatte, konnte er sich
seine drei Lachsbrötchen, vier Ölsardinen, zwei Paar Frankfurter und drei Eier im Glas ungeniert leisten. Von seinem
25 Vater, dem Stadtbaumeister, hatte er die Einbildung geerbt,
dass er einen regen Sinn für architektonische Linienführung
besäße, und von der Mutter hatte er trotz der Inflation einen
Haufen Geld geerbt und die gesammelten Werke der Klassiker. Er war sechsundvierzig Jahre alt.

30 »Ich bin ein Renaissancemensch«, erklärte er Kobler und
sprach sehr gewählt. »Mein Ideal ist der Süditaliener, der
sich Tag und Nacht am Meeresstrande sonnt, nie etwas tut
und überaus genügsam ist. Sie können es mir glauben, auch

Weimar, der Stadt Goethes und der Verfassung
→ Seite 202

Gourmand (frz.) Feinschmecker, Schlemmer

Pforzheim
→ Seite 202

Stadtbaumeister
→ Seite 202

wilhelminischen Epoche in der Regierungszeit von Wilhelm II. (1888–1918)

Patriziertochter Tochter eines alteingesessenen, wohlhabenden und allgemein geachteten Bürgers

Frankfurter
→ Seite 202

Eier im Glas Eier wurden früher in Hotels oft sehr weich gekocht in Gläsern serviert (vgl. frz. ›Œuf en verre‹)

Werke der Klassiker
→ Seite 202

Renaissancemensch
→ Seite 202

Tatarbeefsteak
→ Seite 203

schier patholo-
gischen Hypo-
chondrie
→ Seite 203

Didvende
→ Seite 203

Vetter Cousin

scharf rechts-
stehender
Realpolitiker
→ Seite 203

Kuratel
→ Seite 204

vorbeigelungen
→ Seite 204

Primo
→ Seite 204

konservative
Geist
→ Seite 204

Das konservative
Element ... stär-
ker konservieren
→ Seite 204

an die Wand
stellen
→ Seite 204

après
→ Seite 204

Kulis
→ Seite 204

einführen
→ Seite 204

unsere deutschen Arbeiter wären glücklicher, wenn sie genügsam wären. Herr Ober, bringen Sie mir noch ein Tatarbeefsteak!«

Dieser Renaissancemensch hatte natürlich noch nie etwas gearbeitet und litt infolgedessen an einer schier pathologischen Hypochondrie. Er hatte eben nichts zu tun, als sich vor dem Sterben zu fürchten. Und obendrein war er auch noch verwegen dumm.

So hatte er des Öfteren behauptet, dass ihm das Schicksal des Deutschen Reiches ganz egal wäre, wenn nur die Dividenden steigen würden. »So was sagt man doch nicht!«, hatte sich sein Vetter, ein scharf rechtsstehender Realpolitiker, entrüstet und hatte ihn unter Kuratel stellen lassen wollen, aber das ist ihm vorbeigelungen. »Er ist doch normal und denkt scharf logisch«, hatte der Gerichtsarzt gemeint.

»Also Sie fahren nach Barcelona«, sagte nun der total Normale zu Kobler und fügte scharf logisch hinzu: »Primo ist ein tüchtiger Mann. Ein Kavalier. Wenn Sie nach Barcelona kommen, so grüßen Sie mir, bitte, die Stierkämpfe, Sie werden da etwas prachtvoll Traditionelles erleben. Und dann überhaupt dieser ganze spanische konservative Geist! Es ist eben immer dasselbe. Ich hab schon immer gesagt: Das konservative Element müsste sich international zusammenschließen, um sich stärker konservieren zu können – wir deutschen Konservativen sollten die französischen Konservativen einfach in das Land hereinrufen, auf dass sie diese Republik züchtigen – Frankreich hat ja die militärische Macht, um jeden deutschen Arbeiter an die Wand stellen zu können –, und après sollten wir Kulis aus China einführen, die nicht mehr brauchen als täglich eine Handvoll Reis.« Und er fügte lachend hinzu: »Das ist natürlich nur ein Witz!«

In Verona musste Kobler zum zweiten Mal umsteigen, und zwar in den Schnellzug nach Mailand, der um diese Zeit von Venedig zu kommen pflegte. Hierzu standen ihm leider nur zehn Minuten zur Verfügung, und so konnte er also von Verona nichts sehen, nur den Bahnhof, und der sah andern Bahnhöfen leider sehr ähnlich. Es war auch inzwischen schon Nacht geworden, und zwar eine Neumondnacht.

Verona sei eine uralte Stadt, die irgendwie mit dem Dietrich von Bern zusammenhängt, hatte ihm der Renaissancemensch erzählt, und angeblich lägen in ihr auch noch obendrein Romeo und Julia, das berühmteste Liebespaar der Welt, begraben. Die veronesischen Bordelle seien zwar nicht berühmt, jedoch immerhin.

Auf dem Bahnsteig ging ein Herr in brauner Uniform auf und ab. Er hatte eine Armbinde auf dem rechten Oberarm, und auf der stand in vier Sprachen geschrieben, dass er ein amtlicher Dolmetscher sei und also kein Trinkgeld annehmen dürfe. Er war überaus zuvorkommend und gab Kobler fließend Deutsch Auskunft. »Der diretto aus Venezia nach Milano«, sagte er, »kommt an auf dem dritten Bahnsteig und fährt ab auf dem dritten Bahnsteig, das ist dort drüben, wo jene lächerliche Frau steht.«

Diese lächerliche Frau war des Dolmetschers Frau, mit der er sich gerade wieder mal gezankt hatte. Nämlich sie hatte es noch nie haben wollen, dass er den Beruf eines amtlichen Dolmetschers ausübt und nächtelang mit allerhand Ausländerinnen auf dem Bahnhof herumlungert. Aber der Dolmetscher pflegte immer nur zu sagen: »So viel Sprachen jemand spricht, so oft ist dieser Jemand ein Mensch!« Auch an diesem Abend hatte er ihr dies wieder mal gesagt, worauf sie aber ganz außer sich geraten ist. »Mit so viel Menschen will

Verona (siehe Seite 185)

Neumondnacht besonders schwarze Nacht (ohne Mondlicht)

Dietrich von Bern → Seite 204

Romeo und Julia → Seite 204

Korso Bezeich-
nung für eine
Prachtstraße (auf
der man flaniert,
um zu sehen und
gesehen zu wer-
den), vor allem
in italienischen
Städten

ich gar nichts zu tun haben!«, hatte sie auf dem Korso ge-
schrien. »Ich will ja bloß dich! Oh, wenn du nur taubstumm
wärest, Giovanni! So, und jetzt fahr ich zu meinem Bruder
nach Brescia!«

Brescia
(siehe Sei-
te 173 oben)

Dies war jenes Brescia, wo einst die Frau Perzl aus der
Schellingstraße ein Drittel Windmühle geerbt hatte.

»In Italien soll man möglichst zweiter Klass' fahren«, erinnerte sich Kobler an die Ratschläge der Perzl. »Besonders
wenn man schlafen will, soll man es tun, weil die Reisenden
in Italien, besonders die in der dritten Klass', meistens laut

möcht würde

vor sich hinsingen, als möcht man gar nicht schlafen wollen.«

Und Kobler wollte schlafen, denn er war plötzlich sehr
müde geworden. ›Entweder ist das die Luftveränderung‹,
dachte er, ›oder wahrscheinlich die vielen neuen Eindrück.‹

Vor seinem geistigen Auge tauchten sie wieder alle auf,
mit denen er während der letzten zwölf Stunden in Berüh-
rung gekommen war. Aber diesmal hatte jeder nur eine Geste – trotzdem wollte es kaum ein Ende nehmen mit den Er-
scheinungen. Und als die Gestalt des Herrn Bschorr gar zum
zweiten Mal daherkommen wollte, stolperte Kobler über einen verlorenen Hammer.

Und dann gingen viele Berge, Viadukte und fremde Dörfer

Inntal (sie-
he Seite 40,
Zeile 13)

um ihn herum, und das Inntal blieb vor ihm stehen. Auch die
italienische Sprache sah ihn an, aber etwas von oben herab.

›Also wenn das so weitergeht‹, dachte er, ›dann werd ich
meine Ägypterin noch ganz vergessen, an die ausländischen
Kabrioletts denk ich ja überhaupt nicht mehr, ich hab mich
ja schon fast selber vergessen, hoffentlich kann ich jetzt

Ventimiglia
(siehe Sei-
te 185 unten)

schlafen bis Milano, das ist der italienische Name für Mailand – dort darf ich dann wieder herumhocken, bis ich den
Anschluss nach Ventimiglia krieg. Das wird eine weite Reise

derweil hier:
indessen, dabei

werden. Und derweil ist unsere Welt eigentlich klein. Und

wird auch noch immer kleiner. Immer wieder kleiner. Ich werd's ja nicht mehr erleben, dass sie ganz klein wird – ‹, so versuchte er sich zu sammeln. Dabei hatte er ein unangenehmes Gefühl. Es war ihm wie jenem Manne zumute, der am
5 Donnerstag vergaß, was er am Mittwoch getan hatte.

»Erster Klass' soll man halt reisen können!«, seufzte er. »Mir tut von dem Holz schon der Hintern weh. Meiner Seel, ich glaub, ich bin wund!«

Infolgedessen stieg er nun in ein Abteil zweiter Klasse. In
10 der Ecke saß bereits ein Herr hinter seinem Regenmantel und schien totenähnlich zu schlafen. Er hatte nur eine kleine Handtasche, hingegen märchenhaft viel Zeitungen. Die Ausgaben lagen nur so herum, sogar auf dem Boden und auch im Gepäcknetz. Er musste beim Zeitungslesen eingeschlafen
15 sein. –

Zwanzig Minuten hinter Verona, als Kobler gerade einschlafen wollte, wachte der Herr auf. Zuerst gähnte er recht unartikuliert, und dann sah er hinter seinem Mantel hervor, erblickte Kobler, starrte ihn erstaunt an, rieb sich die Augen,
20 fixierte ihn etwas genauer und fragte gemütlich deutsch: »Wie kommen Sie hier herein?« Aber Kobler ärgerte sich, dass ihn der Herr nicht einschlafen ließ, und war also kurz angebunden. »Ich komm durch die Tür herein«, sagte er.

»Das vermut ich«, sagte der Herr. »Das vermut ich sogar
25 sehr! Durch das Fenster werden Sie wohl nicht hereingeflogen sein. Hab ich denn so fest geschlafen? Ja, ich hab so fest geschlafen.«

›Seltsam!‹, dachte Kobler. ›Er hat mich gleich ausgesprochen deutsch angesprochen, ob das auch ein Spitzel ist?‹
30 Misstrauisch beobachtete er den Herrn. Dieser war bereits etwas angegraut und glatt rasiert. »Woher wissen Sie denn, dass ich Deutscher bin?«, fragte er ihn plötzlich und gab sehr acht, dass er dabei harmlos aussah.

dem Holz den Holzsitzen (siehe Seite 184: Welche Klasse …)

Meiner Seel »(besonders süddeutsch, österreichisch: Ausruf der Bekräftigung, Beteuerung; Verkürzung von ›ich schwöre es bei meiner Seele‹, einer nach altem Rechtsbrauch üblichen Formel)« (Duden)

hinter seinem Regenmantel wohl: der seinen Regenmantel wie eine Reisedecke über sich gebreitet hatte

Gepäcknetz in Bahnwagen früherer Zeiten »über den Sitzplätzen […] angebrachte, aus dicken Schnüren geknüpfte, netzartige Ablage zum Unterbringen von Gepäck« (Duden)

recht unartikuliert in ziemlich tierhaft ungehemmter Weise

also dementsprechend

kenn erkenne

*Zuletzt komm
ich aus* Mein
letzter Halt war

Piazza (ital.)
(Markt-)Platz

Piazza d'Erbe
→ Seite 205

liegt ist …
stationiert

*halt sehr befes-
tigt* mit starken
Festungsanla-
gen versehen

*Peschiera, Man-
tua und Legnago*
→ Seite 205

*das viel
genannte Fes-
tungsviereck*
→ Seite 205

*mit Italien
verbündet*
→ Seite 206

*Zeitalter der Ge-
heimdiplomatie*
→ Seite 206

*ein bisserl
plauschen* (süd-
deutsch, öster-
reichisch) sich
in vertrautem
Kreise gemüt-
lich ein wenig
unterhalten

»Ich kenn das am Kopf«, meinte der Herr. »Ich kenn das sofort am Kopf. Die Deutschen haben nämlich alle dicke Köpfe, natürlich nur im wahren Sinne des Wortes. Ich bin ja selbst so halb Deutscher. Was bin ich nicht halb? Alles bin ich halb! So ist das Leben! Da sitzen wir uns gegenüber und 5 fahren durch die Po-Ebene. Ich komm aus Venedig, während Sie? – «

»Zuletzt komm ich aus Verona«, sagte Kobler.

»Verona hat eine herrliche Piazza«, meinte der Herr. »Die Piazza d'Erbe ist ein Mittelpunkt des Volkslebens. Und viel 10 Militär liegt in Verona, es ist halt sehr befestigt. Es bildete ja mit den Befestigungen von Peschiera, Mantua und Legnago das viel genannte Festungsviereck. Gegen wen? Gegen Öster-reich-Ungarn. Und warum gegen Österreich-Ungarn? Weil es mit Italien verbündet war. Aber was war ein Bündnis im 15 Zeitalter der Geheimdiplomatie? Die Rüstungsindustrie ließ sich versichern. Und was ist ein Bündnis heute? Oder glau-ben Sie, dass wir keine Geheimdiplomatie haben? Wir haben nur Geheimdiplomatie!«

›Ist das aber ein Schwätzer!‹, dachte Kobler grimmig. 20

»Es tut mir direkt wohl, ein bisserl plauschen zu können, weil ich jetzt fast drei Tag lang kaum etwas Gescheites gere-det hab«, sagte der Schwätzer und lächelte freundlich.

›Das auch noch!‹, durchzuckte es Kobler, und er hasste den Herrn. ›Also in deiner Gesellschaft, du Mistvieh‹, dachte 25 er weiter, ›werd ich ja kaum zum Schlafen kommen, eigent-lich gehört dir eine aufs Maul. Aber ich weiß schon, was ich mach!‹ Und er sagte: »Dürfte ich etwas in Ihren Zeitungen blättern?«

»Natürlich dürfen Sie!«, rief der Herr. »Sie dürfen sogar 30 sehr, ich kann eh keine Zeitung mehr sehen. Brauchen Sie nur die deutschen, oder wollen Sie auch die italienischen, französischen, tschechischen – meiner Seel! A polnische ist auch dabei! Wie kommt hier das rumänische Zeug her? Ich werd's mir wahrscheinlich gekauft haben. Schad fürs Geld, naus damit!« Er öffnete das Fenster und warf alle seine nicht-deutschen Zeitungen in die brausende Finsternis hinaus.

⁵ Kaum hatte er jedoch das Fenster wieder geschlossen, erschien ein Angehöriger der faschistischen Miliz, ein sogenanntes Schwarzhemd. Das Schwarzhemd betrat feierlich das Abteil und sprach mit dem Herrn ruhig, aber unfreundlich. Der Herr machte abwehrende Gebärden und sprach
¹⁰ perfekt italienisch. Hierauf zog sich das Schwarzhemd wieder zurück und war verstimmt.

»Was hat denn der Faschist von Ihnen wollen?«, fragte Kobler. »Das frag ich mich auch«, rief der Herr und versuchte sich zu winden. Dann fuhr er fort: »Ich werd es Ihnen
¹⁵ übersetzen, was er von mir gewollt hat. Er wollte wissen, ob ich zuvor meine Zeitungen hinausgeworfen hab, denn diese Zeitungen sind ihm weiter hinten durch ein offenes Fenster auf das Maul geflogen, und zwar mit Wucht. Ich hab ihm natürlich sofort gesagt, dass ich natürlich noch nie in mei-
²⁰ nem Leben Zeitungen hinausgeworfen hab. Mich kann man halt nicht überrumpeln. Glaubens mir, ich bin ein gewandter Reisender!«

»Was stinkt denn da so penetrant?«, fragte Kobler.

»Das bin ich«, sagte der gewandte Reisende. »Es wird Sie
²⁵ wohl hoffentlich nicht stören, Herr! Wenn mich nicht alles täuscht, bin ich zwanzig Jahre älter als Sie. Sagen Sie, waren Sie eigentlich noch Soldat?«

»Ich fahr jetzt bis Milano«, antwortete Kobler ausweichend, – er war nämlich kein Soldat gewesen, weil er sich
³⁰ während des Weltkrieges gerade in den Flegeljahren befunden hatte, und dieses Niemals-Soldat-Gewesen-Sein störte ihn manchmal, wenn er mit älteren Herren zusammenkam, von denen er annahm, dass sie wahrscheinlich verwundet

faschistischen Miliz (siehe Seite 200 oben: Schwarzhemden)

versuchte sich zu winden wohl: ließ erkennen, dass ihm die Frage unangenehm war; oder: versuchte sich herauszuwinden, herauszureden

Flegeljahren redensartlich für jugendliche Entwicklungsjahre, in denen der Mensch noch zu impulsivem und manchmal rüpelhaftem Verhalten neigt

worden waren. »Ich fahr jetzt nach Milano«, wiederholte er sich hartnäckig, »und dann fahr ich weiter nach Marseille, weil ich nach Barcelona fahr.«

Nun aber geschah etwas Unerwartetes.

Der gewandte Reisende tat, als wollte er von seinem Sitz emporschnellen: Er beugte sich steif vornüber und schrie: »Nach Barcelona fährt er!« Hierauf warf er sich zurück und atmete tief.

›Also eine solche Wirkung haben meine Worte noch nie gehabt‹, dachte Kobler und glotzte sein Gegenüber befriedigt an. ›Eine starke Wirkung!‹, dachte er.

»Ist das aber ein Zufall!«, ließ sich der Herr wieder vernehmen und lächelte, als wäre er tatsächlich glücklich. Dann nickte er väterlich: »Ich fahr nämlich auch nach Barcelona«, und das verblüffte den Kobler. »Das ist natürlich ein Zufall«, grinste er sauer und kränkte sich wegen der Konkurrenz.

»Und ob das ein Zufall ist!«, eiferte sich die Konkurrenz. »Nur dass ich nicht in einer Tour nach Barcelona fahr, weil ich in Marseille auf zwei Tag aussteigen will, um Marseille kennenzulernen. Das ist nämlich eine überaus farbenprächtige und vor allem völkerkundlich sehr interessante Hafenstadt und bietet instruktive Einblicke.«

»Das hab ich schon gehört«, sagte Kobler. »Dieses Marseille muss ja eine grandiose Hurenstadt sein, und ich hab mir's auch schon überlegt, ob ich's mir nicht anschauen sollt, aber vielleicht rentiert es sich doch nicht, ich bin nämlich sehr misstrauisch.«

»Da tun Sie aber Marseille bitter unrecht! Erlaubens, dass ich mich vorstell: Rudolf Schmitz aus Wien« –

Rudolf Schmitz war Redakteur, er vertrat in Wien u. a. ein Abendblatt in Prag, ein Morgenblatt in Klausenburg, ein Mittagblatt in Agram, ein Wochenblatt in Lemberg und in Budapest ein Revolverblatt.

natürlich hier: ja wirklich

kränkte sich wegen der Konkurrenz dachte verdrießlich, dass sein Reiseziel offenbar nicht so originell war wie erhofft

instruktive lehrreiche

rentiert lohnt

er vertrat in Wien u. a. ein Abendblatt in Prag, ein Morgenblatt in Klausenburg, ein Mittagblatt in Agram, ein Wochenblatt in Lemberg und in Budapest ein Revolverblatt
→ Seite 206

Als geborener Österreich-Ungar aus Ujvidék hatte er ein kolossales Sprachtalent und beherrschte infolgedessen alle Sprachen der ehemaligen Doppelmonarchie, aber infolgedessen leider keine ganz perfekt. Trotzdem bildete er es sich

5 in seinen Jünglingsjahren ein, dass er dichterisch was leisten könnte. Damals verfasste er Gedichte, und zwar einen ganzen Zyklus. »Ein Vorsommer in der Hölle« hieß der Zyklus und war von der westlichen Dekadenz beeinflusst. Aber kein Verleger wollte was von dem Vorsommer wissen.

10 »Hier habens zwa Gulden, und schleimens Ihnen aus!«, sagte der eine Verleger. Und Schmitz tat dies, denn er war zu guter Letzt doch nur intelligent und ein gesunder Egoist. Hernach wurde er abgeklärter. »Auch Rimbaud hat sich ja von der Dichtkunst abgewandt, um ein gedichtetes Leben zu

15 führen«, stellte er fest und wurde allmählich Korrespondent.

Soziologisch betrachtet, stammte er aus k. u k. Offiziers- und Beamtenfamilien, aber er hatte nie was übrig für das Bürgerliche. Er war der geborene Bohemien. Bereits 1905 ging er ohne Hut. Seine Schwäche war die Metaphysik. –

20 Nun fragte er Kobler: »Was ist der Zufall, lieber Herr? Niemand weiß, was der Zufall ist, und das ist es ja gerade. Der Zufall, das ist die Hand einer höheren Macht, im Zufall offenbart sich der liebe Gott! Gäb's keinen Zufall, hätten wir keinen lieben Gott! Nämlich das Durchdenken und Durch-

25 organisieren, das sind menschliche Eigenschaften, aber das völlig Sinnlose des Zufalls ist göttlich.«

Er tat seine Beine auf den gegenüberliegenden Polstersitz, denn in dieser Stellung tat das Philosophieren am wohlsten.

Da erschien aber sofort wieder jenes Schwarzhemd von

30 zuvor und forderte ihn barsch auf, eine Zeitung unter seine Schuhe zu breiten. ›Jetzt grad nicht!‹, dachte der Herr Schmitz verärgert, tat seine Beine herab und hörte auf zu philosophieren.

Ujvidék
→ Seite 207

kolossales
gewaltiges, beeindruckendes

der ehemaligen Doppelmonarchie Österreich-Ungarns (in der Zeit von 1867 bis 1918)

Zyklus
(künstlerische) Werkreihe

der westlichen Dekadenz
→ Seite 207

»Hier habens zwa Gulden, und schleimens Ihnen aus!«
→ Seite 207

doch nur intelligent
→ Seite 207

Rimbaud
→ Seite 207

Korrespondent
→ Seite 208

Soziologisch Gesellschaftsanalytisch

Bohemien (frz.) Antibürger, Typus des leichtlebigen Künstlers

Metaphysik
→ Seite 208

Das Schwarzhemd verließ das Abteil und war schon wieder etwas besserer Laune.

Pyrrhussieg
→ Seite 208

»Ein Pyrrhussieg«, murmelte Schmitz, und als man das Schwarzhemd nicht mehr sehen konnte, seufzte er: »Das ist denen ihre Revolution! Da fahren die Faschisten in jedem 5 Zug so herum und geben acht, dass niemand Zeitungen

leichtsinnig
die Aborte
beschmutzt
unachtsam und
gleichgültig die
Toiletten ver-
unreinigt

nausschmeißt oder leichtsinnig die Aborte beschmutzt. So erziehen sie ihre Nation! Und wozu erziehen sie ihre Nation? Zum Krieg.«

»Gegen wen, glauben Sie?« 10

»Gegen jeden, lieber Herr!«, stöhnte der Philosoph. »Ja, das ist halt hier ein pädagogischer Umsturz. Bekanntlich ist halt jede Revolution ein pädagogisches Problem, aber auch die Pädagogik ist ein revolutionäres Problem. Wie Sie sehen, ist das sehr kompliziert. Aber ist denn der Faschismus über- 15 haupt eine Revolution? Aber keine Spur! Sacro egoismo und

Sacro egoismo
→ Seite 208

sonst nix!«

»Also ich persönlich halt nicht viel von den Revolutionen«, meinte Kobler. »Ich hätt zwar wirklich nichts dagegen, wenn es jedem besser ging, aber ich glaub halt, dass die 20 revolutionären Führer keine Kaufleut sind, sie haben keinen kaufmännischen Verstand.«

Zeitalter
der Kaufleut
→ Seite 208

»Das Zeitalter der Kaufleut«, nickte Schmitz.

»Und glauben Sie nicht auch, dass wir Kaufleut noch lange nicht unsern Höhepunkt erreicht haben?«, fragte Kobler 25 hastig. Der Schlaf war ihm plötzlich vergangen.

dozierend
einen lehr-
haften Ton
anschlagend

»Wem erzählen Sie das?!«, rief Schmitz und fuhr dozierend fort: »Hörens her: Erst wenn alle menschlichen Werte ehrlich und offen vom kaufmännischen Weltbild aus gewertet werden, dann werden die Kaufleut ihren 30 Höhepunkt erreicht haben; aber dann wird's auch wieder abwärtsgehen mit die Kaufleut, und dann wird das Zeitalter einer anderen Gesellschaftsschicht heraufdämmern. Das ist die ewige Ellipse. Ein Kreis ist das nämlich nicht.«

»Ich seh keine Gesellschaftsschicht, die hinter uns Kaufleuten heraufdämmern könnt«, meinte Kobler düster.

5 »Das Proletariat.«

»Aber das geht doch nicht!«

»Warum soll das nicht gehen?«, staunte Schmitz. »Wenn Sie seinerzeit dem Alexander dem Großen gesagt hätten, dass heut die Kaufleut regieren werden, hätt er Sie lebendig
10 begraben lassen. Ich warne Sie vor der Rolle Alexanders des Großen.«

Hier wurde das Gespräch durch den Schaffner unterbrochen, der das Abteil betrat, um die Fahrkarten kontrollieren zu können. Kobler musste nachzahlen, und auch Schmitz
15 musste nachzahlen, denn auch er hatte nur dritte Klasse.

Der Schaffner sprach gebrochen Deutsch, und während er das Geld wechselte, unterhielt er sich mit den beiden Herren. Er sagte, dass er Deutschland sehr schätze und achte, denn er kenne eine deutsche Familie, und das wären außerordent-
20 lich anständige und zuvorkommende Menschen. Zwar wären das eigentlich keine reinen Deutschen, sondern Deutsche aus Russland, sogenannte Emigranten. Sie seien aus Russland geflohen, weil sie wegen der bolschewistischen Verbrecher arbeiten hätten müssen, und das könnte man
25 doch nicht, wenn man noch nie etwas gearbeitet hätte. Sie hätten also all ihr Hab und Gut zurücklassen müssen und seien nur mit dem, was sie am Leibe gehabt hätten, bei Nacht und Nebel geflohen. Sie hätten sich dann ein Hotel am Gardasee gekauft, ein wunderbares Hotel.
30 »Schon wieder ein Schwätzer!«, brummte Kobler, während Schmitz den Schwätzer überaus wohlwollend betrachtete. »In Milano umsteigen!«, fuhr der Schwätzer zufrieden fort. »Neulich war Mussolini in Milano, da hat die Sonne

Das ist die ewige Ellipse. Ein Kreis ist das nämlich nicht.
→ Seite 209

Alexander dem Großen (356 bis 323 v. Chr.) König von Makedonien und Eroberer des persischen Großreiches

hatte nur dritte Klasse besaß nur einen Fahrschein für die dritte Klasse (siehe Seite 184: Welche Klasse wollen Sie?)

weil sie wegen der bolschewistischen Verbrecher arbeiten hätten müssen weil die Bolschewiki (siehe Seite 187 unten) es nicht duldeten, dass sie ihre alte privilegierte Existenz fortsetzten

Gardasee → Seite 209

geschienen, aber kaum war Mussolini wieder weg von Milano, hat es sofort geregnet. Sogar der Himmel ist für Mussolini«, grinste er und wünschte den beiden Herren eine glückliche Reise. Als er draußen war, entstand eine Pause.

»Das war ein verschmitzter Bursche«, ließ sich Schmitz ⁵ wieder vernehmen. »Auch ein Beitrag zur philosophisch-metaphysischen Mentalität unterdrückter Klassen.«

»Sie sind anscheinend kein Kaufmann?«, meinte Kobler.

»Nein«, sagte Schmitz. »Ich bin ein Mann der Feder und fahr jetzt als Sonderkorrespondent zur Weltausstellung.« ¹⁰ Nun entstand abermals eine Pause.

Während dieser Pause dachte jeder über den anderen nach.

›Ich hab bisher eigentlich nur einen einzigen Mann der Feder gekannt‹, dachte Kobler, ›das war ein Poet, der nie bei sich war, wenn man nicht gerad über Hyazinthen gespro- ¹⁵ chen hat. Ein unpraktischer Mensch. Der hätt mir nur schaden können, sonst nichts. Aber dieser Schmitz scheint ein belesener und hilfsbereiter Mensch zu sein – man soll halt nur mit Menschen verkehren, von denen man was hat. Das tun zwar alle, aber die meisten wissen nicht, was sie tun. ²⁰ Vielleicht kann mir dieser Mann der Feder was nützen, vielleicht kann ich ihn sogar ausnützen – als Mann der Feder hat er sicher viel weibliche Verehrerinnen, auch in Ägypten wird er wahrscheinlich welche haben. Oh, ich glaub schon daran, dass es eine Vorsehung gibt! Wenn er nur nicht so ²⁵ stinken tät!‹

Und Schmitz dachte: ›Vielleicht war es sogar blöd von mir, dass ich mich dem gleich angeboten hab als Reisebegleiter. Sicher war es blöd. Oh, wie bin ich blöd! Und warum bin ich blöd? Weil ich ein weicher Mensch bin. Ich kann aber auch ³⁰ energisch sein. Vielleicht ist das gar ein Schnorrer und pumpt mich an. Ich bin sehr energisch. Kaufmann ist er, hat er gesagt. Wer ist heut kein Kaufmann? Und was werden Sie

Marginal notes (left column):

Auch ein Beitrag zur philosophisch-metaphysischen Mentalität unterdrückter Klassen.

→ Seite 209

Mann der Feder
→ Seite 209

Sonderkorrespondent Sonderberichterstatter

abermals erneut

nie bei sich war immer geistesabwesend war

Hyazinthen
→ Seite 209

unpraktischer wenig lebenstüchtiger

belesener gebildeter

verkehren umgehen

Oh, ich glaub schon daran, dass es eine Vorsehung gibt! Den muss mir das Schicksal zugeführt haben!

Schnorrer Schmarotzer

schon für ein Kaufmann sein, lieber Herr? Es geht mich ja nichts an. Betrügen tut er sicher, sonst tät er nicht in seinem Alter nach Barcelona fahren, nämlich zur Großbourgeoisie gehört jener nicht, das kenn ich an den Bewegungen. Ob jener ein Hochstapler ist? Nein, denn das kenn ich auch an den Bewegungen. Auf alle Fälle ist er blöd. – Meiner Seel! Wie er mir nicht passt, werd ich ihn schon los, wann, wo und wie ich will! Ich spring auch aus dem fahrenden Zug!‹

*zur Großbour-
geoisie* zu den
Großkapitalisten

kenn erkenne

Wie Sobald
ich merke, dass

14

Als der Schnellzug Milano erreichte, war es zehn Minuten nach Mitternacht, obwohl der Schnellzug fahrplanmäßig erst um dreizehn Minuten nach Mitternacht Milano erreichen sollte. »Das nenn ich Ordnung!«, rief Schmitz.

Er führte Kobler in das Bahnhofsrestaurant, wo sie sich bis zur Weiterfahrt nach Ventimiglia (3.29 Uhr) aufhalten wollten. Schmitz kannte sich gut aus. »Ich kenn mich in Milano aus wie in Paris«, sagte er. »Das Beste ist, wir bleiben am Bahnhof.«

»Es hat nämlich keinen Sinn, in die Stadt zu fahren«, fuhr er fort, »denn erstens ist es ja jetzt stockfinster, und so hätten wir absolut nichts von dem gotischen Mailänder Dom, und zweitens ist hier architektonisch nicht viel los, es ist halt eine moderne Großstadt. Sie werden noch genug Gotik sehen!« »Ich bin auf die Gotik gar nicht so scharf«, sagte Kobler. »Mir sagt ja das Barock auch mehr«, sagte Schmitz. »Mir sagt auch das Barock nichts«, sagte Kobler. »Ja, verglichen mit den Wunderwerken Ostasiens, können wir Europäer freilich nicht mit!«, sagte Schmitz. Kobler sagte nichts mehr. ›Jetzt halt aber endlich dein Maul!‹, dachte er.

*gotischen
Mailänder Dom*
→ Seite 209

Gotik (siehe
Seite 181 oben)

Barock durch
ausladende, in
die Breite ge-
hende Formge-
bung und helle
Atmosphäre
gekennzeichne-
te Epoche des
europäischen
Baustils, ins-
besondere von
Kirchengebäu-
den, die etwa
von 1600 bis
1750 reicht

Chianti …
Das ist der Wein
mit dem Stroh
untenherum
→ Seite 209

leuchtete
strahlte vor
Entzücken

Abstinenzler
Antialkoholiker;
jemand, der aus
Überzeugung
auf jeglichen
Alkoholgenuss
verzichtet

Hitlerputsch
→ Seite 210

Pazifist Person,
die jede kriege-
rische Ausein-
andersetzung
ablehnt

auf dem Felde
der Ehre gefallen
der damals übli-
che pathetische
Ausdruck für: als
Soldat im Krieg
getötet worden

Frauenzimmer
→ Seite 210

Sanitätsrat in
Österreich seit
1870 Amtstitel
von Medizinern
in herausgeho-
benen Funktio-
nen im Gesund-
heitswesen

»Jetzt wollen wir aber einen Chianti trinken!«, rief Schmitz und leuchtete. »Das ist der Wein mit dem Stroh untenherum. Oder sind Sie gar Abstinenzler?« »Wieso kommen Sie darauf?«, verwahrte sich Kobler entschieden. »Ich kann enorm viel saufen und sogar durcheinander!« »Pardon!«, entschuldigte sich Schmitz und lächelte glücklich.

Schmitz war nämlich ganz verliebt in den Chianti, und auch Kobler fühlte sich sehr zu ihm hingezogen, als er ihn nun im Bahnhofsrestaurant kennenlernte. Wohlig rann er durch ihre Gedärme, und bald stand die zweite Flasche vor ihnen. Dabei unterhielten sie sich über den Weltkrieg und den Krieg an sich. Sie hatten schon im Zuge davon angefangen, denn da Schmitz auch kein Soldat gewesen war, hatte Kobler nichts dagegen gehabt, mal über die Idee des Krieges zu plaudern.

Der Chianti löste ihre Zungen, und Kobler erzählte, er wäre ja politisch schon immer rechts gestanden, allerdings nur bis zum Hitlerputsch. Gegenwärtig stünde er so ziemlich in der Mitte, obwohl er eigentlich kein Pazifist sein könne, da sein einziger Bruder auf dem Felde der Ehre gefallen sei.

»Wie hieß denn Ihr Herr Bruder?«, fragte Schmitz.

»Alois«, sagte Kobler.

»Armer Alois!«, seufzte Schmitz.

»Ist Ihnen schlecht?«, erkundigte sich Kobler.

»Mir ist immer schlecht, lieber Herr«, lächelte Schmitz wehmütig und leerte sein Glas. »Ich bin halt ein halber Mensch«, fuhr er fort und wurde immer sentimentaler. »Mir fehlt manchmal was, ob das die Heimat ist oder ein Frauenzimmer? Der Sanitätsrat meint zwar, dass meine Depressionen mit meiner miserablen Verdauung zusammenhängen, aber was wissen schon die Mediziner!«

»Ich persönlich bin schon sehr dafür, dass es keinen Krieg mehr geben soll«, antwortete Kobler, »aber glaubens denn, dass sich so was durchführen lässt?«

»Armer Alois«, murmelte Schmitz, und plötzlich wurde die Luft sehr leise. Dem Kobler war dies unbehaglich, und dabei fiel ihm ein, dass dieser Heldentod seinerzeit die Mutter natürlich sehr mitgenommen hatte. Sie hatte es direkt nicht mehr vertragen wollen, dass die Sonne scheint. »Wenn ich nur von ihm träumen könnt«, hatte sie immer wieder gesagt, »damit ich ihn sehen könnt!« –

Sie tranken bereits die dritte Flasche Chianti, aber Schmitz schien noch immer an sehr deprimierende Dinge zu denken, denn er war direkt abwesend. Plötzlich jedoch gab er sich einen Ruck und unterbrach die unangenehme Stille: »Neuerdings«, sagte er, »wird in unserer Literatur das Todesmotiv vernachlässigt, es will halt alles nur leben.«

»Man soll sich mit so was gar nicht beschäftigen«, beruhigte ihn Kobler wegwerfend. Als Kind ist er zwar gern auf den Friedhof gegangen, um den Vater zu besuchen, die Großeltern oder die gute Tante Marie. Aber durch den Weltkrieg ist das alles anders geworden. ›Hin ist hin!‹, hatte er sich gesagt und ist nach München übergesiedelt.

In München ging es damals (1922) drunter und drüber, und Kobler bot sich die Gelegenheit, die politische Konjunktur auszunutzen. Er hatte ja nichts zu beißen, und als Mittelstandsprössling stand er bereits und überzeugt politisch rechts und wusste nicht, was die Linke wollte – aber so sehr rechts stand er innerlich doch nie, wie seine neuen Bekannten, denn er besaß doch immerhin ein Gefühl für das Mögliche. ›Es ist eigentlich alles möglich‹, sagte er sich.

Einer seiner neuen Bekannten gehörte sogar einem politischen Geheimbund an, mit dem seinerzeit die politische Polizei sehr sympathisierte, weil dieser Geheimbund noch rechtsradikaler war als sie selbst. Er hieß Wolfgang und verliebte sich in Kobler, aber dieser ließ ihn nicht ran. Trotzdem verschaffte ihm Wolfgang eine Stelle, denn er war nicht nur

direkt
buchstäblich

Neuerdings … wird in unserer Literatur das Todesmotiv vernachlässigt
→ Seite 210

übergesiedelt
umgezogen

In München ging es damals (1922) drunter und drüber
→ Seite 211

die politische Konjunktur
das Erstarken (der rechtsgerichteten Republikfeinde)

Mittelstandssprössling
(ironisch, da der Begriff normalerweise für Adelskreise reserviert ist) Spross, also Abkömmling einer zum mittleren Bürgertum gehörenden Familie

politischen Geheimbund
→ Seite 211

die politische Polizei
(siehe Seite 45 unten)

leidenschaftlich, sondern auch zu einer aufopferungsvollen Liebe durchaus fähig.

So geriet Kobler in eine völkische Inflationsbank, und als der Bankier verhaftet wurde, wechselte Kobler in ein Fahrradgeschäft, hielt es aber nicht lange aus und wurde Reisender für eine württembergische Hautcreme und Scherzartikel. Dann hausierte er mit Briefmarken, und endlich landete er durch Vermittlung eines anderen Wolfgangs in der Autobranche.

Wenn er heute an diese Zeit zurückdenkt, muss er sich direkt anstrengen, um sich erinnern zu können, wovon er meistens eigentlich gelebt hatte. Meistens ist er ja nur gerade noch durchgerutscht durch die Schlingen, die uns das Leben stellt. »Du musst einen guten Schutzengel haben«, hatte ihm mal eine Prostituierte gesagt.

Er dachte nicht gern an seine Vergangenheit, aber noch ungerner sprach er über sie. Er hatte nämlich häufig das Gefühl, als müsste er etwas vertuschen, als ob er etwas verbrochen hätte – und er hatte doch nichts verbrochen, was nicht in den Rahmen der geltenden Gesellschaftsordnung gepasst hätte.

Drum sprach er auch jetzt beim Chianti lieber über die Zukunft. »Der Weltkrieg der Zukunft wird noch schauerlicher werden«, erklärte er Schmitz, »aber es ist halt nicht zu verwundern, dass es bei uns in Deutschland Leute gibt, die wieder einen Krieg wollen. Sie können sich halt nicht daran gewöhnen, dass wir zum Beispiel unsere Kolonien verloren haben. Ein Bekannter von mir hat zum Beispiel in seinem Briefmarkenalbum die ehemals deutschen Kolonien schwarz umrändert. Er sieht sie sich jeden Tag an – alle andern Kolonien, englischen, italienischen, portugiesischen und so weiter hat er abgestoßen, noch dazu zu Schleuderpreisen, und die französischen Kolonien hat er, glaub ich, verbrannt.«

eine völkische Inflationsbank wohl: eine von völkisch gesinnten Personen geführte Bank, die die Inflation zu nutzen versucht, um sich durch illegale Geschäfte zu bereichern und zugleich der verhassten Regierung die Schuld an der allgemeinen Misere anzulasten

Reisender Vertreter

hausierte er mit Briefmarken ging er von Haustür zu Haustür und bot Briefmarken zum Verkauf an

Schlingen Fallen

die ehemals deutschen Kolonien die Abteilung mit den Briefmarken aus den ehemaligen deutschen Kolonien

abgestoßen verkauft

Schmitz hörte aufmerksam zu.

»Ich, Rudolf Schmitz«, betonte er, »bin überzeugt, dass ihr Deutschen alle eure verlorenen Gebiete ohne Schwertstreich zurückbekommen werdet, und auch wir Deutsch-Österrei-
5 cher werden uns ebenso an euch anschließen – ich sage nur eines: Heilige Allianz ist gleich Völkerbund. Napoleon ist gleich Stalin!«

»Das weiß ich noch nicht«, antwortete Kobler skeptisch, weil er nicht wusste, was die Heilige Allianz bedeuten sollte.
10 »Wer ist denn Stalin?«, fragte er.

»Das lässt sich nicht so einfach erklären«, meinte Schmitz zurückhaltend. »Kehren wir lieber zum Thema zurück: Ich, Rudolf Schmitz, bin überzeugt, dass es zwischen den euro-päischen bürgerlichen Großmächten zu keinem Krieg mehr
15 kommen wird, weil man heutzutag eine Nation auf kauf-männisch-friedliche Art bedeutend billiger ausbeuten kann.«

»Das sag ich ja auch immer«, nickte Kobler. »Das freut mich aber!«, freute sich Schmitz und wurde wieder lebhaft: »Den-kens doch nur an Amerika! Vergessens bitte nur ja nicht,
20 dass die Vereinigten Staaten von Nordamerika Europa zu einer Kolonie degradieren wollen, und das werden sie auch, falls sich Europa nicht verständigen sollte, denn Europa ist ja schon ein Mandatsgebiet!« »Ob wir uns aber verständigen werden?«, fragte Kobler und fühlte sich überlegen. »Wir
25 müssen halt einen dicken Strich unter unsere Vergangenheit ziehen!«, ereiferte sich Schmitz. »Ich persönlich hätt nichts dagegen«, beruhigte ihn Kobler. »Diese Zoll- und Pass-schikanen sind doch purer Wahnsinn!«, jammerte Schmitz. »Von einem höheren Standpunkt aus betrachtet«, meinte
30 Kobler gelassen, »haben Sie schon sehr recht, aber ich glaub halt, dass wir uns nur sehr schwer verständigen werden, weil keiner dem andern traut, jeder denkt, der andere ist der grö-ßere Gauner. Ich denk jetzt speziell an Polen.«

Heilige Allianz ist gleich Völker-bund. Napoleon ist gleich Stalin! → Seite 211

Das weiß ich noch nicht Davon bin ich noch nicht überzeugt

degradieren herabstufen

verständigen untereinander einigen, durch Geschlossenheit erfolgreich zur Wehr setzen

ein Mandats-gebiet → Seite 211

»Waren Sie schon in Polen?«

»Ich war noch nirgends.«

»Aber ich war in Polen und hab mich sogar in eine Polin verliebt, es gibt halt überall anständige Menschen, lieber Herr! Einer muss halt mal beginnen, sich energisch für die ⁵ Verständigungsidee einzusetzen!« Er leerte energisch den Rest der vierten Flasche Chianti. »Wir trinken noch eine«, entschied Kobler, und während Schmitz bereitwilligst bestellte, fixierte er die Büfettdame. ›Also das ist Italien!‹, dachte er, und allmählich geriet er in exhibitionelle Stimmung. ¹⁰ »Wenn ich was trink, kann ich lebhafter denken«, sagte er. ›Wennschon!‹, dachte Schmitz. »Wenn ich nichts trink, tut mir das Denken oft direkt weh, besonders über so weltpolitische Probleme«, fuhr er fort.

Der Kellner brachte die fünfte Flasche, und Kobler wurde ¹⁵ immer wissbegieriger. »Was bedeutet eigentlich ›Pan‹?«, fragte er. »Das Universum zu guter Letzt«, dozierte Schmitz. »Und im Falle ›Paneuropa‹ bedeutet es die ›Vereinigten Staaten von Europa‹.« »Das weiß ich«, unterbrach ihn Kobler. Schmitz schlug mit der Faust auf den Tisch. »Aber ohne ²⁰ Großbritannien gefälligst!«, brüllte er und musste dann plötzlich gähnen. »Pardon!«, riss er sich zusammen. »Ich hab jetzt gegähnt, aber ich bin noch gar nicht müd, das sind nur so Magengase, die sich bei mir besonders stark entwickeln, wenn ich etwas angeheitert bin. Apropos: Kennen Sie meine ²⁵ Kriegsnovelle? Sie ist leider kein pekuniärer Erfolg, weil ich die grausige Realistik des Krieges mit meiner grausigen Phantastik verband, gewissermaßen ein Kriegs-Edgar-Allan-Poe. Ist Ihnen dieser Name ein Begriff?«

»Nein.« ³⁰

»Ja, die Kunst hört allmählich auf«, murmelte Schmitz, ließ einen Donnernden fahren und wurde wieder sentimental. Er war eben ein Stimmungsmensch.

»Ich les ja schon lieber wahre Geschichten als wie erfundene, wenn ich was les«, sagte Kobler.

»Zwischen uns ist halt eben eine Generation Unterschied«, nickte Schmitz und lächelte väterlich. »Oft versteh ich Ihre Generation überhaupt nicht. Oft wieder scheinen mir Ihre Thesen schal, dürftig, adionysisch in einem höheren Sinn. In meiner Jugend hab ich den halben Faust auswendig hersagen können und den ganzen Rimbaud. Kennen Sie das trunkene Schiff? Pardon auf einen Moment! Ich muss jetzt mal naus.«

Und Kobler sah, dass Schmitz, wie er so hinausschritt, die Zähne zusammenbiss und die Fäuste krampfhaft ballte, so sehr nahm er sich zusammen, um nicht umzufallen. ›Bin ich denn auch schon so voll?‹, fragte er sich bekümmert. ›Auf alle Fäll ist das ein interessanter Mensch.‹

Und als der interessante Mensch wieder an den Tisch zurücktaumelte, wurde es allmählich Zeit, denn draußen auf dem Geleise standen bereits die durchgehenden Waggons nach Ventimiglia. Die beiden Herren sprachen noch etwas über die Politik an sich, über die Kunst an sich, und Schmitz beklagte sich noch besonders wegen der europäischen Zerfahrenheit an sich. Aber es wollte kein richtiges Gespräch mehr aufkommen, denn beide Herren konnten sich nicht mehr richtig konzentrieren. Kobler schrieb noch rasch eine Postkarte an die Perzl: »Bin soeben an Ihrer gewesenen Windmühle in Brescia vorbeigefahren. Gruß Kobler.« Und darunter schrieb Schmitz: »Unbekannterweise Handküsse Ihr sehr ergebener Rudolf Schmitz.« Dann zahlten die beiden Herren, und beide wurden vom Kellner betrogen, der sich hernach mit einem altrömischen Gruß empfahl.

Und Schmitz hob den Arm zum Faschistengruß, und auch Kobler tat so. Und auch die Büfettdame tat ebenso.

adionysisch
→ Seite 212

den halben Faust
→ Seite 212

den ganzen
Rimbaud
(siehe Seite 207)

das trunkene
Schiff
→ Seite 212

Geleise
Bahngleis

die durchgehenden Waggons
(siehe Seite 184
unten: D-Zug)

an sich im
Allgemeinen

Zerfahrenheit
Richtungslosigkeit,
chaotischen
Verfassung

gewesenen
ehemaligen

Ihr sehr ergebener seinerzeit
übliche höfliche
Grußformel

sich hernach …
empfahl anschließend
eine Abschiedsgeste vollführte

altrömischen
Gruß
→ Seite 212

Als die beiden Herren aus dem warmen rauchigen Lokal in die frische Nachtluft traten, fielen sie fast um, denn sie hatten einen derartigen Rausch. Sie torkelten schon ganz abscheulich, und es dauerte direkt lang, bis sie endlich in einem der durchgehenden Waggons nach Ventimiglia saßen.

Beide Herren waren voneinander überaus begeistert, besonders Schmitz freute sich grandios, dass er den Kobler kennengelernt hatte. Bewegt dankte er ihm immer wieder, dass er ihn nach Spanien begleiten darf. Dabei titulierte er ihn Baron, Majestät, General und Kommerzialrat.

Aber plötzlich hörte Kobler kaum mehr hin, so glatt wurde er nun von der Müdigkeit, die ihn schon in Verona gepackt hatte, um ihm die Augen einzudrücken, niedergeschlagen. Also antwortete er bloß lakonisch, meist nur mit einem Wort.

»Warum fahren Eminenz eigentlich nach Barcelona?«, fragte Schmitz. »Ägypten«, murmelte die Eminenz. »Wieso Ägypten, Herr Veterinär?« »Standesamt«, stöhnte der Veterinär. »Politisch?« »Möglich!«

»Das gibt aber jetzt ein Interview!«, brüllte Schmitz und geriet in hastige Begeisterung. »Ein Interview wie noch nie!« Er riss sich ein Notizbuch aus der Brust, um sich Koblers Antworten gewissenhaft zu notieren, denn jetzt wusste er vor lauter Rausch nicht mehr, was er tat.

»Darf man fragen«, legte er los, »was halten Herr Oberstleutnant von der Geist-Leib-Bewegung? Und was von der Leib-Geist-Bewegung?« Kobler riss die Augen auf und starrte ihn unsagbar innig an, ja er versuchte sogar zu lächeln. »Ich bin ganz der Ihre, gnädiges Fräulein«, lallte er.

»Jetzt wird mir schlecht!«, brüllte Schmitz. »Jetzt wird mir plötzlich schlecht!« Er fuhr entsetzt empor und raste hinaus,

---

Baron Adelstitel, im deutschen Sprachraum eine andere Bezeichnung für ›Freiherr‹

Kommerzialrat seinerzeit ein österreichischer Berufstitel, vergleichbar dem deutschen Kommerzienrat, einem Ehrentitel für einflussreiche Kaufleute

Eminenz → Seite 212

Herr Veterinär Herr Tiermediziner

Brust Brusttasche

Oberstleutnant in der Regel der nächsthöhere Dienstgrad für Offiziere nach: Major

Geist-Leib-Bewegung → Seite 212

Leib-Geist-Bewegung hier wohl als Scherz gemeint

---

um sich zu erbrechen. Kobler sah ihm überrascht nach und machte dann eine resignierte Geste. »Frauen sind halt unberechenbar«, lallte er. –

In einem solchen Zustand verließen die beiden Herren Milano, die Metropole Oberitaliens. Und dieser Zustand änderte sich auch kaum wesentlich während der restlichen Nacht. Zwar schliefen sie, aber ihr Schlaf war unruhig und quälend, voll dunkler, rätselhafter Träume.

So träumte Schmitz zum Beispiel unter anderem folgendes: Er schreitet leichten Fußes und beschwingten Sinnes über arkadische Sommerwiesen. Es ist um das Fin de siècle herum, und er belauscht in einem heiligen Hain eine Gruppe sich tummelnder bildhübscher Helleninnen. »Paneuropa«, ruft er, und das ist die klassisch Schönste. Aber Paneuropa weist ihn schnippisch in seine Schranken zurück. »Wer weitergeht, wird erschossen!«, ruft sie ihm übermütig zu und lacht silbern. Doch da wird ihm die Sache zu dumm, er verwandelt sich in einen Stier, und zwar in einen Panstier, und der gefällt der Paneuropa. Keuchend wirft sie sich um seinen Panstiernacken und bedeckt seine Panstiernüstern mit den hingebungsvollsten Küssen – aber während sie ihn also küsst, verwandelt sich die klassisch schöne Paneuropa leider Gottes in die miese Frau Helene Glanz aus Salzburg.

Und Kobler träumte bereits knapp hinter Milano von seinem armen Bruder Alois, der im Weltkrieg von einer feindlichen Granate zerrissen worden war. Nun trat dieser Alois als toter Soldat in einem weltstädtischen Kabarett auf und demonstrierte einem exklusiven Publikum, wie ihn seinerzeit die Granate zerrissen hatte. Dann legte er sich selber wieder artig zusammen, und das tat er voll Anmut. Und das Publikum sang den Refrain mit:

>»Die Glieder
>Finden sich wieder!«

arkadische
→ Seite 212

Fin de siècle
→ Seite 212

heiligen Hain
→ Seite 212

Helleninnen
Griechinnen

silbern
hell, hoch,
wohltönend

er verwandelt sich in einen Stier
→ Seite 212

Panstier
→ Seite 213

also hier:
ebenso, in
gleicher Weise

Granate »mit
Sprengstoff
gefülltes [Artillerie]geschoss«
(Duden)

weltstädtischen Kabarett Kleinkunstbühne
einer europäischen Metropole

Anmut Grazie

»Die Glieder / Finden sich wieder!«
→ Seite 213

San Remo
→ Seite 213

*das Meer, un-
sere Urmutter*
→ Seite 214

apathisch teil-
nahmslos, träge

lamentierte
klagte

trotzdem dass
obwohl

*die italienische
Riviera di Po-
nente* Teilab-
schnitt der italie-
nischen Riviera,
der sich von der
Regionalhaupt-
stadt Liguriens,
Genua, bis zur
französischen
Grenze bei Venti-
miglia erstreckt

*die französische
Côte d'Azur* die
französische
Mittelmeer-
küste von der
italienisch-
französischen
Grenze bis zum
Küstenort Cas-
sis 30 Kilome-
ter westlich
von Marseille

*Grenzort
Ventimiglia*
(siehe Sei-
te 185 unten)

Als die beiden Herren erwachten, ging es schon gegen Mittag. Sie hatten Genua glatt verschlafen, und nun näherten
sie sich San Remo.

Draußen lag das Meer, unsere Urmutter. Nämlich das
Meer soll es gewesen sein, in dem vor vielen hundert Millionen Jahren das Leben entstand, um später auch auf das Land
herauszukriechen, auf dem es sich in jener wunderbar kom-
plizierten Weise höher und höher entwickelt, weil es gezwungen ist, sich anzupassen, um nicht aufzuhören.

Schmitz fiel es ein, dass Kobler jetzt zum ersten Mal das
Meer sieht. »Was sagen Sie eigentlich zum Meer?«, fragte er.
»Ich hab mir das Meer nicht anders gedacht«, antwortete
Kobler apathisch. Er lag noch immer und sah noch sehr mitgenommen aus. »Beruhigen Sie sich, lieber Herr«, tröstete
ihn Schmitz. »Mir tut der Schädel genauso weh wie Ihnen,
aber ich beherrsch mich halt. Wir hätten uns in Milano nicht
so besaufen sollen.« »Wir hätten uns halt in Milano beherr-
schen sollen«, lamentierte Kobler. »Jahrgang 1902«, murmelte Schmitz.

Sie fuhren nun am Meer entlang und hatten eigentlich
nichts davon, trotzdem dass es zuerst die italienische Riviera
di Ponente war und hernach sogar die französische Côte
d'Azur. Zwischen den beiden mussten sie wieder mal so eine
amtliche Zoll- und Passkontrolle über sich ergehen lassen,
nämlich im Grenzort Ventimiglia. Hier war es Kobler am
übelsten, aber selbst Schmitz vertrödelte hier fast eine volle
Stunde auf der Toilette. Sie mussten halt für ihren Mailänder
Chianti bitter büßen, und das Bittere dieser Buße stand, wie
häufig im Leben, im krassesten Missverhältnis zur Süße des
genossenen Vergnügens. Besonders Kobler konnte diese weltberühmte Landschaft überhaupt nicht genießen, er konnte

auch nichts essen, übergab sich bei jeder schärferen Kurve und sah düster in die Zukunft. ›Jetzt bin ich noch gar nicht am Ziel meiner Reise, und schon bin ich tot‹, dachte er deprimiert. ›Warum fahr ich eigentlich?‹

5 Schmitz versuchte ihn immer wieder auf andere Gedanken zu bringen. »Sehens nur«, sagte er in Monte Carlo, »hier wachsen die Palmen sogar am Perron! Ich werd halt das Gefühl nicht los, dass Westeuropa noch bedeutend bürgerlicher ist, weil es den Weltkrieg gewonnen hat. Ich möcht aber
10 nicht wissen, was sein wird, wenn die Westeuropäer mal dahinterkommen, dass sie den Weltkrieg zu guter Letzt auch nur verloren haben! Wissens, was dann sein wird? Dann werden auch hier die Sozialdemokraten Minister.«

Und in Nizza konstatierte Schmitz, dass man hier rechtens
15 die Uhr nicht um eine Stund, sondern gleich um vierzig Jahre zurückdrehen müsste – und hierbei lächelte er sarkastisch, aber wenn er allein war, fühlte er sich manchmal sauwohl in der Atmosphäre von 1890, obwohl er sich dann immer selbst widersprechen musste.

20 Und in Cap d'Antibes musste Schmitz unter anderem an Bernard Shaw denken, und er dachte, das sei ein geistreicher Irländer, und von dem alten Nobel wär es schon eine sehr noble Geste gewesen, dass er den Nobelpreis gestiftet hätt, als er mit ansehen musste, wie sich die Leut mit seinem Dy-
25 namit gegenseitig in die Luft sprengen. –

Nun verließ der Zug das Meer und erreichte es wieder in Toulon. »Wir sind jetzt bald in Marseille«, sagte Schmitz. Es war bereits spät am Nachmittag, und die Luft war dunkelblau.

30 Draußen lag Toulon, ein Kriegshafen der französischen Republik. Und beim Anblick der grauen Torpedoboote und Panzerkreuzer stiegen in Schmitz allerhand Jugenderinnerungen empor. So erinnerte er sich auch, wie er einst als

Monte Carlo
→ Seite 214

Perron
→ Seite 214

werden auch hier
die Sozialdemo-
kraten Minister
→ Seite 214

Nizza
→ Seite 214

rechtens mit
Recht, eigentlich

die Uhr nicht um
eine Stund …
zurückdrehen
→ Seite 214

sarkastisch
mit beißendem
Spott, höhnisch

Cap d'Antibes
→ Seite 215

Bernard Shaw
→ Seite 215

von dem
alten Nobel
→ Seite 215

Toulon
→ Seite 215

Torpedoboote
→ Seite 215

Panzerkreuzer
→ Seite 215

feschen
(österreichisch
und umgangs-
sprachlich) hüb-
schen, flotten

Pola
→ Seite 215

Deckoffizier
→ Seite 216

*mit ihrer europä-
ischen Sendung*
→ Seite 216

La France
→ Seite 216

Korsika
→ Seite 216

annektieren
»gewaltsam und
widerrechtlich
in seinen Besitz
bringen«
(Duden)

liebe Mariann
→ Seite 216

farbiges ange-
regtes, buntes

*Gare Saint-
Charles*
→ Seite 216

Marseillaise
→ Seite 216

stiegen ... ab
quartierten
sich ... ein

Kind mit der feschen Tante Natalie einen Panzerkreuzer der k. u. k. österreich-ungarischen Flotte in Pola hatte besichtigen dürfen. Die Tante hatte sich aber bald mit einem Deckoffizier unter Deck zurückgezogen, und er hatte droben fast eine halbe Stunde lang allein auf die Tante warten müssen. Und da hatte er sich sehr gefürchtet, weil die Kanonenrohre angefangen haben, sich von selber zu bewegen. ›Ich versteh die französische Demokratie nicht‹, dachte er nun in Toulon melancholisch. ›Bei den Faschisten ist dieser Rüstungswahn nur natürlich, wenn man ihren verbrecherischen Egoismus in Betracht zieht, aber bei der französischen Demokratie mit ihrer europäischen Sendung? Sie werden sagen, dass La France halt gegen Mussolini rüsten muss, denn dieser Mussolini strebt ja nach Nizza und Korsika, und sogar den großen Napoleon will er für sich annektieren, und leider ist das halt logisch, was Sie da sagen, liebe Mariann!‹

Endlich erreichten sie Marseille.

Es ist bekannt, dass sich jede größere Hafenstadt durch ein farbiges Leben auszeichnet. Aber ganz besonders Marseille.

In Marseille ist der Mittelpunkt des farbigen Lebens der alte Hafen, und der Mittelpunkt dieses alten Hafens ist das Bordellviertel. Wir werden darauf noch zurückkommen.

Als nun die beiden Herren die breite Treppe vom Gare Saint-Charles hinabstiegen, ging es Schmitz schon deutlich besser, während Kobler sich noch immer recht matt fühlte. Auch war es ihm, als könnte er noch immer nicht wieder korrekt denken. »Hier in Marseille entstand die Marseillaise«, belehrte ihn Schmitz. »Nur nichts mehr wissen!«, wehrte sich Kobler mit schwacher Stimme.

Bald hinter Toulon war es bereits Nacht geworden, und nun hatten die beiden Herren keinen sehnlicheren Wunsch, als möglichst bald in einem breiten, weichen französischen Bett einschlafen zu können. Sie stiegen in einem kleinen Hotel am Boulevard Dugommier ab, das Schmitz als äußerst gediegen und preiswert empfohlen worden war. Aber der ihm das empfohlen hatte, musste ein äußerst boshafter Mensch gewesen sein, denn das Hotel war nicht gediegen, sondern ein Stundenhotel und infolgedessen auch nicht preiswert. Jedoch den beiden Herren fiel das bei ihrer Ankunft nicht auf, denn sie schliefen ja schon halb, als sie das Hotelbüro betraten. Sie gingen ganz stumm auf ihr Zimmer und zogen sich automatisch aus. »Hoffentlich sind Sie nicht mondsüchtig«, jammerte Schmitz. »Das wär ja noch das Geringste«, belustigte ihn Kobler und fiel in sein Bett.

Boulevard Dugommier
→ Seite 217

gediegen solide, einwandfrei, hohen Ansprüchen genügend

Stundenhotel
→ Seite 217

sind Sie nicht mondsüchtig neigen Sie nicht zum Schlafwandeln (insbesondere bei Vollmond)

17

Die Nacht tat den beiden Herren sehr wohl. Befreit von der Monotonie der Schienen und Eisenbahnräder träumten sie diesmal nichts. »Heut bin ich neugeboren!«, trällerte Schmitz am nächsten Morgen und band sich fröhlich die Krawatte. Und auch Kobler war aufgeräumt. »Ich freu mich schon direkt auf Marseille«, meinte er.

Als die beiden Herren angezogen waren, bummelten sie über die Canebière, jene weltberühmte Hauptverkehrsader. Dann fuhren sie mit einem Autobus über den Prado hinaus nach der Corniche, einer zufriedenen Straße, die immer am freien Meer entlanglaufen darf. Hierauf fuhren sie mit dem Motorboot an alten, unbrauchbaren Festungen vorbei nach dem Inselchen des romantischen Grafen von Monte Christo. Hierauf fuhren sie mit einem kühnen Aufzug auf jenen unheimlich steilen Felsen, auf dem Notre Dame de la Garde steht. Von hier aus bot sich ihnen ein umfassendes Panorama. »Da unten liegt Marseille«, erklärte Schmitz die Situation.

belustigte ihn spottete oder scherzte

aufgeräumt in angeregter Stimmung, heiter, übermütig

Canebière
→ Seite 217

Prado
→ Seite 218

Corniche
→ Seite 218

Inselchen des romantischen Grafen von Monte Christo
→ Seite 218

Felsen, auf dem Notre Dame de la Garde steht
→ Seite 218

eisernen Spinne
des Pont Trans-
bordeurs
→ Seite 219

Hierauf fuhren sie mit der eisernen Spinne des Pont Transbordeurs, und zwar einmal hin und einmal zurück. Hierauf
gingen sie in eines der populären Restaurants am alten Hafen, und zwar in das Restaurant »Zum Kometen«.

Da gab es allerhand zu essen, und alles war billiger als in
Deutschland und Österreich. Infolgedessen überfraßen sich
die beiden Herren fast. Besonders die Vorspeisen, von denen
man um dasselbe Geld nehmen konnte, so viel man wollte,
taten es ihnen an. Und auch das weiche weiße Brot. Mit dem
Wein gingen sie diesmal misstrauischer um, trotzdem wurde
Schmitz wieder recht gesprächig. Er erinnerte Kobler an das

Sprichwort
vom lieben Gott
in Frankreich
→ Seite 219

treffende Sprichwort vom lieben Gott in Frankreich und
fragte ihn hernach, ob es ihm schon aufgefallen sei, dass hier
zahlreiche Lokale, oft wahre Prachtcafés, keine Klosette hät-

Klosette
(siehe Seite 28,
Zeile 11)

ten, und das wäre halt so eine südfranzösische Spezialität.
Hierauf zählte er ihm die Spezialitäten der Marseiller Küche
auf und bestellte sich eine Art Fischsuppe. »Das ist aber eine
eigenartige Speis«, meinte Kobler vorsichtig und schnupper-
te. »Ich glaub, dass da viel exotische Zutaten drin sind.«

Kolonialdenk-
mal auf der
Corniche
→ Seite 220

»Erinnern Sie sich an das Kolonialdenkmal auf der Corniche?«, erkundigte sich Schmitz mit vollem Munde. »Das
war jenes Monumentaldenkmal für die im Kampfe gegen die
französischen Kolonialvölker gefallenen Franzosen – natürlich stammt hier vieles aus den Kolonien, aber das stammt es
überall! Auch unser berühmter Wiener schwarzer Kaffee
wächst bei den Schwarzen. Hätten wir keine Kolonialprodukte, lieber Herr, könnten wir ja unsere primitivsten Be-

die armen
Neger
→ Seite 220

dürfnisse nicht befriedigen. Und glaubens mir, wenn man die
armen Neger nicht so schamlos ausbeuten tät, wär das der
Fall, denn dann wären ja alle Kolonialprodukte unerschwing-
lich teuer, weil dann halt die Plantagenbesitzer auch gleich
das Tausendfache verdienen wollten – glaubens mir, mein
sehr Verehrter, wir Weißen sind die größten Bestien!«

Jetzt musste er plötzlich stark husten, weil er sich einen zu großen Bissen in den Rachen geschoben hatte. Als er sich ausgehustet hatte, fuhr er fort:

»Wenn wir weißen Bestien ehrliche Leut wären, müssten wir unsere Zivilisation auf den Bedürfnislosen aufbauen, deren Bedürfnisse auch ohne Negerprodukte befriedigt werden könnten, also gewissermaßen Waldmenschen – das wären also dann Staaten, die kaum ein Bedürfnis befriedigen könnten, aber wo blieb dann unsere abendländische Kultur?«

»Das weiß ich nicht«, antwortete Kobler und sah gelangweilt auf seine Uhr. »Wann gehen wir denn ins Bordellviertel?«, fragte er besorgt.

»Jetzt rentiert sich's noch nicht, es ist noch zu hell«, meinte Schmitz. »Wir können ja bis dahin vielleicht noch einige alte Kirchen anschaun. Garçon, bringen Sie mir encore eine Banane!«

Garçon (frz.) Kellner (in wörtlicher Bedeutung: Junge)

encore (frz.) noch

18

Gleich hinter dem schönen Rathaus von Marseille beginnt das berühmte Bordellviertel, düster und dreckig, ein wahres Labyrinth – als hörte es nirgends auf.

Je weiter man sich vom Rathaus entfernt, umso inoffizieller wird die Prostitution und umso vertierter gebärdet sie sich. Die Straßen werden immer enger, die hohen Häuser immer morscher, und auch die Luft scheint zu verfaulen.

»Der Gott und die Bajadere«, fiel es Schmitz plötzlich ein, denn er war halt ein Literat. »Sehens dort jene Bajader?«, fragte er Kobler. »Jene fette Gelbe, die sich dort grad ihre schwarzen Füß wascht, ist das aber unappetitlich! Meiner

Rathaus von Marseille das zwischen 1653 und 1673 erbaute Rathaus im 2. Arrondissement von Marseille

»Der Gott und die Bajadere« → Seite 221

Literat Mann der Literatur, Autor (meist in leicht abschätzigem Sinne verwendet)

zu pediküren
die Füße (Fußnägel) zu pflegen

Gottes Ebenbild
→ Seite 222

partout
(siehe Seite 175)

singhalesischer
→ Seite 222

Seel, jetzt fangt sie sich auch noch zu pediküren an! Das nennt sich Gottes Ebenbild!«

»Zum Abgewöhnen«, meinte Kobler.

»Passens auf«, schrie Schmitz, denn er sah, dass sich ein anderes Ebenbild Kobler näherte. Dieses Ebenbild hatte einen verkrusteten Ausschlag um den Mund herum und wollte Kobler partout einen Kuss geben. Aber Kobler wehrte sich ganz ängstlich, während ein drittes Ebenbild Schmitz den Hut vom Kopf herunterriss und sehr neckisch tat, worüber eine Gruppe singhalesischer Matrosen sehr lachen musste.

»Ein interessantes Völkergemisch ist das auf alle Fäll«, konstatierte Schmitz, als er nach langwierigen Verhandlungen seinen Hut für fünf Zigaretten wieder zurückbekommen hatte. »Habens auch die japanische Hur gsehen?« »Ich hab auch die chinesische gesehen!«, antwortete Kobler. »Man kann ja hier allerhand sehen. Ich versteh nur die Männer nicht, die sich mit so was einlassen.«

Puff salopp
für: Bordell

Ober Kellner
(Oberkellner)

Bristol 1913
am Kärntner Ring
eröffnetes Wiener Luxushotel,
in dem Horváth
später (1933
und Anfang
1934) mehrmals eine Weile
lang wohnte

sich nicht einlässt keine der
dort angebotenen sexuellen
Dienstleistungen in Anspruch nimmt

»Das ist halt der Trieb«, meinte Schmitz, »und die Matrosen sollen oft einen ganz ausgefallenen Trieb haben.«

»Ich versteh die Matrosen nicht«, unterbrach ihn Kobler mürrisch. Und dann fluchte er sogar und beschwerte sich ungeduldig darüber, dass es in Marseille anscheinend keine netten Huren gibt, sondern bloß grausam-abscheuliche. Er hätte sich diese Hafenstadt aber schon ganz anders vorgestellt. »Beruhigen Sie sich nur!«, beschwichtigte ihn Schmitz. »Ich werd Sie jetzt in ein vornehmes, hochoffizielles Puff führen, ich hab die Adresse aus Wien vom Ober vom ›Bristol‹. Dort werden die Weiber sicher sehr gepflegt sein, und man soll dort allerhand erleben, auch wenn man sich nicht einlässt. In Hafenstädten soll man so was ja überhaupt nicht machen, schon wegen der gesteigerten Ansteckungsgefahr. Hier ist doch alles krank.«

»Ich hab noch nie was erwischt«, meinte Kobler, und das war gelogen.

»Ich hab auch noch nie was erwischt«, nickte Schmitz, und das war auch gelogen. Dann wurde er wieder melancholischer. »Zu guter Letzt ist halt diese ganze Prostitution etwas sehr Trauriges, aber man kann sie halt nicht abschaffen«, lächelte er wehmütig.

»Das ist auch meine Meinung«, pflichtete ihm Kobler bei. »Ich kenn einen Prokuristen, dem sein höchstes Ideal ist, mit der Frau, die er liebt, obszöne Bilder zu betrachten. Aber seine eigene Frau wehrt sich dagegen und behauptet, dass sie durch solche Fotografien direkt lebensüberdrüssig werden tät. Also was bleibt jetzt dem Prokuristen übrig? Der Strich. Und wo eine Nachfrage ist, da ist halt auch ein Angebot da. Das sind halt so Urtriebe!«

›Was gibt's doch für Viecher auf der Welt!‹, dachte Schmitz und wurde wieder philosophisch. »Ich betracht auch die Prostitution von einem höhern Standpunkt aus«, erklärte er. »Ich hab mir jetzt grad überlegt, dass wir Menschen, seitdem wir da sind, eigentlich nur drei Triebe, nämlich Inzest, Kannibalismus und Mordgier, unterdrückt haben, und nicht einmal diese drei haben wir total unterdrückt, wie das uns in letzter Zeit wieder mal der Weltkrieg bewiesen hat. Das sind Probleme, lieber Herr! Sehen Sie sich zum Beispiel mich an! Ich hab in meiner Jugend mit dem Kommunistischen Manifest sympathisiert. Man muss durch Marx unbedingt hindurchgegangen sein. Marx behauptet zum Beispiel, dass mit der Aufhebung der bürgerlichen Produktionsverhältnisse auch die Prostitution verschwindet. Das glaub ich nicht. Ich glaub, dass man da nur reformieren kann. Und das gehört sich auch so.«

»Wie?«

»Das hat man eben noch nicht heraußen, wie sich das gehört, man weiß nur, dass es sich marxistisch nicht gehört,

noch nie was erwischt mir noch nie eine Geschlechtskrankheit zugezogen

Prokuristen → Seite 222

dem sein höchstes Ideal ist ironisch: der kennt nichts Schöneres, als

eigentlich nur drei Triebe nach Sigmund Freuds (1856–1939) Abhandlung »Totem und Tabu. Einige Übereinstimmungen im Seelenleben der Wilden und der Neurotiker« (als Buch erschienen 1913)

Kommunistischen Manifest → Seite 222

Man muss durch Marx unbedingt hindurchgegangen sein. → Seite 222

bürgerlichen Produktionsverhältnisse → Seite 222

heraußen herausgefunden

denn wir erlebens ja gerade, dass der Kommunismus weit darüber hinausgeht und unsere ganze europäische Zivilisation vernichten will!«

Er hielt plötzlich ruckartig.

»So, und jetzt haben wir's erreicht«, sagte er. »Das dort drüben ist jenes Puff!« –

Der Ober im »Bristol« hatte wirklich nicht übertrieben, als er Schmitz seinerzeit sein Ehrenwort gegeben hatte, dass das Haus »Chez Madelaine« in jeder Hinsicht vorbildlich geführt wird, solid und reell. ›Er hat ausnahmsweise nicht gelogen‹, dachte Schmitz. ›Ich werd ihm noch heut eine Ansichtskarte schreiben.‹

Die Pförtnerin, eine freundliche Alte, führte die beiden Herren in den Empfangsraum, bot ihnen Platz an und bat, sich nur wenige Augenblicke zu gedulden. Der Empfangssalon war im Louis-XVI.-Stil gehalten, doch keineswegs protzig, eher schlicht. An den Wänden hingen Stiche nach Watteau und Fragonard, für die sich Schmitz rein mechanisch sofort interessierte. »Ob das nicht sehr teuer sein wird?«, fragte Kobler misstrauisch, aber Schmitz konnte ihn nicht beruhigen, denn in diesem Augenblick betrat die Madame den Salon.

Die Madame war eine ältere Dame mit wunderbar weißem Haar und sprechenden Augen, eine vornehme Erscheinung. Sie hatte etwas Königliches an sich und einen natürlichen Scharm. Aber auch etwas Strenges hatte sie um den Mund herum, und das musste so sein, wenn sie den guten Ruf ihres Bordells hochhalten wollte. ›Also das wird sehr viel kosten‹, dachte Kobler besorgt, während sich die Madame taktvoll an Schmitz wandte, weil dieser der Ältere war. Sie begrüßte ihn sofort auf Englisch, aber Schmitz unterbrach sie sofort, er sei kein Amerikaner, und sein Freund sei auch kein Amerikaner, sondern im Gegenteil. Der Madame schien

»Chez Made-laine« (frz.) »Bei Madelaine«

Louis-XVI.-Stil
→ Seite 222

Stiche nach Watteau und Fragonard
→ Seite 223

die Madame die Besitzerin des Bordells

sprechenden Augen aus-drucksstarken (auf Lebhaftigkeit und eine interessante Persönlichkeit hindeutenden) Augen, einnehmendem Blick

Scharm eigentlich: Charme; (hier nicht an die heutige Rechtschreibung angepasst, um den Charakter von Halbbildung und saloppem Umgang mit Sprache zu bewahren)

das sehr zu gefallen, sie entschuldigte sich vielmals, lächelte überaus zuvorkommend und war nun nicht mehr reserviert, eher übermütig.

»Habens den Tonwechsel bemerkt?«, flüsterte Schmitz dem Kobler zu, als sie der Madame in die Bar folgten. »Habens es bemerkt, wie verhasst die Amerikaner in Frankreich sind? Hier möcht man halt auch keine amerikanische Kolonie werden!«

»Das ist mir jetzt ganz wurscht!«, unterbrach ihn Kobler unruhig. »Ich beschäftig mich jetzt nur damit, dass es hier recht viel kosten wird!«

»Was kann das schon kosten? Wir gehen jetzt einfach in die Bar und bestellen uns einfach zwei Whisky mit Soda, und sonst tun wir halt einfach nichts!«

Nun betraten sie die Bar.

In der Bar sah man fast lauter uniformierte Menschen, Soldaten und Matrosen, die sich mit den halbnackten Mädchen mehr oder minder ordinär unterhielten. Auch saßen in einer Ecke zwei Gäste aus Indien, und in einer anderen Ecke saßen drei Sportstudenten aus Nordamerika, Letztere mit hochroten Köpfen, aber mit puritanischem Getue. Und dann saßen noch zwei Herren da, um die sich die Mädchen aber nicht kümmerten: Der eine war ein eingefleischter Junggeselle, und der andere war bloß gekommen, um der Madame Turftipps zu geben.

Es war ein lebhafter Betrieb. Der Pianist spielte sehr talentiert, teils sentimental und teils unsentimental, er sah aus wie ein Regierungsrat. Und der Kellner sah aus wie Adolf Menjou und war sehr distinguiert. Alles war scharf parfümiert, und das musste wohl so sein.

Als die Madame den Salon betrat, riss es die Dirnen etwas zusammen, denn sie hatten eine eiserne Disziplin im Leibe, trotz ihres ausgelassenen Gebarens. Sie bildeten sofort einen

Soda Sodawasser, mit Kohlensäure versetztes Mineralwasser

ordinär unfein, primitiv, anstößig (vgl. auch Seite 21, Zeile 25)

puritanischem Getue sittenstrenger Fassade

eingefleischter exemplarischer, überzeugter

Turftipps Empfehlungen für aussichtsreiche Wetten beim Pferderennen

Regierungsrat Amtstitel eines höheren Beamten

Adolf Menjou → Seite 223

war sehr distinguiert gab sich sehr vornehm (kultiviert-zurückhaltend)

riss es die Dirnen etwas zusammen nahmen die Prostituierten sogleich etwas Haltung an

Gebarens Benehmens, Verhaltens

regelmäßigen Halbkreis um Schmitz und Kobler, streckten ihre Zungen heraus und bewegten selbe je nach Veranlagung rascher oder langsamer hin und her, und das sollte recht sinnlich und lasterhaft wirken. »Alors!«, sagte die Madame, aber Schmitz erklärte ihr, sie wollten vorerst und vielleicht überhaupt nur eine einfache Kleinigkeit trinken. – »Très bien!«, sagte die Madame, worauf sich der Halbkreis wieder auflöste. Trotzdem ließ die Madame nicht so leicht locker und erkundigte sich, ob die beiden Herren nicht vielleicht eine Dame bloß zum Diskurrieren haben wollten, sie hätte auch sehr intelligente Damen hier, mit denen man auch über Problematisches reden könnte. Insgesamt sprächen ihre Damen vierzehn Sprachen, und eine Deutsche sei auch unter ihnen, und sie wolle mal die Deutsche an den Tisch der beiden Herren dirigieren, und das würde natürlich absolut nichts kosten – solange es nämlich beim Diskurrieren bleiben würde.

Die Madame ging, um die Deutsche herbeizuholen, die gerade verschwunden war –, da schritt eine Negerin durch die Bar. Sie hatte einen grellroten Turban und einen ganz anderen Gang als ihre weißen Kolleginnen, und dies gab dem Schmitz wieder mal Gelegenheit, sich über die gemeinsame Note der Europäerinnen zu äußern und darüber hinaus zu bedauern, dass man das typisch Europäische bisher nur oberflächlich formuliert hat. »Oder könnten Sie auf diese Menschen hier schießen, nur weil sie keine Deutschen sind?« Kobler verneinte diese Frage. Und Schmitz fuhr fort, dass es unter diesen Menschen da nicht nur Französinnen, sondern auch Rumäninnen, Däninnen, Engländerinnen und Ungarinnen gäbe, und er fragte triumphierend: »Na, was sagens jetzt zu dieser Organisation?« »Da sind wir in Deutschland freilich noch weit zurück«, meinte Kobler.

Nun trat die Deutsche an ihren Tisch. »Die Herren sind Deutsche?«, fragte sie deutsch und beugte sich über Schmitz. »Ich bin auch eine Deutsche, na, wer will als Erster?« »Das muss ein Irrtum sein«, wehrte sich Schmitz. »Wir dachten,
5 du willst mit uns hier auf unser Wohl anstoßen und sonst nichts!« »Wie mich die Herren haben wollen«, meinte die Deutsche und setzte sich artig, denn sie konnte auch wohlerzogen sein.

Es stellte sich nun bald heraus, dass sie Irmgard heißt und
10 aus Schlesien stammt. Sie kannte auch die Reichshauptstadt, dort wollte sie nämlich Verkäuferin werden, aber sie wurde Fabrikarbeiterin, und das war Schicksal. Denn die Maschinen gingen ihr sehr auf die Nerven, weil sie halt ein Landkind war. Ostern 1926 lernte sie einen gewissen Karl Zeschcke kennen,
15 und der und die Maschinen wurden ihr wieder ein Schicksal. Sie bekam es bald im Kopf, und über Nacht fing sie an zu zeichnen und zu malen, und zwar lauter Hermaphroditen.

Die Madame hatte recht, man konnte mit Irmgard tatsächlich amüsant diskurieren – und als sie nach einem Weilchen
20 von einem der uniformierten Herren verlangt wurde und sich also verabschieden musste, lächelte Schmitz direkt gerührt: »Du bist schon richtig, Irmgard! Nämlich ich bin Schriftsteller, und wenn du Schreibmaschine schreiben könntest, dann wärst du das richtige Weiberl für mich!«
25

19

30 Noch in derselben Nacht verließen die beiden Herren Marseille, um nun über Tarascon, Sette und die spanische Grenze Portbou ohne jede Fahrtunterbrechung direkt nach Barcelona zu fahren.

Reichs-hauptstadt → Seite 223

bekam es bald im Kopf vielleicht: fing bald an, ein bisschen durchzudrehen

Hermaphroditen → Seite 223

Du bist schon richtig Du bist schon eine tolle Person; du bist schon ›schwer in Ordnung‹

Tarascon (siehe Seite 186)

Sette eine der verschiedenen früheren Schreibweisen der südfranzösischen Hafenstadt Sète, die seinerzeit gut 35 000 Einwohner hatte

Portbou (siehe Seite 185)

Arles Arles
ist eine Stadt
in der Provence
mit reicher
römischer Ver-
gangenheit.

van Gogh
→ Seite 223

Sie fuhren durch Arles. »Hier malte van Gogh«, erzählte Schmitz. »Wer war das?«, fragte Kobler. »Ein großer Maler war das«, antwortete Schmitz und sperrte sich traurig ins Klosett. »Hoffentlich werd ich jetzt endlich was machen können«, murmelte er vor sich hin, aber bald musste er einsehen, dass er vergebens gehofft hatte. »Also das ist schon ein fürchterlicher Idiot!«, konstatierte er wütend. »Jetzt kennt der nicht mal meinen geliebten van Gogh! Jetzt probier ich's aber noch mal!« Gesagt, getan, aber er konnte und konnte nichts machen. »Auch van Gogh ist verkannt worden«, resignierte er, »es versteht bald keiner den andern mehr, es ist halt jeder für sich sehr einsam.« So blieb er noch lange sitzen und starrte grübelnd auf das Klosettpapier. Dann öffnete er plötzlich das Fenster, um auf andere Gedanken zu kommen. Die kühle Nachtluft tat ihm wohl. Neben dem Bahndamm stand das Schilf mannshoch, und das rauschte ganz romantisch-gespenstisch, wie der Express so vorüberbrauste. ›Wie schön habens hier die Leut!‹, dachte Schmitz verzweifelt. ›Was haben die hier für eine prachtvolle Nacht! Man sollt ein Poem über diese südfranzösischen Herbstnächt verfassen, aber ich bin halt kein Lyriker. Wenn ich zwanzig Jahr jünger wär, ja, aber jetzt bin ich schon zu bewusst dazu.‹

Express
Schnellzug

Poem (lat.)
Gedicht

zu bewusst
zu reflektiert,
zu wenig naiv
und unbefangen

In Tarascon, der Vaterstadt Tartarins, des französischen Oberbayern, mussten sie auf den Pariser Express warten, weil aus diesem viele Reisende in ihren Express umsteigen wollten, teils nach Spanien und teils nur nach Nîmes. Bald erschien auch der Pariser Express, und bald darauf erschien in ihrer Abteiltür eine Dame und wollte gerade fragen, ob noch was für sie frei wäre, aber Schmitz ließ sie gar nicht zu Wort kommen, sondern rief sofort, alle Plätze wären frei! Und er riss ihr direkt den Koffer aus der Hand, verstaute ihn fachmännisch im Gepäcknetz und überließ der Dame höchst beflissen seinen Eckplatz.

Tartarins
→ Seite 224

Nîmes
→ Seite 224

beflissen
(über-)eifrig,
(unterwürfig)
um Anerken-
nung bemüht

Es dürfte also überflüssig sein, zu bemerken, dass diese Dame sehr gut aussah, das heißt: Sie war jung, schlank und dabei doch schön rund, hatte Beine, die an nichts anderes zu denken schienen als an das, und einen seltsam verschleierten Blick, als tät sie gerade das, und zwar überaus gern und immer noch nicht genug. Dabei duftete sie mit einer gewissen Zurückhaltung, aber umso raffinierter, vorn und hinten, rauf und runter – und bald duftete das ganze Abteil nur mehr nach ihr, trotz der beiden Herren. Sie hatte also das bestimmte Etwas an sich, was man landläufig Sex-Appeal nennt.

Die Dame nickte Schmitz einen freundlichen Dank, jedoch trotzdem einen reservierten, und ließ sich auf seinem ehemaligen Eckplatz nieder, und zwar in einer derart wollüstigen Art, als hätte sie was mit dem Eckplatz. Das regte den Schmitz natürlich sehr auf. Und auch Kobler war fasziniert. ›Ägypten!‹, durchzuckte es ihn plötzlich, als er dahinterkam, dass alles an dieser Frau sehr teuer gewesen sein muss. ›Ich hab ja schon immer an die Vorsehung geglaubt!‹, durchzuckte es ihn abermals. ›Und wenn dieser Schmitz noch so glotzt, gegen mich kommt der – ‹ Er stockte mitten in seinen Kombinationen und wurde blass, denn nun durchzuckte es ihn zum dritten Mal, und das war direkt zerknirschend. ›Ich kann ja kein Französisch, also kann ich sie ja gar nicht ansprechen, und ohne Reden geht doch so was nicht‹ – so lallte es in ihm.

Mit einer intensiven Wut betrachtete er den glücklichen Schmitz, wie dieser seine Ägypterin siegesgewiss nicht aus den Augen ließ. – ›Jetzt wird er gleich parlieren mit ihr, und ich werd dabeisitzen wie ein taubstummer Aff! Solang's halt so viel Sprachen auf der Welt gibt, solang wird's halt auch dein Paneuropa nicht geben, du Hund!‹, so fixierte er grimmig seinen paneuropäischen Nebenbuhler.

Aber die Ägypterin schien sich mit Schmitz nicht einlassen zu wollen, denn sie reagierte in keiner Weise. Plötzlich

zu bemerken
anzumerken,
ausdrücklich
darauf hin-
zuweisen

nickte Schmitz
einen freund-
lichen Dank
drückte Schmitz
durch freund-
liches Nicken
ihren Dank aus

Kombinationen
Gedankenspielen

parlieren (frz.)
leichthin und
gewandt plau-
dern, ›gepflegte
Konversation
machen‹

Nebenbuhler
Rivalen (um
die Gunst
einer Frau)

stereotypes
aufgesetztes,
künstliches

Wie Sobald

Scharm
(siehe Seite 78,
Zeile 26)

Allemagne
(frz.) Deutsch-
land

Biarritz
→ Seite 224

St. Moritz
mondäner und
teurer Kurort
und Winter-
sportplatz
im schwei-
zerischen
Engadin-Tal

seelisches bloß
platonisches
(vgl. Seite 172)

metaphysisch
hier: überir-
disch, erhaben

schien ihr sein stereotypes Lächeln sogar peinlich zu werden
– sie stand rasch auf und ging aufs Klosett.

»Eine Vollblutpariserin!«, flüsterte Schmitz hastig und tat
sehr begeistert. »Ich kenn das an den Bewegungen!« ›Geh,
leck mich doch am Arsch!‹, dachte Kobler verstimmt. »Wie 5
sie vom Klosett kommt, sprech ich sie an!«, fuhr Schmitz fort
und kämmte sich rasch. »Sie werden ja leider nicht mit ihr
reden können«, fügte er schadenfroh hinzu. Kobler dachte
abermals dasselbe.

Kaum saß die Vollblutpariserin wieder ihm gegenüber, 10
nahm Schmitz seinen ganzen Scharm zusammen und sprach
sie an, und zwar perfekt Französisch; sie hörte lächelnd zu
und erklärte dann leise, sie könne nur äußerst gebrochen
Französisch. »You speak English?«, fragte Schmitz. »Nein,
Allemagne«, sagte die Vollblutpariserin, und da gab es 15
Kobler einen Riesenruck, während Schmitz ganz seltsam
unsicher wurde. – ›Also gibt's doch eine Vorsehung!‹, dachte Kobler triumphierend, und Schmitz wurde ganz klein
und hässlich.

»Ich bin zwar in Köln geboren«, sagte Allemagne, »aber 20
ich leb viel im Ausland. Im Sommer war ich in Biarritz, und
im Winter war ich in St. Moritz.« ›Die absolute Ägypterin!‹,
dachte Kobler, und Schmitz riss sich wieder zusammen:
»Köln ist eine herrliche Stadt!«, rief er. »Eine uralte Stadt!«
»Oh, wir haben aber auch schöne neue Viertel!«, verteidigte 25
die Ägypterin ihre Vaterstadt, und dies berührte Schmitz
sehr sympathisch, denn er war auch der Ansicht, dass dum-
me Frauen eine akrobatische Sinnlichkeit besäßen. Und er
liebte ja an den Frauen in erster Linie die leibhaftige Sinnlichkeit, besonders seit er mal ein seelisches Verhältnis hatte. 30
Nämlich das war eine recht unglückliche Liebe, die sehr metaphysisch begann, aber mit Urkundenfälschung seitens der
Frau endete. Er schonte die Frau bis zum letzten Augenblick,

als sie aber eine Apanage von ihm haben wollte, schonte er sie nicht mehr, und als ihr dann die Bewährungsfrist versagt wurde, sagte er: »Ich bin halt ein Kind der Nacht!«

Es ist also nur verständlich, dass er jeder derartigen Erschütterung peinlichst aus dem Wege ging, beileibe nicht aus Bequemlichkeit, sondern infolge gesteigerter Sensibilität und einer sexuellen Neurasthenie. Er wollte nichts anderes als das Bett und ertappte sich oft dabei, wie er es gerade bedauert, dass Frauen auch Menschen sind und sogar sogenannte Seelen haben –, trotzdem konnte er das Bett nur durch seinen Geist erreichen, entweder unmittelbar oder indem er den Geist zuerst in Geld umgesetzt hatte, denn er hatte eben kein Sex-Appeal. Mit andern Worten: Er gelangte ins Bett nur durch seinen Geist, und so was ist natürlich direkt tragisch.

Auch jetzt versuchte er dieser Rheinländerin mit seinem Intellekt zu imponieren: Er zählte ihr seine zwanzig speziellen Duzfreunde auf, und das waren lauter prominente Namen, einer prominenter als der andere, und sie fing schon an, ein ganz kleinlautes Gesicht zu schneiden. – ›Jetzt wird's aber höchste Zeit‹, dachte Kobler und unterbrach Schmitz brutal: »Kennen Sie Marseille?«, fuhr er seine Ägypterin an, die ihn deshalb ganz erschreckt betrachtete, und als sie ihn eingehender überblickt hatte, schien er ihr gar nicht zu missfallen. – »Nein«, lächelte sie, und das ermunterte den Kobler sehr. »Marseille sollten Sie sich aber unbedingt anschauen, Gnädigste!«, eiferte er sich. »Es muss ja dort toll zugehen«, meinte die Gnädigste. »Das ist noch gar nichts, aber ich hab dort in einem verrufenen Hause Filme gesehen, die eigentlich verboten gehörten, Gnädigste!« »Erzählen Sie, bitte!«, sagte die Gnädigste hastig und sah ihn dann still an, während sie Schmitz samt seinen prominenten Bekannten links liegen ließ.

Apanage »regelmäßige finanzielle Zuwendung größeren Stils« (Duden)

Bewährungsfrist »Frist, in der sich ein Verurteilter zum Zweck des endgültigen Straferlasses bewähren soll« (Duden)

ein Kind der Nacht wohl bildhaft für: kein Heiliger

peinlichst mit äußerster Sorgfalt

beileibe und zwar durchaus

sexuellen Neurasthenie → Seite 224

Und Kobler erzählte: Zuerst wurden er und Schmitz in den dritten Stock geführt, in ein geräumiges Zimmer, in dem eine weiße Leinwand aufgespannt war. Es standen da circa zehn Stühle, sonst nichts, und man ließ ihn und Schmitz mutterseelenallein und tröstete sie damit, dass der Operateur jeden Augenblick erscheinen müsse, und dann ginge es sofort los. Aber es verging eine geraume Zeit, und es kam noch immer keine Seele, sodass es ihnen schon unheimlich wurde, weil man ja nicht wissen konnte, ob man nicht etwa umgebracht werden sollte, gelustmordet oder so –

Hier wurde aber Kobler von Schmitz energisch unterbrochen, denn es missfiel ihm im höchsten Grade, dass diese Rheinländerin dem Kobler seine schweinischen Filme seinen prominenten Freunderln vorzog – er hatte schon eine Weile gehässig Koblers hochmoderne Socken betrachtet, und nun schlug sein soziales Gewissen elementar durch. Er betonte jedes Wort, als er ihr nun auseinandersetzte, dass in keinem offiziellen Bordell der Welt jemals etwas Unrechtes vorkommen könnte, weil sich die offiziellen Bordellunternehmer einer Gesetzesübertretung nimmermehr aussetzen würden, da sie es eben nicht nötig hätten, weil sie ja die Prostituierten in einer derart verbrecherisch-schamlosen Weise ausbeuteten, dass sie auch im Rahmen der Gesetze einen glatten Riesengewinn aufweisen könnten. Und dann wandte er sich an Kobler und fragte ihn gereizt, ob er sich denn nicht erinnern könne, dass im ersten Stock zufällig eine Tür offen stand, durch die man den zuchthausmäßig einfachen gemeinsamen Speisesaal der Prostituierten sehen konnte, und ob er es denn schon vergessen hätte, wie furchtbar es im zweiten Stock nach Medikamenten gestunken hätte, trotz des aufdringlichen Parfüms, denn dort sei das Zimmer des untersuchenden Arztes gewesen.

Operateur (frz.) Filmvorführer

zuchthausmäßig gefängnisartig

Aber nun ließ ihn die Gnädigste nicht weiterreden, denn das sei nämlich furchtbar desillusionierend, protestierte sie. Worauf Kobler sofort sagte: »Also endlich erschien der Operateur, und dann ging's endlich los.« – Aber Schmitz gab
5 sich noch nicht geschlagen, und er bemerkte bissig, das hätte so lange gedauert, weil nämlich dieser Operateur gelähmt gewesen sei, zwar nur die Beine und nicht der Oberkörper, aber er hätte halt von zwei Männern die Treppen heraufgetragen werden müssen – – »Pfui!«, rief die Gnädigste. »Par-
10 don!«, entschuldigte sich Schmitz korrekt und verließ wütend das Abteil.

›Woher haben nur diese Deutschen das Geld, als verarmte Nation so zum Vergnügen herumzufahren?‹, fragte er sich verzweifelt vor Wut. Er ging im Gang auf und ab. ›Hab ich
15 das notwendig, dass ich jetzt so zerknirscht bin?‹, grübelte er zerknirscht. ›Ja, ich hab das notwendig. Denn was ist der Grund zur größten Wut? Wenn man ein lebendes Wesen an der Ausübung des Geschlechtsverkehrs hindert, das ist halt eine Urwut!‹

20 So ging er noch oft auf und ab – plötzlich überraschte er sich dabei, dass er stehen geblieben war und verstohlen in das Abteil glotzte, in welchem sich seine Vollblutpariserin den Inhalt einiger pornografischer Filme erzählen ließ, die natürlich immer auf dasselbe Motiv hinausgingen, ob sie
25 nun auch in einem historischen, kriminellen oder zeitlosen Rahmen spielten. ›Die gehört schon jenem‹, dachte er, ›die hängt ja direkt an seinen Lippen. Er ist ja auch zwanzig Jahr jünger als ich, was soll ich also machen? Die ganze Nacht kann ich wohl nicht da heraußen stehen, ich werd mich also
30 wieder hineinsetzen müssen, die beiden da drinnen sind ja zusammen noch nicht so alt wie ich allein, die haben noch viel vor sich, was ich hinter mir hab, Jugend kennt halt keine Tugend‹ – Und wie er so diese beiden Menschen, die sich

die natürlich immer auf dasselbe Motiv hinausgingen die natürlich immer nach dem gleichen Handlungsschema abliefen

Jugend kennt halt keine Tugend sprichwörtliche Wendung

gefielen, durch die Glastür beobachtete, kamen sie ihm allmählich immer entfernter vor, als lebten sie hundert Jahre
später, und mit dieser Distanzierung wandelte sich auch
allmählich seine Urwut in ahnungsvolle Erkenntnis ewiger
Gesetze, natürlich nicht zuletzt auch infolge seines theoreti- 5
schen Verständnisses der ganzen geschichtlichen Bewegung.

›Die beiden jungen Leut da drin bestehen halt auch nur aus
einzelnen Zellen‹, dachte er, ›aus Zellen, die sich halt schon
zu einem grandios organisierten Zellenstaat durchgerungen
haben, in dem das Zellenindividuum schon aufgehört hat – 10
und das steht halt jetzt auch unsern menschlichen Staaten
bevor, siehe Entwicklung der ebenfalls staatenbildenden
Termiten, die akkurat um hundert Millionen Jahre älter sind
als wir, wir sind halt grad erst geboren, als wir‹ – dachte er,
und plötzlich musste er stark gähnen. ‹Jetzt wird's aber 15
höchste Zeit, dass ich mich wieder setz!‹, fuhr er fort.

Er betrat also wieder das Abteil in einer väterlich-ver-
ständnisvollen Stimmung, und kaum hatte er sich gesetzt,
hörte er den weiblichen Zellenstaat Folgendes sagen: »Ja, ich
fahr auch nach Barcelona! Nein, das ist aber interessant! Ja, 20
ich bin noch gar nicht orientiert, wo man dort wohnen kann!
Nein, Paris ist das Schönste, und was mir besonders dort gefällt, ist das, dass man sich dort elegant kleiden kann, was
man bei uns in Duisburg ja kaum mehr kann, weil die Arbeiter so verhetzt sind, und wenn man elegant über die Straße 25
geht, schauen sie einem fanatisch nach.«

»Da haben Sie schon sehr recht«, sagte Kobler.

»Wer? Die Arbeiter?«, fragte Schmitz.

»Nein, die Gnädigste«, sagte Kobler.

›Hör ich recht?‹, dachte Schmitz. 30

»Ja, die Juden machen die Arbeiter ganz gehässig«, ließ
sich der weibliche Zellenstaat wieder vernehmen. »Nein, ich
kann die Juden nicht leiden, sie sind mir zu widerlich sinn-

Bewegung
Entwicklung

*aus einzel-
nen Zellen*
→ Seite 226

Termiten
→ Seite 226

akkurat
exakt, genau

verhetzt
aufgehetzt,
radikalisiert,
feindlich
gesinnt

gehässig
gemein, auf
boshafte Art
missgünstig

lich, überhaupt stecken die Juden überall drinnen! Ja, es ist sehr schad, dass wir kein Militär mehr haben, besonders für diese halbwüchsigen Arbeiter und das Pack! Nein, also diese Linksparteien verwerf ich radikal, weil sie immer wieder das Vaterland verraten. Ja, ich war noch ein Kind, als sie den Erzberger erschossen haben! Nein, und das hat mich schon damals sehr gefreut! Ja!«

»Ich bin auch sehr gegen jede Verständigungspolitik«, antwortete Kobler. Aber nun konnte sich Schmitz nicht mehr zurückhalten. »Was?«, unterbrach er ihn und sah ihn stechend an. »Ja«, lächelte Kobler. »Nein!«, brüllte Schmitz und verließ entrüstet das Abteil.

Aber diesmal lief ihm Kobler nach. »Sie müssen mich doch verstehen«, sagte er. »Ich versteh Sie nicht!«, brüllte Schmitz und zitterte direkt dabei. »Sie sind mir einer! Ah, das ist empörend! Na, das is a Affenschand! Wie können denn so daherreden, wo wir jetzt drei Tag lang eigentlich nur über Paneuropa geredet haben!?«

»Im Prinzip haben Sie natürlich recht«, beschwichtigte ihn Kobler. »Aber ich muss doch so reden, weil das doch meine reiche Ägypterin ist, ihr Vater ist mehrfacher Aufsichtsrat und Großindustrieller, das hab ich schon herausbekommen, sie heißt Rigmor Erichsen und wohnt in Duisburg. Ägypten ist natürlich nur ein Symbol! Und was geht denn übrigens Ihr Paneuropa die Weiber an!?«

»Sehr viel, Herr Kobler! Denken Sie nur mal an den Krieg und die Rolle der Mütter im Krieg! Haben Sie denn schon mal über die Frauenfrage nachgedacht?«

»Die Frauenfrage interessiert mich nicht, mich interessiert nur die Frau!«, sagte Kobler ungeduldig und wurde dann sehr ernst. »Übrigens, Herr Schmitz«, fuhr er fort, »möcht ich Sie nur bitten, mich jetzt ruhig emporarbeiten zu lassen; ich hab mir schon einen Plan zurechtgelegt: Ich werd die

das Pack
die (übrige) verkommene Brut, das (sonstige) gemeine (gewöhnliche) Volk

weil sie immer wieder das Vaterland verraten
→ Seite 226

als sie den Erzberger erschossen haben
→ Seite 226

Verständigungspolitik
→ Seite 227

stechend
scharf, erzürnt (»mit stechendem Blick«)

mehrfacher Aufsichtsrat
(siehe Seite 38 oben)

Rigmor dänischer Frauenname, der sich aus den Bestandteilen ›rihhi‹ (althochdeutsch ›reich‹, ›mächtig‹) und ›mor‹ (dänisch ›Mutter‹) zusammensetzt

die Rolle der Mütter im Krieg
→ Seite 227

Frauenfrage
→ Seite 227

kompromittieren
(siehe Seite 178:
kompromittiert)

Dame da drinnen in Barcelona kompromittieren, begleit sie
dann nach Duisburg, kompromittier sie dort noch einmal,
und dann heirat ich ein in Papas Firma. Und ob diese Dame
da drin für Paneuropa ist oder nicht, das kann doch Paneuropa ganz wurscht sein!«

»Auf das reden sich alle naus!«, sagte Schmitz und ließ ihn
stehen.

Montpellier
→ Seite 227

Pazifismus
→ Seite 227

20

infolge der gro-
ßen russischen
Revolution
→ Seite 227

Sie fuhren bereits durch Montpellier, und Schmitz stand
noch immer draußen auf dem Gang, während sich Kobler
und Rigmor noch immer über die Marseiller Filme unterhielten und sich dabei menschlich näherkamen.

›Und wegen so was ist der arme Alois gefallen!‹, dachte
Schmitz deprimiert. ›Was tät es schon schaden, wenn man
diesen Kobler samt seiner Rigmor erschießen tät? Nichts tät
das schaden, es tät wahrscheinlich nur was nützen!‹

ein Problem
eine dringliche,
neu zu über-
denkende Frage

der Bolschewis-
mus (siehe Sei-
te 187 unten)

»Armer Alois!«, seufzte er. »Ist es dir, armer toter Alois,
schon aufgefallen, dass der Pazifismus infolge der großen
russischen Revolution wieder ein Problem geworden ist? Ich
meine, dass der Bolschewismus uns, die wir uns die geistige
Schicht nennen, zwingt, unsere Stellungnahme zum Pazifismus einer gründlichen Revision zu unterziehen – denn
hätt's keinen Lenin gegeben, wär doch der Pazifismus für
uns geistige Menschen kein Problem mehr. Er ist es nun
plötzlich aber wieder geworden, infolge der Idee des revolutionären Krieges. – Meiner Seel, ich schwank umher, es gibt
halt schon sehr schwierige Probleme auf dieser Malefizwelt!
Ich sympathisier, ich muss halt immer wieder auf mich persönlich zurückkommen, mit Paneuropa, obwohl ich ja weiß,

uns, die wir uns
die geistige
Schicht nennen
uns, die In-
tellektuellen

Revision
Überprüfung,
Neubewertung

Idee des revolu-
tionären Krieges
→ Seite 227

Malefizwelt
→ Seite 228

dass die Sowjets insofern recht haben, dass die paneuropäische Idee jeden Tag aufs Neue verfälscht wird von unserer Bourgeoisie, wie halt jede Idee – und ich weiß auch, dass wir hier bloß eine Scheinkultur haben, aber ich freu mich halt
5 über den Botticelli! Wenn die Sowjets nur nicht so puritanisch wären –! Meiner Seel, ich bin aus purem Pessimismus manchmal direkt reaktionär! Skeptisch sein ist halt eine Selbstqual – aber was hab ich denn auf der Welt noch zu suchen, wenn mal die Skepsis verboten ist?«
10

21

15 Aber noch vor Spanien versöhnte sich Schmitz abermals mit den beiden jungen Menschen, teils weil er draußen im Gang immer schläfriger wurde, teils weil er halt schon überaus gern entsagungsvoll tat. Also konnte er sich nun wieder schön weich setzen und schlummern, jedoch leider nur bis
20 zur spanischen Grenze.

Diese hieß Portbou, und hier musste man abermals umsteigen, und zwar mitten in der Nacht. Heute hat Kobler nur eine verschlafene Erinnerung an auffallend gekleidete Gendarmen und an einige höfliche Agenten der Exposición de
25 Barcelona 1929, die ihm Prospekte und Kataloge ganz umsonst in die Hand drückten und dabei auf gut deutsch bemerkten, dass die angegebenen Preise natürlich keine Gültigkeit hätten. Schmitz jedoch erinnert sich noch genau, dass der spanische Anschlusszug nur erster und dritter Klasse
30 hatte, da er im Gegensatz zu Kobler, der nachzahlen musste, weil Rigmor natürlich erster fuhr, als Protest gegen diesen staatlichen Nepp allein in der dritten blieb und hier unhöfliche Gedanken über die spanischen Habsburger hatte.

Sowjets
→ Seite 228

Bourgeoisie
→ Seite 228

Botticelli
→ Seite 228

puritanisch
sittenstreng, betont tugendhaft (siehe auch Seite 79, Zeile 21)

reaktionär fortschrittsfeindlich

mal erst einmal, womöglich sogar

weil er halt schon überaus gern entsagungsvoll tat weil er sich eben schon sehr in der Rolle des Entsagenden gefiel

Portbou (siehe Seite 185 unten)

Agenten Beauftragte, Vertreter

Exposición de Barcelona 1929
→ Seite 229

Nepp
→ Seite 229

die spanischen Habsburger
→ Seite 229

Calle Cortes
eigentlich Calle
de las Cortes,
ein über sieben
Kilometer langer
Boulevard in
Barcelona

Ölreisender
Handelsvertre-
ter eines Erdöl-
unternehmens

Die Señorita
(span.) Die
junge Dame,
das Fräulein

Rohrplatten-
koffer truhen-
artiger Reisekof-
fer mit starken
Außenwänden

Caballero
(span.) Herr,
Gentleman

ein Nebbich
(salopp abwer-
tend) ein Nie-
mand (von jid-
disch ›nebech‹:
›armes Ding‹)

Peseten Die
Peseta (von
span. ›peso‹:
›Gewicht‹;
deutsch: Pese-
te) war bis zur
Einführung des
Euro die spani-
sche Währung.

das absolute
Appartement
die reinste Lu-
xusbehausung

In Barcelona stiegen sie zusammen in einem Hotel ab, und das war fast ein Wolkenkratzer, ein Spekulationsobjekt in der Nähe der Weltausstellung, das sehr zerbrechlich war – wahrscheinlich brauchte es nur über die Dauer der Weltaus- stellung zu halten. Es lag in einer breiten, argentinisch an- mutenden Straße namens Calle Cortes.

Im Hotelbüro begrüßte sie der Dolmetscher, ein ehema- liger Ölreisender aus Prag. Auch zwei Portiers verbeugten sich vor ihnen. »Die Señorita hat zwei Rohrplattenkoffer, drei größere und vier kleinere Handkoffer«, sagte der Dol- metscher zu den beiden Portiers auf Spanisch. »Der ältere Caballero ist sicher ein Redakteur, und der jüngere Caballero ist entweder der Sohn reicher Eltern oder ein Nebbich. Ent- weder zahlt er alles oder nichts.« Hierauf stritten sich noch die beiden Portiers miteinander, ob sie dem Caballero Schmitz acht oder zehn Peseten abknöpfen sollten – sie ei- nigten sich auf zehn, denn eigentlich war das ja kein Zim- mer, sondern eine Kammer ohne Fenster, ohne Schrank, oh- ne Stuhl, nur mit einem eisernen Bett und einem eisernen Waschtisch.

Daneben war Koblers Zimmer das absolute Appartement. Es hatte sogar zwei Fenster, durch die man die Weltausstel- lung von hinten sehen konnte. Aber Kobler sah kaum hin, sondern konzentrierte sich ganz auf sich, er zog sich ganz um, wusch und rasierte sich. ›Sie gehört schon mir!‹, dachte er, während er sich die Zähne putzte. ›Das ist jetzt nur mehr eine Frage der Gelegenheit, wo und wann ich sie kompro- mittier.‹ Er war seiner Sache schon sehr sicher. Bereits in Montpellier hatte er sich einen Plan zurechtgelegt, hart und kalt, jede Möglichkeit erwägend und vor keinem sentimen- talen Hindernis zurückschreckend, einen fast anatomisch genauen Plan zur Niederwerfung Ägyptens. »Was hat doch dieser Schmitz in Milano gesagt?«, fiel es ihm ein, als er sich kämmte: »›Ihr junge Generation habt keine Seele‹, hat er gesagt. Quatsch! Was ist das schon, Seele?« Er knöpfte sich die Hosen zu. »Man muss immer nur ehrlich sein!«, fuhr er fort. »Ehrlich gegen sich selbst, ich weiß ja, dass ich nicht gerade fein bin, denn ich bin halt ehrlich. Ich verschleier mich nicht vor mir, ich kann's schon ertragen, die Dinge so zu sehen, wie sie halt sind!«

22

Als endlich auch Rigmor säuberlich geputzt war, gingen sie gleich mal in die Weltausstellung. Also das war sehr imposant.

Rigmor las laut vor aus ihrem Katalog:

»Unter dem Schutze S. M. des Königs von Spanien und unter Mitwirkung der Königlichen Spanischen Regierung organisiert die Stadt Barcelona eine große Weltausstellung mit einem Kostenaufwand von hundert Millionen Goldmark.« ›Hundert Millionen!‹, dachte Schmitz. ›Also – das ist das nicht wert!‹ Rigmor las weiter: »Barcelona ist die bedeutendste und größte Handels- und Fabrikstadt Spaniens; die Zahl ihrer Einwohner beträgt eine Million, und somit ist dieselbe die größte Stadt des Mittelmeeres.« »Das Ganze ist halt eine politische Demonstration«, unterbrach sie Schmitz, »damit wir's sehen, dass Spanien aus seiner Lethargie erwacht.« Rigmor las weiter: »Barcelona will durch dieses großartige Unternehmen der Welt den Aufschwung der Stadt und des Landes zeigen. Zweifelsohne dürfte nach dem Weltkriege von keinem Lande eine in so großzügiger Weise angelegte Ausstellung organisiert worden sein, wozu sich die Stadt Barcelona veranlasst gefühlt hat, von dem Wun-

imposant
beeindruckend, staunenswert

S. M. Seiner Majestät

Goldmark
→ Seite 230

Lethargie
Trägheit, allgemeinen Erschlaffung, Gleichgültigkeit

Voilà! (frz.)
Bitte sehr!
(Und hier nun
der praktische
Beweis!)

streng reell
absolut an-
ständig, ehr-
lich, handfest

*Geist von
Locarno*
→ Seite 230

Tanks (engl.)
Panzern

*U-Boot-Ge-
schwadern*
Verbänden
(Kampfein-
heiten) von
U-Booten

à la Portschinger
(frz.) wie beim
Portschinger,
wie im Falle des
Portschinger

angriff
erschütterte,
aufwühlte

*Meridional-
palast*
(span.) Palast
des Südens

sche beseelt, sich die vielseitigen und dauernden Fortschritte der Neuzeit anzueignen.« »Voilà!«, sagte Schmitz.

Zuerst betraten sie den Autopalast, in dem es nur Autos gab. Vor einem Kabriolett mit Notsitz musste Kobler plötzlich an den Herrn Portschinger aus Rosenheim denken – ›Und so ist es auch mit dieser ganzen Politik‹, dachte er, ›der eine verkauft dem andern ein Kabriolett, Deutschland, Frankreich, Spanien, England, und was weiß ich, – alle kaufen sich gegenseitig ihre Kabrioletts ab. Ja, wenn das alles streng reell vor sich ging, dann wär das ein ideales Paneuropa, aber zur Zeit werden wir Deutschen von den übrigen Nationen bloß betrogen, genau so, wie ich den Portschinger betrogen hab. In dieser Weise lässt sich Paneuropa nicht realisieren. Das ist kein richtiger Geist von Locarno!‹

Und im Palast des Königlich Spanischen Kriegsministeriums dachte Kobler weiter: ›Wenn halt Deutschland auch noch so eine Armee hätt mit solchen Kanonen, Tanks und U-Boot-Geschwadern, dann könnten wir freilich leicht unsere alte Vormachtstellung zurückerobern, und dann könnten wir Deutschen leichter der ganzen Welt unsere alten Kabrioletts verkaufen, à la Portschinger! Das wär ja entschieden das Günstigste, aber so ohne Waffen gehört das halt leider in das Reich der Utopie. Am End hat halt dieser Schmitz doch wahrscheinlich recht mit seiner paneuropäischen Idee!‹

Und dann betraten sie den Flugzeugpalast, in dem es nur Flugzeuge gab. Dann den Seidenpalast, in dem es nur Seide gab, was Rigmor sehr angriff. Und dann auch den Italienischen Palast, in dem es eigentlich nur den Mussolini gab. Hierauf den Rumänischen, den Schwedischen und hinter dem Stadion den Meridionalpalast, in dem es allerhand gab. Und dann betraten sie den riesigen Spanischen Nationalpalast, in dem es eigentlich nichts gab – nur einen leeren Saal

Erläuterungen
zu dieser Seite
→ Seiten 231
bis 234

für zwanzigtausend Personen – »in wilhelminischem Stil«, konstatierte Schmitz. »Und langweilige Ölbilder«, meinte Kobler. »Ich möchte jetzt aber endlich in den Missionspalast!«, begehrte Rigmor auf.

5 Der Missionspalast war sehr interessant, nämlich das war eine original vatikanische Ausstellung. Man musste extra Eintritt zahlen, aber außerdem wurde man auch noch in sinniger Weise auf Schritt und Tritt angebettelt, wie dies halt bei allen Vertretern des Jenseits üblich ist. Aber man konnte 10 auch was sehen für sein Geld, nämlich was die Missionäre von den armen Primitiven zusammengestohlen und herausgeschwindelt hatten ad maiorem bürgerlicher Produktionsweise gloriam.

Nach dieser heiligen Schau fuhren sie mit einem Autobus 15 nach dem Restaurant Miramare auf dem Mont Juich mit prachtvoller Aussicht auf Stadt und Meer. Das war ein sehr vornehmes Etablissement, und Rigmor schien sich wie zu Haus zu fühlen. Schmitz dagegen schien es peinlich, dass ihm gleich vier Kellner den Stuhl unter den Hintern schie-20 ben wollten, und Kobler wurde direkt blass, als er die Preise auf der Speisekarte erblickte. »Im Katalog steht«, sagte Rigmor, »dass nach der Legende hier jener Ort gewesen sein soll, wohin Satan den Herrn geführt hatte, als er ihn mit den Herrlichkeiten der Erde verführen wollte.« Jedoch Kobler 25 gab ihr keine Antwort, sondern dachte etwas sehr Unhöfliches, und Schmitz erriet, was er dachte, und sagte bloß: »Bestellen Sie, was Sie wollen!«

In diesem himmlischen Etablissement ließen sich außer ihnen noch etwa zwölf vornehme Gäste neppen, denn es 30 war ja auch zu schön. Am Horizont grüßten die Berge der Gralsburg herüber, und links unten grüßte aus dem Trubel der Großstadt die Säule des Kolumbus empor – und wenn man gerade Lust hatte, konnte man auch zusehen, wie emsig im Hafen gearbeitet wurde. Und alle diese arbeitenden Menschen, tausend und abertausend, wurden, von hier oben gesehen, unwahrscheinlich winzig, als wäre man schon der liebe Gott persönlich.

Als es dämmerte, wollte Rigmor mal unter allen Umständen mit der Achterbahn fahren. Also wandten sich die drei Herrschaften dem Vergnügungspark zu, sie schritten durch einen lachenden Park, den die Kunst der Gärtner, begünstigt durch das milde Klima, hatte entstehen lassen. Rasch wurde es Nacht. Und durch die fast exotischen Büsche sahen die drei Herrschaften in der Ferne vor dem Nationalpalast die herrlichen Wasserspiele, und das waren nun tatsächlich Fortschritte der Neuzeit. Vor den Toren der Weltausstellung stand das Volk, das den Eintritt nicht zahlen konnte, und sah also von draußen diesen Fortschritten zu, aber es wurde immer wieder von der Polizei vertrieben, weil es den Autos im Wege stand.

Vergnügungspark wohl der 1870 angelegte »Parc de la Ciutadella« (katalanisch für »Zitadellenpark«) am nordöstlichen Rand der Altstadt von Barcelona, dessen Gebäude teilweise für die Weltausstellung von 1888 errichtet worden waren

in der Ferne vor dem Nationalpalast die herrlichen Wasserspiele
→ Seite 234

23

Was ist in Spanien das Spanischste? Natürlich der Stierkampf, auf Spanisch: Corrida de Toros – besonders Rigmor konnte ihn kaum mehr erwarten.

Die Stierkampfarena hatte riesige Dimensionen, und sie war noch größer, wenn man bedenkt, dass allein Barcelona drei solch gigantische Arenen besitzt. Trotzdem war alles ausverkauft, es dürften ungefähr zwanzigtausend Menschen dabei gewesen sein, und Schmitz erhielt nur mehr im Schleichhandel drei Karten im Schatten.

Die Spanier sind eine edle Nation und schreiten gern gemessen einher mit ihren nationalen Bauchbinden und an-

nur mehr im Schleichhandel bloß noch auf dem Schwarzmarkt

gemessen würdevoll langsam

nationalen Bauchbinden zur einheimischen Tracht gehörenden Schärpen

genehmen weißen Schuhen. Sogar auf den Toiletten steht »Ritter« statt »Herren«, so stolz sind die Spanier. Fast jeder scheint sein eigener Don Quichotte oder Sancho Pansa zu sein.

5 Gleich neben dem Hauptportal erblickte Schmitz die Stierkampfmetzgerei, hier wurden die Stierleichen von gestern als Schnitzel verkauft. Ein großes Polizeiaufgebot sorgte für Ruhe und Ordnung.

Drinnen in der Arena musizierte eine starke Kapelle, und 10 der feierliche Einzug der Herren Stierkämpfer begann pünktlich. »Sie werden da etwas prachtvoll Historisches erleben«, erinnerte sich Kobler an die Worte des Renaissancemenschen von Verona. Und das war nun auch ein farbenprächtiges Bild. Die Herren Stierkämpfer traten vor das 15 Präsidium in der Ehrenloge und begrüßten es streng zeremoniell.

Und dann kam der Stier, ein kleiner schwarzer andalusischer Stier. Er war schon jetzt wütend, denn in seinem Rücken stak bereits ein Messer, und das war programmgemäß. 20 In der Arena standen jetzt nur drei Herren mit roten Mänteln und ohne Waffen. Geblendet durch die plötzliche Sonne, hielt der Stier einen Augenblick, dann entdeckte er die roten Mäntel und stürzte drauf los, aber graziös wichen die Herren dem plumpen Tier aus. Großer Beifall. Auch Rigmor und 25 Kobler applaudierten – da lauschte der Stier. Es schien, als fasse er es erst jetzt, dass ihm was Böses bevorsteht. Langsam wandte er sich seinem dunklen Zwinger zu, wurde aber wieder zurückgetrieben. Nun ritt ein Herr in die Arena, sein Pferd musste von zwei Herren geführt werden, denn es war 30 blind, ein alter, dürrer Klepper, ergraut in der Sklaverei. Der Herr auf dem Klepper hatte eine lange Lanze, und der Stier wurde mit allerhand Kniffen auf den Klepper gehetzt, der sehr zitterte. Endlich war er so nahe, dass ihm der Herr mit

Don Quichotte oder Sancho Pansa → Seite 234

starke aus vielen Musikern bestehende

das Präsidium die Versammlung der das Schauspiel leitenden Herrschaften (von lateinisch ›praesidium‹: ›Vorsitz‹)

andalusischer Stier Stier aus Andalusien, der landwirtschaftlich geprägten Region Südspaniens, aus der ›die besten Kampfstiere‹ kommen

graziös tänzerisch elegant

fasse er es begreife er

Zwinger Tierkäfig

Klepper abschätzig für ein ausgemergeltes Pferd, einen Gaul

Kniffen Tricks, Kunststückchen

Partie Stelle

überrannte
rannte ... über
den Haufen

suchte
versuchte

Nun betraten ...
Widerhaken
→ Seite 235

Matador
(span.) »Stier-
kämpfer, der
dem Stier den
Todesstoß ver-
setzt« (Duden)

aller Gewalt die Lanze in den Rücken treiben konnte, und zwar in eine besonders empfindliche Partie. Natürlich überrannte nun der Stier den Klepper, und natürlich liefen die Herren davon. Auch der verzweifelte blinde Klepper suchte zu fliehen, aber der Stier zerriss ihm den Bauch, womit der Stier in der Gunst des Publikums beträchtlich zu steigen schien, denn sie taten sehr begeistert. Endlich ließ er von dem Klepper ab, worauf einige Herren dem Sterbenden Sand in die Bauchhöhle schaufelten, damit sein Blut die Arena nicht beschmutze. Nun betraten drei andere Herren die Arena, und jeder hatte in jeder Hand eine kurze Lanze, die oben mit bunten Bändern und unten mit Widerhaken verziert war. Die Herren stachen sie dem Stier in den Nacken, je zwei auf einmal, und das musste dem Stier grauenhaft wehtun, denn er ging jedes Mal trotz seiner Schwerfälligkeit mit allen vieren in die Luft, wand und krümmte sich, aber er konnte die Lanzen nicht abschütteln wegen ihrer überlegt konstruierten Widerhaken. Seine grotesken Bewegungen riefen wahre Lachsalven hervor. Großer Applaus – und plötzlich stand ein Herr allein in der Arena. Das war der oberste Stierkämpfer, der Matador. Er hatte ein grellrotes Tuch und darunter versteckt ein Schwert, mit dem er seinem Stier den Todesstoß versetzen musste, er war also endlich der Tod persönlich. Dieser Tod hatte sehr selbstbewusste Bewegungen, denn er war ein Liebling des Publikums. Sicher näherte er sich seinem Opfer, aber das Tier griff ihn nicht an, es war halt schon sehr geschwächt durch den starken Blutverlust und all die Qual. Jetzt sah es den Tod sich nähern, jetzt wurde ihm bange. Der Matador hielt knapp vor ihm, aber das Tier ließ ihn stehen und wankte langsam wieder seinem Zwinger zu, doch das Publikum pfiff und verhöhnte es, weil es mit dem Tod nicht kämpfen wollte, – mit einer eleganten Bewegung entblößte der Matador sein Schwert, und die Zwanzigtau-

send verstummten erwartungsvoll. Und in dieser gespannten Stille hörte man plötzlich jemand weinen – das war der Stier, traurig und arm. Aber unerbittlich näherte sich ihm der Tod und schlug ihm mit seinem Tuch scharf über die
5 verweinten Augen – da riss sich das Tier noch mal zusammen und rannte in das Schwert. Aus seinem Maule sprang sein Blut, es wankte und brach groß zusammen mit einem furchtbar vorwurfsvollen Blick.

Nun geriet aber das Publikum ganz in Ekstase, hundert
10 Strohhüte flogen dem Tod zu. Schmitz war empört. »Das ist ja der reine Lustmord!«, entrüstete er sich. »Diese Spanier begeilen sich ja an dem Todeskampf eines edlen, nützlichen Tieres! Höchste Zeit, dass ich meinen Artikel gegen die Vivisektion schreib! Recht geschieht's uns, dass wir den Welt-
15 krieg gehabt haben, was sind wir doch für Bestien! Na, das ist ja widerlich, da sollt aber der Völkerbund einschreiten!« Aber auf Kobler wirkte der Stierkampf wieder ganz anders. ›So ein Torero ist ein sehr angesehener Mann und ein rentabler Beruf‹, dachte er. ›Es ist ja natürlich eine Schweinerei,
20 aber er wird ja sogar vom König empfangen, und alle Weiber laufen ihm nach!‹ Und auf Rigmor wirkte der Stierkampf wieder anders: Sie hatte eine nervöse Angst, dass einem der Herren Stierkämpfer was zustoßen könnte – sie konnte kaum hinsehen, als wäre sie auch ein armes, verfolgtes Tier,
25 immer öfter sah sie infolgedessen Kobler an, um nicht hinabsehen zu müssen, und kam dabei auf ganz andere Gedanken. »Möchten Sie, dass ich Torero wär?«, fragte er. »Nein!«, rief sie ängstlich, aber dann lächelte sie plötzlich graziös und schmiegte sich noch mehr an ihn, denn es fiel ihr was Un-
30 gehöriges ein.

begeilen sich ja an geilen sich ja an … sexuell auf

Vivisektion (lat.) Eingriffe in die körperliche Unversehrtheit lebender Tiere zu Forschungszwecken

Völkerbund → Seite 236

Torero (span.) Stierkämpfer

rentabler einträglicher

24

Am nächsten Morgen saß Schmitz bereits um sieben Uhr beim Morgenkaffee, und während er frühstückte, schrieb er einen Artikel gegen die Vivisektion und einen andern Artikel für Paneuropa – es sah aber aus, als täte er an was ganz anderes denken, während er schrieb, so groß war seine Routine.

Als Kobler ihm guten Morgen wünschte, hatte er den zweiten Artikel noch nicht ganz beendet. »Ich arbeit grad an der Völkerverständigung«, begrüßte ihn Schmitz, »ich bin gleich fertig damit!«

»Lassen Sie sich nur ja nicht aufhalten«, sagte Kobler und setzte sich. Plötzlich meinte er so nebenbei: »Wenn's nur nach der Vernunft ging, dann könnt man sich ja leicht verständigen, aber es spielen da noch einige Gefühlsmomente eine Rolle, und zwar eine entscheidende Rolle!«

Schmitz sah ihn überrascht an.

›Wo hat der das her?‹, dachte er. Ich hab ihn anscheinend unterschätzt. Und laut fügte er hinzu: »Natürlich! Wir Verstandesmenschen sind bereits alle für die Verständigung, jetzt wird die Agitation in die große Masse der Gefühlsmenschen hineingetragen – das sind jene, die den historischen Prozess weder analysieren noch kapieren können, weil sie halt nicht denken können. Auf diese kommt's an, da habens natürlich recht, lieber Herr!«

»Trotzdem!«, antwortete Kobler.

»Wieso?«, fragte Schmitz höchst interessiert.

»Wenn ich jetzt an Polen denk, speziell an den polnischen Korridor«, meinte Kobler düster, »so kann ich halt kein Friedensgefühl aufbringen, da streikt das Herz, obwohl ich mit dem Verstand absolut nichts gegen Paneuropa hätt. So, aber jetzt reden wir von was Interessanterem!« – und er teilte

---

Agitation sowohl in positiver als auch in negativer Bedeutung verwendeter Begriff: politische Aufklärungsarbeit; aggressive politische Propaganda, politische Hetze

den historischen Prozess die geschichtliche Entwicklung (den inneren Zusammenhang und die Folgerichtigkeit der geschichtlichen Ereignisse im Sinne der teleologischen – auf ein zukünftiges Ziel hin gerichteten – Geschichtsphilosophie Hegels)

polnischen Korridor → Seite 237

Schmitz mit, dass er die soeben verflossene Nacht mit Rigmor verbracht hätte. »Sie können mir unberufen gratulieren!«, sagte er und sah recht boshaft aus. »Ich hab halt die richtige Taktik gehabt, und sie ist sehr temperamentvoll!«

5 »Also das hab ich bis zu mir herübergehört«, winkte Schmitz ab. »Aber über mir waren welche, die waren anscheinend noch temperamentvoller, weil mir der ganze Mörtel vom Plafond ins Gsicht gfallen ist. Der Dolmetscher sagt mir grad, das sei ein Herr von Stingl und eine italienische Komtess. Aber auf das Körperliche allein kommt's ja bekanntlich nicht an; hat sie sich denn überhaupt in Sie ernstlich verliebt? Ich mein – mit der Seele?«

»Ich bin meiner Sache sicher!«, triumphierte Kobler.

»Herr Alfons Kobler«, sagte Schmitz und betonte feierlich jede Silbe, »glaubens mir, das Weib ist halt doch noch eine Sphinx, trotz der Psychoanalyse!« Und dann fügte er rasch hinzu: »Jetzt müssens mich aber entschuldigen, ich hab nur noch rasch was fürs Feuilleton zu tun.« Er schrieb:

»Die kleine Rigmor läuft mir nach. Eine humoristische Schnurre von unserem Sonderkorrespondenten R. Schmitz (Barcelona). Motto: Und grüß mich nicht Unter den Linden!«

25

Der Sonderkorrespondent schrieb gerade: » – nur Interesses halber folgte ich meiner rassigen Partnerin, denn ich bin mit Leib und Seele Literat« – da betrat der Dolmetscher rasch das Lokal und bat Kobler, er möge sofort ins Konversationszimmer kommen, denn dort würde die Señorita auf ihn warten. »Warum denn dort, warum nicht hier?«, fragte Kobler und war sehr überrascht. »Woher soll ich das wis-

unberufen
→ Seite 237

Mörtel
→ Seite 237

Plafond
(österreichisch)
Zimmerdecke

Komtess (frz.)
auch Komtesse:
»unverheiratete Gräfin (unter
30 Jahren)«
(Duden)

das Weib ist halt
doch noch eine
Sphinx, trotz der
Psychoanalyse!
→ Seite 238

was fürs
Feuilleton zu tun
→ Seite 238

Schnurre
amüsante kleine Erzählung
über einen
lustigen oder
skurrilen Vorfall

Unter den Linden
→ Seite 238

nur Interesses
halber
→ Seite 238

Konversations-
zimmer
→ Seite 238

sen?«, meinte der Dolmetscher. »Ich kann Ihnen nur sagen, dass die Señorita sehr nervös ist.« ›Jetzt kommt die Sphinx‹, dachte Schmitz, und Kobler tat ihm plötzlich leid, trotz der geweissagten Sphinx.

Im Konversationszimmer ging Rigmor auf und ab, sie war tatsächlich sehr nervös, und ihr Rock hatte eine interessante unregelmäßige Linie. Als sie Kobler erblickte, ging sie rasch auf ihn zu und drückte ihm einen Kuss auf die Stirne. ›Was soll das?‹, dachte Kobler und wurde direkt unsicher. »Wie geht's?«, fragte er sie mechanisch. »Sag, ob du mir verzeihen kannst?«, fragte sie und sah dabei sehr geschmerzt aus. ›Es wird ihr doch nichts fehlen?‹, dachte er misstrauisch, und dann fragte er sie: »Was soll ich dir denn verzeihen, Kind?« Aber da fing sie an zu weinen, und das tat sie vor lauter Nervosität. »Ich kann dir doch alles verzeihen«, tröstete er sie, »das bist du mir schon wert!«

Sie trocknete sich die Tränen und putzte sich die Nase mit einem derart winzigen Taschentuch, dass sich Kobler unwillkürlich darüber Gedanken machte. Dann zog sie ihn zu sich hinab und wurde ganz monoton. Es sei gerade vor einer halben Stunde was Unerwartetes passiert, beichtete sie, und dies Unerwartete sei ein Telegramm gewesen, und zwar aus Avignon. Der Absender des Telegramms sei ein Herr, und zwar ein gewisser Alfred Kaufmann aus Milwaukee, ein Kunstmaler und amerikanischer Millionär. Der Millionär hätte aber wegen seiner Hemmungen nicht künstlerisch genug malen können, und deshalb wäre er nach Zürich gefahren, um seine Libido kurieren zu lassen, und er hätt sie mindestens vier Wochen lang kurieren lassen wollen, aber anscheinend sei er nun unerwartet rasch mit seiner Libido in Ordnung gekommen. So würde er nun statt in vierzehn Tagen bereits heute früh unerwartet in Barcelona ankommen, und zwar könnte er jeden Moment hier im Hotel eintreffen,

geschmerzt betont mitfühlend und selbst leidend (siehe auch Seite 23, Zeilen 16 f.)

wurde ganz monoton sprach mit ganz lebloser Stimme

Avignon → Seite 238

Milwaukee → Seite 238

Kunstmaler Künstler, der Gemälde verfertigt (also kein Handwerker, der Wände anstreicht)

um seine Libido kurieren zu lassen um seinen gestörten Geschlechtstrieb behandeln zu lassen (wohl durch eine psychoanalytische Gesprächstherapie, worauf der bei Freud einschlägige Begriff ›Libido‹ hindeutet) und das wäre ihr ganz entsetzlich grauenhaft peinlich, denn dieser Amerikaner sei ja ihr offizieller Bräutigam, ein sympathischer Mensch, aber trotzdem hätte sie lieber was mit einem Deutschen.

5 Und dann weinte sie wieder ein bisschen, sie hätte sich jetzt schon so sehr gefreut auf diese vierzehn liebverlebten Tage mit ihm (Kobler), aber sie müsse halt den Mister Kaufmann heiraten, schon wegen ihres Papas, der dringend amerikanisches Kapital benötige, trotz der Größe seiner Firma, 10 aber Deutschland sei eben ein armes Land, und besonders unter der Sozialversicherung litte ihr Papa unsagbar.

Kobler war ganz weg. Da sah er sich nun seine Schlacht verlieren, und zwar eine Entscheidungsschlacht. Die USA kamen über das Meer und schlugen ihn, schlugen ihn ver-15 nichtend mit ihrer rohen Übermacht, trotz seiner überlegenen Taktik und kongenialen Strategie. ›Das ist gar kein Kunststück!‹, dachte er wütend, da erschienen USA persönlich im Konversationszimmer.

Das war ein Herr mit noch breiteren Schultern, und Kobler 20 lächelte bloß sauer, obwohl er Rigmor gerade grob antworten wollte. »Hallo, Rigmor!«, rief der Herr und umarmte sie in seiner albernen amerikanischen Art. »Der Professor sagt, ich bin gesund und kann sofort künstlerisch malen, wir fahren noch heut nach Sevilla und dann nach Athen! Wer ist 25 dieser Mister?«

Rigmor stellte vor. »Ein Jugendfreund aus Deutschland«, log sie. Der Amerikaner fixierte Kobler kameradschaftlich. »Sie sind auch Maler?«, fragte er. »Ich hab nichts mit der Kunst zu tun!«, verwahrte sich Kobler, und es lag eine tiefe 30 Verachtung in seiner Stimme. »Was macht Deutschland?«, fragte der Amerikaner. »Es geht uns sehr schlecht«, antwortete Kobler mürrisch, aber der Amerikaner ließ nicht locker. »Wie denken Sie über Deutschland?«, fragte er. »Wie den-

liebverlebten wohl: der Liebe gewidmeten

der Sozialversicherung dem Arbeitgeberanteil zur Sozialversicherung, der sich aus Beiträgen zur Krankenversicherung (eingeführt 1883), zur Unfall- (1884), Invaliden- und Alters- (1889) sowie Arbeitslosenversicherung (1927) zusammensetzte und den ein Unternehmer für jeden seiner Angestellten zu entrichten hatte (und hat)

kongenialen ebenfalls genialen

Sevilla Hauptstadt Andalusiens, die viertgrößte Stadt Spaniens mit großem historischen Zentrum und vielen Sehenswürdigkeiten

ken Sie über Kunst? Wie denken Sie über Liebe? Wie denken Sie über Gott?«

Kobler sagte, heut könne er überhaupt nichts denken, nämlich er hätte fürchterliche Kopfschmerzen. Und als er die Tür hinter sich zumachte, hörte er noch Rigmor sagen: »Er ist ein sympathischer Mensch!«

26

Noch am selben Tag fuhr Kobler wieder nach Haus, und zwar ohne Unterbrechung. Er wollte eben nichts mehr sehen. »Jetzt hab ich fast meine ganzen Sechshundert ausgegeben, und für was? Für einen großen Dreck!«, so lamentierte er. »Jetzt komm ich dann wieder zurück, und was erwartet mich dort? Lauter Sorgen!« Er war schon sehr deprimiert. Schmitz, der ihn väterlich an die Bahn begleitet hatte, versuchte ihn zu trösten: »Mit Amerika kann man halt nicht konkurrieren!«, konstatierte er düster.

Und dann setzte er ihm noch rasch auseinander, dass er sich an seiner (Koblers) Stelle eigentlich nicht beklagen würde, denn er (Kobler) hätte ja nun sein ehrlich erworbenes Geld nicht nur für einen großen Dreck ausgegeben, sondern er wäre ja jetzt auch um eine bedeutsame Erfahrung reicher geworden, und er würde es wahrscheinlich erst später merken, was das für ein tiefes Erlebnis gewesen sei, ein Erlebnis, das ganz dazu angetan wäre, jemanden total umzumodeln. Nämlich er hätte doch soeben den schlagenden Beweis für Amerikas brutale Vorherrschaft erhalten, am eigenen Leibe hätte er nun diese unheilvolle Hegemonie verspürt.

»Und nun«, fuhr er fort und zwinkerte, »nun wird sich vielleicht auch Ihr Gefühl umstellen, nachdem Sie ja mit

das ganz dazu angetan wäre, jemanden total umzumodeln das das Zeug dazu hatte, dem Leben eines Menschen eine ganz neue Richtung zu geben

Hegemonie (griech.) Vorherrschaft, Dominanz, faktische Überlegenheit

dem Verstand nichts gegen Paneuropa haben, wie Sie es mir heute früh erklärt haben. Große Wirkungen haben halt kleine Ursachen, und auch die größten Ideen ...« – so warb Schmitz um Koblers Seele. Und dann vertraute er ihm, dass

5 er persönlich sich niemals für eine Amerikanerin interessieren könnte. Er wollte ihm auch noch einiges über den Völkerbund sagen, doch da fuhr der Zug ab. »Sie fahren doch über Genf?«, rief er ihm nach. »Also grüßen Sie mir in Genf den Mont Blanc!«

10 Kobler fuhr über Genf, aber den Mont Blanc konnte er nicht grüßen, denn es war gerade Nacht.

Auch hatte er jetzt das Pech, bis zur deutschen Grenze keinen Mitreisenden zu treffen, der Deutsch sprach, also konnte er sich nicht ablenken und musste allein sein. Und dieses

15 Alleinsein-Müssen plus endloser Fahrt bewirkten es, dass sich die Gestalt Rigmors seltsam auswuchs. Sie nahm direkt politische Formen an, diese Braut, in deren Papas Firma er nicht einheiraten durfte, weil Papa unbedingt nordamerikanisches Kapital zum Dahinvegetieren benötigt – diese ver-

20 armte Europäerin, die sich nach Übersee verkaufen muss, wurde allmählich zu einem deprimierenden Symbol. Über Europa fiel der Schatten des Mister A. Kaufmann mit der unordentlichen Libido. Kobler war sehr erbittert. Und als er endlich wieder deutsche Erde betrat, hegte er bereits einen

25 innigen Groll gegen alle europäischen Grenzen. Noch in der deutschen Grenzstation kaufte er sich alle vorhandenen französischen, englischen und italienischen Zeitungen, obwohl er sie nicht lesen konnte – aber es war halt demonstrativ.

30 Er konnte es kaum mehr erwarten, jemand zu treffen, der Deutsch verstand. Aber der Zug war ziemlich leer, und obendrein ergab sich keinerlei Gelegenheit, mit einem der Reisenden in ein politisches Gespräch zu kommen.

Also grüßen Sie mir in Genf den Mont Blanc! Mit gut 4800 Metern ist der an der Grenze zwischen Frankreich und Italien gelegene Mont Blanc der höchste Berg der Alpen. Von Genf aus ist er bei klarem Wetter gut zu sehen und in Tagesausflügen nach Chamonix zu erreichen (wenn auch nicht zu besteigen).

Erst knapp vor München konnte er endlich einem älteren Herrn seine Gefühle und Gründe für einen unbedingt und möglichst bald zu erfolgenden Zusammenschluss Europas darlegen, besonders auf wirtschaftlichem Gebiet, nicht zuletzt auch infolge der bolschewistischen Gefahr – aber der Herr unterbrach ihn spöttisch: »Auch ich war mal Europäer, junger Mann! Aber jetzt …«, und nun brach nationalistischer Schlamm aus seinem Maul hervor par excellence.

Nämlich um die Jahrhundertwende hatte dieser Herr eine pikante Französin aus Metz geheiratet, die aber schon knapp vor dem Weltkrieg so bedenklich in die Breite zu gehen begann, dass er anfing, sich vor der romanischen Rasse zu ekeln. Es war keine glückliche Ehe. Er war ein richtiger Haustyrann, und sie freute sich heimlich über den Versailler Vertrag.

»Soweit ich die Franzosen kenne«, schrie er nun Kobler an, »werden sie niemals das Rheinland räumen! Freiwillig nie, es sei denn, wir zwingen sie mit Gewalt! Oder glauben Sie denn, dass das so weitergeht?! Sehen Sie denn nicht, dass wir einem neuen europäischen Weltbrand entgegentaumeln?! Wissen Sie denn nicht, was das heißt: Amanullah und Habibullah?! Denken Sie nur mal an Abd el-Krim! Und was macht denn dort hinten der christliche General Feng?!« Er war ganz fanatisiert: »Oh, ich kenne die Franzosen!«, brüllte er. »Jeder Franzose und jede Französin gehören vergast! Ich mach auch vor den Weibern nicht halt, ich nicht! Oder glauben Sie gar an Paneuropa?!«

»Ich hab jetzt keine Zeit für Ihre Blödheiten!«, antwortete Kobler und verließ verstimmt das Abteil. Er war sogar direkt gekränkt.

Draußen im Gang entdeckte er einen freundlichen Herrn, der stand dort am Fenster. Kobler näherte sich ihm, und der Herr schien einem Diskurs nicht abgeneigt zu sein, denn er

nationalistischer Schlamm … par excellence (frz.) mustergültiger nationalistischer Dreck

pikante (frz.) reizvolle, etwas frivole, wenig sittsame

Metz → Seite 239

das Rheinland räumen → Seite 239

Amanullah und Habibullah → Seite 239

Abd el-Krim → Seite 240

General Feng → Seite 240

gehören vergast → Seite 240

einen freundlichen Herrn → Seite 241

Diskurs Gespräch, mündlichen Austausch

fing gleich von selber an, und zwar über das schöne Wetter. Aber Kobler ließ ihn nicht ausreden, sondern erklärte ihm sofort kategorisch, er sei ein absoluter Paneuropäer, und dies klang fast kriegerisch.

5 Der Herr hörte ihm andächtig zu, und dann meinte er, Barcelona sei sehr schön, er kenne es zwar leider nicht, nämlich er kenne nur jene europäischen Länder, die mit uns Krieg geführt hätten, außer Großbritannien und Portugal, also fast ganz Europa. Es sei allerdings höchste Zeit, sagte 10 der Herr, dass sich dieses ganze Europa endlich verständige, trotz aller historischen Blödheiten und feindseliger Gefühlsduseleien, die immer wieder die Atmosphäre zwischen den Völkern vergiften würden, wie zum Beispiel zwischen Bayern und Preußen. Zwar wäre das Paneuropa, das heute ange- 15 strebt würde, noch keineswegs das richtige, aber es würde doch eine Plattform sein, auf der sich das richtige Paneuropa entwickeln könnte.

Bei dem Worte »richtig« lächelte der Herr ganz besonders sonderbar, und dann meinte er, mit diesem Worte stünde es 20 akkurat so wie mit dem Ausdruck »sozialer Aufstieg«. Nämlich auch diesen Ausdruck wäre man häufig gezwungen zu gebrauchen statt »Befreiung des Proletariats«. – Und wieder lächelte der Herr so sonderbar, dass es dem Kobler ganz spanisch zumut wurde.

25 Jetzt kam München.

Der Herr hatte sich bereits höflich empfohlen, und also konnte es Kobler nicht mehr herauskriegen, wer und was dieser Herr eigentlich war.

kategorisch
mit Nachdruck, für alle Gegenmeinungen taub

allerdings
wahrlich, tatsächlich

Gefühlsduseleien hier: unvernünftig emotionalen Reaktionen

akkurat
(siehe Seite 88, Zeile 13)

»Befreiung des Proletariats« marxistische politische Losung: die Befreiung der Arbeiterklasse aus ihrer vollständigen Abhängigkeit von der kleinen Schicht der unterdrückerischen Kapitalisten

spanisch
umgangssprachlich für: seltsam (vgl. auch die Redewendung »das kommt mir spanisch vor«)

höflich empfohlen nach einer höflichverbindlichen Abschiedsgeste zum Gehen gewandt

Zweiter Teil

Fräulein Pollinger wird praktisch

*»Nur wer sich wandelt, bleibt
mit mir verwandt.«*

»Nur wer sich wandelt, bleibt mit mir verwandt.«
→ Seite 241

1

Während der Herr Kobler verreist war, ereignete sich in der
Schellingstraße nur das Übliche. Das Leben ging seine mehr
oder weniger sauberen Wege, und allen seinen Bekannten
stieß nichts Aufregendes zu, allerdings mit einer Ausnahme,
aber Ausnahmen bestätigen bekanntlich die Regel.

Diese Ausnahme bildete das Fräulein Anna Pollinger,
nämlich sie wurde aus heiterstem Himmel heraus plötzlich
arbeitslos, und zwar total ohne ihre Schuld. Sie verlor ihre
Stelle in der Kraftwagenvermietung infolge der katastropha-
len Konjunktur. Diese Firma brach im wahren Sinn des Wortes über Nacht zusammen, von einem Dienstag zu einem
Mittwoch. Am Mittwochmittag standen daher zwounddreißig Arbeitnehmer auf der Straße, und auch der Arbeitgeber
persönlich war nun bettelarm, denn teils hatten die räberi-
schen Zinsen und Wechsel seine Substanz vertilgt und teils
hatte er die größere Hälfte dieser Substanz noch rechtzeitig
auf den Namen seiner Frau umgeschrieben.

Auch Anna erhielt nun ein weißes Kuvert; sie öffnete es
und las:

Schellingstraße
(siehe Seite 170)

Konjunktur
Wirtschaftslage

zwounddreißig
→ Seite 241

*hatten die rä-
berischen Zinsen
und Wechsel
seine Substanz
vertilgt*
→ Seite 241

*auf den Namen
seiner Frau
umgeschrieben*
→ Seite 242

Kuvert
Briefum-
schlag (von frz.
›couvert‹: ›Be-
steck, Gedeck,
Umschlag‹)

Zeugnis

Fräulein Anna Pollinger war vom 1. III. 29 bis 27. IX. 29 in der Kraftwagenvermietung »National« als Büromädchen tätig und bewährte sich selbe als ehrlich, fleißig und pflichtbewusst. Fräulein Pollinger scheidet aus infolge Liquidation der Firma. Auch unsere Firma wurde ein Opfer der deutschen Not. Andernfalls würden wir Fräulein Pollinger nicht gerne ziehen lassen und wünschen ihr alles Gute für ihr ferneres Leben.

Kraftwagenvermietung »National«
gez. Lindt.

Büromädchen
Büroangestellte,
Sekretärin

*und bewährte
sich selbe*
und sie erwies
sich dabei

*scheidet aus
infolge Liquida-
tion der Firma*
verlässt die
Firma, weil
diese Insolvenz
anmelden (ihre
Zahlungsun-
fähigkeit erklä-
ren) musste

gez. gezeichnet
(unterschrieben)

*hatte keine Lie-
der und war also
ein böser Mensch*
vgl. die auf eine
Zeile in Johann
Gottfried Seu-
mes (1763–1810)
»Gesängen«
(1804) zurückge-
hende Redens-
art »böse Men-
schen haben
keine Lieder«

Kopfgrippe
→ Seite 242

Ludwigskirche
→ Seite 242

2

Anna wohnte bei ihrer Tante, denn sie hatte keine Eltern mehr. Aber das fiel ihr nur manchmal auf, denn ihren Vater hatte sie eigentlich nie gesehen, weil er ihre Mutter schon sehr bald verlassen hatte. Und mit ihrer Mutter konnte sie sich nie so recht vertragen, weil halt die Mutter sehr verbittert war über die schlechte Welt. Noch als Anna ganz klein war, verbot es ihr die Mutter immer boshafter, dass sie ihrer Puppe was vorsingt. Die Mutter hatte keine Lieder und war also ein böser Mensch. Sie gönnte keiner Seele was und auch ihrer eigenen Tochter nichts. Knapp nach dem Weltkrieg starb sie an der Kopfgrippe, aber Anna konnte beim besten Willen nicht so richtig traurig sein, obwohl es ein sehr trauriger Herbsttag war.

Von da ab wohnte sie bei ihrer Tante in der Schellingstraße, nicht dort, wo sie bei der Ludwigskirche so vornehm beginnt, sondern dort, wo sie aufhört. Dort vermietete die Tan-

te im vierten Stock zwei Zimmer und führte parterre das Geschäft ihres seligen Mannes weiter, und das war kaum größer als eine Kammer. Darüber stand »Antiquariat«, und in der Auslage gab es zerrissene Zeitschriften und verstaubte Akt-
5 postkarten.

Das eine Zimmer hatte die Tante an einen gewissen Herrn Kastner vermietet, das andere stand augenblicklich unvermietet, denn es war verwanzt. In diesem Zimmer konnte nun Anna vorübergehend schlafen statt bei der Tante in der
10 Küche. Die Wanzen hatte der Herr Kastner gebracht, aber man konnte ihm nichts nachweisen, denn er war sehr raffiniert.

Als nun Anna mit ihrem Zeugnis nach Hause kam, schimpfte die Tante ganz fürchterlich über diese ganze
15 Nachkriegszeit und wollte Anna hinausschmeißen. Aber das war natürlich nicht ernst zu nehmen, denn die Tante hatte ein gutes Herz, und ihr ewiges Geschimpfe war nur eine Schwäche von ihr. Anna war ja schon oft arbeitslos, und das letzte Mal gleich acht Wochen lang. Das war im vorigen
20 Winter, und damals sagte der Herr Kastner zur Tante: »Ich höre, dass Ihre liebe Nichte arbeitslos ist. Ich habe beste Beziehungen zum Film, und es hängt also lediglich von Ihrer lieben arbeitslosen Nichte ab.«

Das mit dem Film war natürlich gelogen, denn der Herr
25 Kastner hatte ganz andere Dinge im Kopf. Zum Beispiel ist er im August mit ihr ins Kino gegangen. Man hat den Film »Zehn Tage, die die Welt erschütterten« gegeben, und der Kastner hat sie dabei immer abgreifen wollen, aber sie hat sich sehr gewehrt, weil es ihr vor seinen Stiftzähnen ge-
30 graust hat. Der Kastner ist nachher sehr empört gewesen und hat sie gefragt, wie sie wohl darüber denke, dass man ein Fräulein in einen Großfilm einladen und dann »nicht mal das?!« – Aber acht Tage später hat er sie schon wieder

---

parterre im Erdgeschoss

seligen verstorbenen

in der Auslage im Schaufenster

Aktpostkarten Aktfotografien in Postkartengröße (vgl. auch Seite 292 unten)

den Film »Zehn Tage, die die Welt erschütterten« → Seite 242

abgreifen »greifend abtasten« (Duden); befingern, ›begrapschen‹

Stiftzähnen falschen Zähnen (deren Überkronungen auf dem zum Stumpf oder Stift zurückgeschliffenen Zahn aufgesetzt und festgeklebt sind) freundlich gegrüßt, denn er hatte inzwischen eine Kassiererin aus Augsburg gefunden, die ihm zu Willen gewesen ist.

3

An diesem Abend ging Anna sehr bald zu Bett, und schon während sie sich auszog, hörte sie, dass nebenan der Kastner ausnahmsweise zu Hause geblieben ist. Er sprach mit sich selbst, als täte er etwas auswendig lernen, aber sie konnte kein Wort verstehen. Plötzlich verließ der Kastner sein Zimmer und hielt vor ihrer Tür. Dann trat er ein, ohne anzuklopfen.

Er stellte sich vor sie hin wie vor eine Auslage. Er hatte seine moderne Hose an, war in Hemdsärmeln und roch nach süßlicher Rasierseife.

Sie hatte sich im Bette emporgesetzt und konnte sich diesen Besuch nicht erklären, denn der Kastner schnitt ein seltsam offizielles Gesicht, als wollte er gar nichts von ihr. »Gnädiges Fräulein!«, verbeugte er sich ironisch. »Honni soit qui mal y pense!«

Der Kastner sprach sehr gewählt, denn eigentlich wollte er Journalist werden, jedoch damals war seine Mutter anderer Meinung. Sie hatte nämlich viel mit den Zähnen zu tun und konstatierte: »Die Zahntechniker sind die Wohltäter der Menschheit. Ich will, dass mein Sohn ein Wohltäter wird!« Er hing sehr an seiner Mutter und wurde also ein Zahntechniker, aber leider kein Wohltäter, denn er hatte bloß Phantasie statt Präzision. Es war sein Glück, dass kurz nach Eröffnung seiner Praxis der Krieg ausbrach. Er stellte sich freiwillig und wurde Militärzahntechniker. Nach dem Waffenstillstand fragte er sich: ›Bin ich ein Wohltäter? Nein, ich bin

kein Wohltäter. Ich bin die typische Bohemennatur, und so eine Natur gehört auf den leichtlebigen Montmartre und nicht in die Morgue.‹ Er wollte wieder Journalist werden, aber er landete beim Film, denn er hatte ein gutes konserva-
5 tives Profil und kannte einen Hilfsregisseur. Er statierte und spielte sogar eine kleine Rolle in dem Film: »Der bethlehemitische Kindermord, oder Ehre sei Gott in der Höhe«. Der Film lief nirgends, hingegen flog er aus dem Glashaus, weil er eine minderjährige Statistin, die ein bethlehemitisches
10 Kind verkörperte, nackt fotografierte. –

Nun schritt er vor Annas Bette auf und ab und bildete sich etwas ein auf seine Dialektik. Er hörte sich gerne selbst, fühlte sich in Form und legte daher los wie ein schlechtes Feuilleton.

15 Zuerst setzte er ihr auseinander, dass es unnahbare Frauen nur in den Märchen und Sagen oder in Irrenhäusern gebe, nämlich er hätte sich mit all diesen Problemen beschäftigt, »er spreche hier aus eigener, aus sexualer und sexualethischer Neugier gesammelter Erfahrung«. So hätte er auch so-
20 fort erkannt, dass sie (Anna) keine kalte Schönheit sei, sondern ein tiefes stilles Wasser –

»Was geht denn das Sie an?«, unterbrach ihn Anna auffallend sachlich, denn sie gönnte es ihm, dass er sich wieder mal über sie zu ärgern schien. Sie gähnte sogar.

25 »Mich persönlich geht das natürlich nichts an«, antwortete der Kastner und tat plötzlich sehr schlicht. »Ich dachte ja nur an Ihre Zukunft, Fräulein Pollinger!«

Zukunft! Da stand es nun wieder vor ihr, setzte sich auf den Bettrand und strickte Strümpfe. Das war ein altes, ver-
30 hutzeltes Weiblein und sah der Tante ähnlich, nur dass es noch älter war, noch schmutziger und verschlagener – »Ich stricke, ich stricke«, nickte die Zukunft, »ich stricke Strümpfe für Anna!« Und Anna schrie: »So lassens mich doch! Was

die typische Bohemennatur
→ Seite 243

Montmartre
→ Seite 243

Morgue
→ Seite 243

statierte arbeitete als Statist

Film: »Der bethlehemitische Kindermord, oder Ehre sei Gott in der Höhe«
→ Seite 243

flog er aus dem Glashaus
→ Seite 243

Dialektik
→ Seite 243

Feuilleton
→ Seite 243

er spreche hier aus eigener, aus sexualer und sexualethischer Neugier gesammelter Erfahrung
→ Seite 243

ein tiefes stilles Wasser
→ Seite 244

schlicht
→ Seite 244

strickte Strümpfe
→ Seite 244

verhutzeltes
→ Seite 244

wollens denn von mir?!« »Ich persönlich will nichts von Ihnen!«, verwahrte sich der Kastner feierlich, und die Zukunft sah sie lauernd an. –

Anna hatte keine Worte mehr, und der Kastner lächelte zufrieden, denn plötzlich ist es ihm aufgefallen, dass er auch Talent zum Tierbändiger hätte. Und er fixierte Anna, als wäre sie zumindest eine Seehündin. Er hätte sie zu gerne gezwungen, eine Kugel auf der Nase zu balancieren. Er hörte bereits den Applaus und überraschte sich dabei, dass er sich verbeugen wollte. »Was war denn das?!«, fuhr er sich entsetzt an, floh aus dem Zirkus, der plötzlich brannte, und knarrte los: »Zur Sache, Fräulein Pollinger! Was Sie nämlich in erotischer Hinsicht treiben, das lässt sich nicht mehr mit ansehen! Nun sind Sie wieder mal arbeitslos, trotzdem hängen Sie sich ständig an Elemente wie an diesen famosen Herrn Kobler – « »Ich häng mich an gar niemand!«, protestierte sie heftig. »So war das ja nicht gemeint!«, beruhigte er sie. »Mir müssen Sie nicht erzählen, dass Sie nicht lieben können, Fräulein! Sie können sich zwar mit jedem Kobler einlassen, aber wie Sie mal fühlen, dass Sie sich so richtig avec Seele verlieben könnten, kneifen Sie sofort, und dies soll natürlich kein Vorwurf sein, denn infolge Ihrer wirtschaftlichen Lage trachten Sie natürlich danach, jeder überflüssigen Komplikation aus dem Wege zu gehen – aber was ich Ihnen vorwerfe, ist einfach dies: dass Sie sich vergeuden! Heutzutag muss man auch seine Sinnlichkeit produktiv gestalten! Ich verlange zwar keineswegs, dass Sie sich prostituieren, aber ich bitte Sie um Ihretwillen, praktischer zu werden!«

»Praktisch?«, meinte Anna, und es war ihr, als hätte sie dieses Wort noch niemals gehört. Sie sollte wirklich mehr an sich denken, dachte sie vorsichtig weiter und hatte das Gefühl, als wäre sie blind und müsste sich vorwärtstasten. Sie

knarrte los
schlug einen
rauen Ton an

famosen
ironisch:
großartigen

wie wenn,
sobald

avec Seele (frz.)
mit Seele; in
der gemischt-
sprachlichen
Formulierung
klingt die seiner-
zeit verbreitete
Wendung »mit
Avec« an, die
so viel wie
»mit Elan, mit
Schwung«
bedeutete.

denke zwar eigentlich häufig an sich, fuhr sie fort, aber wahrscheinlich zu langsam. Wenn der Kastner noch nie recht gehabt hätte, so hätte er eben diesmal recht. Sie müsse sich das alles genau überlegen – was »alles«?

5 Seit es Götter und Menschen – kurz: Herrscher und Beherrschte gibt, seit der Zeit gilt der Satz: »Im Anfang war die Prostitution!«

»Diskretion Ehrensache!«, hörte sie den Kastner sagen, und als sie ihn wiedererkannte, schnitt er ein überaus ehr-
10 liches Gesicht.

Das ist nämlich so: Als die Herrschenden erkannt hatten, dass es sich maskiert mit dem Idealismus eines gewissen Gekreuzigten bedeutend belustigender morden und plündern ließ – seit also dieser Gekreuzigte u. a. gepredigt hatte, dass
15 auch das Weib eine dem Manne ebenbürtige Seele habe, seit dieser Zeit ist jenes »Diskretion Ehrensache!« ein Sinnspruch im Wappen der Prostitution.

Wer wagt es also, die heute Herrschenden anzuklagen, dass sie nicht nur die Arbeit, sondern auch das Verhältnis
20 zwischen Mann und Weib der bemäntelnden Lügen und des erhebenden Selbstbetruges entblößen, indem sie schlicht die Frage stellen: »Na, was kostet schon die Liebe?« Kann man ihnen einen Vorwurf machen, weil sie dies im Bewusstsein ihrer wirtschaftlichen Macht der billigeren Buchführung we-
25 gen tun? Nein, das kann man nicht. Sie sind nämlich überaus ehrlich.

»Wieso?«, fragte Anna und sah den Kastner ratlos an. Doch dieser machte eine Kunstpause. Dann sagte er: »Ich biete Ihnen eine Gelegenheit, um in bessere Kreise zu gelan-
30 gen. Kennen Sie den Radierer Achner? Ich bin mit ihm sehr intim, er ist künstlerisch hochtalentiert und sucht zurzeit ein passendes Modell – Sie könnten sich spielend zehn Mark verdienen und hätten prächtige Entfaltungsmöglichkeiten!

»Im Anfang war die Prostitution!« Anspielung auf den Beginn des Johannes-Evangeliums: »Am Anfang war das Wort. Das Wort war bei Gott, und das Wort war Gott selbst.«

maskiert mit dem Idealismus eines gewissen Gekreuzigten unter Berufung auf christliche Lehren

der bemäntelnden Lügen und des erhebenden Selbstbetruges entblößen nicht weiter durch beschönigende Lügen und feierliche Vorspiegelungen falscher Tatsachen verschleiern

der billigeren Buchführung wegen
→ Seite 244

Radierer
→ Seite 244

Achner wohl ein fiktiver Künstler

Ich bin mit ihm sehr intim Das ist ein enger Freund von mir

seinem Atelier
seinem Studio,
seiner Künstler-
werkstatt

In seinem Atelier gibt sich nämlich die Spitze der Gesellschaft Rendezvous, lauter Leute mit eigenem Auto. Das sind
Menschen! Liebes Fräulein Pollinger, es tut mir nämlich tatsächlich weh, dass Sie Ihre Naturgeschenke derart unprak-
tisch verschleudern!« 5

*gibt sich nämlich
die Spitze der
Gesellschaft
Rendezvous*
gehen nämlich
die vornehmsten
Leute ein uns
aus (geben sich
die Klinke in die
Hand, treffen
aufeinander)

»Es tut mir weh«, hörte das liebe Fräulein Pollinger und
lächelte. »So täuscht man sich halt«, meinte sie leise, und
der Kastner tat ihr plötzlich leid, und auch seine Stiftzähne
taten ihr leid, die großen und die kleinen.

»Ich denke halt radikal selbstlos«, nickte ihr der Kastner 10
zu und benahm sich direkt ergriffen.

Aber natürlich war das radikal anders. Als er nämlich erfahren hatte, dass Anna arbeitslos geworden war, ist er sofort zu jenem Radierer geeilt und hat ihm ein preiswertes
Modell angeboten – mittelgroß, schlank, braunblond, und es 15
würde schon auch einen Spaß verstehen. Der Radierer hatte
zufällig gerade ein solches Modell gesucht und ist infolgedessen sofort einverstanden gewesen. »Also«, hatte der Kastner gesagt, »wenn du dich dann ausradiert hast, werde ich erscheinen, Prunelle bring ich mit, Grammophon hast du – – « 20

*wenn du dich
dann ausradiert
hast* doppel-
deutig-ironisch
(vgl. ›sich ausra-
dieren‹: ›sich zu-
grunde richten‹)
und salopp für:
wenn du dann
fertig bist (mit
deinem Arbeits-
pensum für den
heutigen Tag)

Anna schwieg.

»Es sei halt nun mal Weltkrieg gewesen«, fiel es ihr plötzlich ein, »und den könnte man sich nicht wegdenken, man
dürfe es auch nicht.« 25

Prunelle (frz.)
Schlehenlikör

4

Als der Kastner sie verließ, kam sie sich noch immer nicht 30
klarer vor. Sie hatte ihm zwar das Ehrenwort gegeben, dass
sie sich morgen zum Achner begeben wird, denn zehn Mark
sind allerhand Schnee. Und das Modellstehen wäre doch

*allerhand
Schnee* salopp
für: eine stattli-
che Geldsumme

etwas absolut Ordentliches, das wäre ja nur ein normaler Beruf. Aber das »Praktischwerden« – das war ein folgenschwerer Rat, das wollte noch genau überlegt sein. Denn rasch kommt ein armes Mädchen auf die schiefe Bahn, und
5 von dort kommt keine mehr zurück.

Des Kastners verführerische Prophezeiungen ließen ihr keine Ruh, aber dann tauchten auch andere Töne auf, und das waren finstere Akkorde – sie musste sich direkt anklammern, um mit dem logischen Denken beginnen zu können. Erst all-
10 mählich nahmen ihre Gedanken festere Konturen an und wurden auch immer stiller und verhielten sich abwartend.

Jetzt stand jemand hinter ihr, aber sie sah sich nicht um, denn sie fühlte es deutlich, dass das ein unheimlicher Herr sein muss. Und plötzlich war das Zimmer voll von lauter
15 Herren, die hatten alle ähnliche Bewegungen und kamen ihr sehr bekannt vor.

»Wie war das doch?«, hörte sie den unheimlichen Herrn fragen, und seine Stimme klang grausam weich. »Das war so«, meldete sich einer der Herren. »Das war auf dem Okto-
20 berfest, und zwar vor der Bude des Löwenmädchens Lionella. Anna dachte gerade, ob diese Abnormität auch noch Jungfrau wäre, da lernte sie ihren Akademiker kennen.« »Wo steckt denn dieser Akademiker?«, erkundigte sich der Unheimliche. »Der Herr Doktor ist bereits tot«, antwortete
25 ein anderer Herr und nickte Anna freundlich zu. »Der Herr Doktor sitzt in der Hölle«, fuhr er fort, »denn er hatte einen schlechten Charakter, nämlich er hatte der Anna ihre Unschuld geraubt, und das war keine besondere Heldentat, denn sie hatte einen Bierrausch.« Aber da schnellte ein drit-
30 ter Herr von seinem Stuhl empor. »Lügen Sie doch nicht so infam, Fräulein Pollinger!«, schrie er sie an. »Sie tun ja jetzt direkt, als hätten Sie nicht ständig danach getrachtet, endlich das zu verlieren. So antworten Sie doch!« »Das ist schon

Löwenmädchens Lionella → Seite 244

ihren Akademiker ihren Studierten; Person mit Hochschulabschluss und hier zudem mit einem Doktortitel (vgl. Z. 24–26)

infam schändlich, bösartig

wahr«, antwortete Anna schüchtern, »aber ich hab's mir halt anders vorgestellt.« »Egal!«, schnarrte der Dritte und wandte sich an den Unheimlichen: »Man muss es dem lieben Gott sagen, dass der Herr Doktor unschuldig in der Hölle sitzt!« Jetzt unterbrach ihn jedoch ein vierter Herr, und das war ein melancholischer Kaffeehausmusiker. »Das Fräulein Pollinger ist ein braver Mensch«, sagte er, »bitte fragen Sie doch nur den Herrn Brunner!« »Hier!«, rief der Brunner. Er saß auf dem Sofa und beugte sich über das Tischchen. »Liebe Anna«, sagte er ernst, »ich weiß, dass ich deine einzige große Liebe war, aber ich hab dich ja nur aus Mitleid genommen, denn du bist ja gar nicht mein Typ.« Dann erhob er sich langsam, er war ein riesiges Mannsbild. »Anna«, fuhr er fort, und das klang fast zärtlich, »wenn man an nichts anderes zu denken hat, dann ist so eine große Liebe recht abwechslungsreich. Aber ich bin Elektrotechniker, und die Welt ist voll Neid.« »Es dreht sich halt alles um das Geld«, lächelte Anna, und es tat ihr alles weh. »Richtig!«, murmelten die Herren im Chor, und einige sahen sie vorwurfsvoll an. »Ich hab noch nie Geld dafür genommen«, wehrte sie sich. »Wo ist denn der Kobler?«, fragte der Dritte ironisch. »Ach, der Kobler!«, schrie Anna und geriet plötzlich außer sich. »Der sitzt ja jetzt in Barcelona, während ich mit euch reden muss, er hätt mir leicht was geben können!« »Na endlich!«, rief ein Herr aus der Ecke und trat rasch vor. Er hatte einen Frack an. »Du hast jetzt endlich praktisch zu werden, Fräulein!«, sagte er. »Unten steht meine Limousine! Komm mit! Komm mit!«

118 | Ödön von Horváth **Der ewige Spießer**

Margin note:
melancholischer Kaffeehausmusiker Mensch, der seinen Lebensunterhalt damit verdient, in Lokalen für Unterhaltungsmusik zu sorgen (etwa als Barpianist), und den diese künstlerisch zweitklassige Tätigkeit offenbar ganz schwermütig macht

5

Der Radierer Achner hatte sein Atelier schräg vis-à-vis. Er war ein komplizierter Charakter und das, was man im bür-
5 gerlichen Sinne als ein Original bezeichnet.

Als er Anna die Tür öffnete, hatte er einen Pullover an und Segelschuhe. Die Sonne brannte durch die hohe Glasscheibe, und es roch nach englischen Zigaretten. Auf dem Herdchen lagen zwei verbogene Löffel, ein schmutziger Rasierapparat
10 und die Briefe Vincent van Goghs in Halbleinen. Im Bette lag ein Grammophon, und auf einer Kiste, die mysteriös be- malt war, thronte Buddha.

Das sei sein Hausaltar, meinte der Radierer. Sein Gott sei nämlich nicht gekreuzigt worden, sondern hätte nur ständig
15 seinen Nabel betrachtet, er persönlich sei nämlich Buddhist. Auch er persönlich würde regelmäßig meditieren, zur vorge- schriebenen Zeit die vorschriftsmäßigen Gebete und Gebär- den verrichten, und wenn er seiner Eingebung folgen dürfte, würde er die Madonna mit sechs Armen, hundertzwanzig
20 Zehen, achtzehn Brüsten und sechs Augen malen. Er per- sönlich verachte nämlich die Spießbürger, weil sie nichts für die wahre Kunst übrighätten.

Aber manchmal träumte er von seiner Mutter, einer rund- lichen Frau mit guten, großen Augen und fettigem Haar. Es
25 war alles so schön zu Haus gewesen, es ist gut gekocht und gern gegessen worden, und heute schien es ihm, als hätten auch seine Eltern an das Christkind geglaubt und an den Weihnachtsmann. Und manchmal musste er denken, ob er nicht auch lieber ein Spießbürger geworden wäre mit einem
30 Kind und einer rundlichen Frau.

Dieser Gedanke drohte ihn zu erschlagen, besonders, wenn er allein im Atelier saß. Dann sprach er laut mit sich selber, nur um nichts denken zu müssen. Oder er ließ das

schräg vis-à-vis (frz.) schräg gegenüber

was man im bür- gerlichen Sinne als ein Original bezeichnet → Seite 245

hatte er einen Pullover an und Segelschuhe → Seite 245

englischen Zigaretten → Seite 245

Auf dem Herd- chen lagen zwei verbogene Löffel → Seite 245

die Briefe Vin- cent van Goghs in Halbleinen → Seite 245

Madonna mit sechs Armen … und sechs Augen malen → Seite 245

Spießbürger Biedermän- ner mit ihren kleinbürgerlich- engstirnigen Anschauungen

Und manchmal musste er den- ken, ob er nicht auch lieber ein Spießbürger geworden wäre → Seite 245

rezitierte Rainer Maria Rilke
→ Seite 247

Grammophon singen, rezitierte Rainer Maria Rilke, und manchmal schrieb er sich sogar selbst Nachrichten auf den Zettel mit der Überschrift:

> Raum für Mitteilungen,
> falls nicht zu Hause.

5

Er hasste die Stille. 10

Etwas in seinem Wesen erinnerte an seinen verstorbenen Onkel Eugen Meinzinger. Der sammelte Spitzen, hatte lange schmale Ohren und saß oft stundenlang auf Kinderspielplätzen. Er starb bereits 1908 nach einem fürchterlichen Todeskampfe. Zehn Stunden lang röchelte er, redete wirres Zeug 15 und brüllte immer wieder los: »Lüge! Lüge! Ich kenn kein kleines Mizzilein, ich hab nie Bonbons bei mir, ich hab kein kleines Mizzilein in den Kanal gestoßen, Mizzilein ist von selbst ertrunken, allein! Allein! Ich hab ja nur an den Wädelchen getätschelt, den Kniekehlchen! Meine Herren, ich hab 20 nie Bonbons bei mir!« Und dann schlug er wild um sich und heulte: »Auf dem Diwan sitzt der Satan! Auf dem Diwan sitzt noch ein Satan!« Dann wimmerte er, eine Straßenbahn überfahre ihn mit Rädern wie Rasiermesser. Und seine letzten Worte lauteten: »Es ist strengstens verboten, mit dem 25 Wagenführer zu sprechen!« –

Spitzen wohl: kunstvolle Randverzierungen von Stoffen mit durchbrochenen Mustern

dem Diwan der Couch; *dem niedrigen Liegesofa*

der Satan der Teufel; der Versucher

»Es ist strengstens verboten, mit dem Wagenführer zu sprechen!« Anweisung, wie sie seinerzeit in Straßenbahnen (vgl. Z. 23 f.) in der Nähe des Fahrersitzes angebracht war

6

Und Anna betrachtete Buddhas Nabel und dachte, das wäre doch bloß ein Schmerbauch. Dann trat sie hinter die spa-
5 nische Wand. »Ziehen Sie sich nur ruhig aus, in Schweden badet alles ohne Trikot«, ermutigte sie der Buddhist, jedoch sie fand es höchst überflüssig, dass er sich verpflichtet fühl-te, ihr durch derartige Bemerkungen das Entkleiden zu er-leichtern, denn sie hatte schon seit vorigem Frühjahr nichts
10 dagegen, dass man sie ansah. Der Kastner hatte ihr mal ei-ne Broschüre über den Geist der Antike aufgenötigt, und da stand drinnen, dass das Schamgefühl nur eine schamlose Er-findung des Christentums wäre.

Der Buddhist ging auf und ab. »Wir alle opfern auf dem
15 Altare der Kunst«, meinte er so nebenbei, und das hatte zur Folge, dass sich Anna wieder mal über diese ganze Kunst är-gerte. Denn zum Beispiel: Wie gut haben es doch die Bilder in den Museen! Sie wohnen vornehm, frieren nicht, müssen weder essen noch arbeiten, hängen nur an der Wand und
20 werden bestaunt, als hätten sie Gott weiß was geleistet!

»Ich freu mich nur, dass Sie kein Berufsmodell sind!«, ver-nahm sie wieder des Buddhisten Stimme. »Ich hasse näm-lich das Schema, ich bin krassester Individualist, hinter mir steht keine Masse, auch ich gehöre zu jener ›unsichtbaren
25 Loge‹ wahrer Geister, die sich über ihre Zeit erhoben haben und über die gestern in den ›Neuesten‹ ein fabelhaftes Feuil-leton stand!« So verdammte er den Kollektivismus, während Anna sich auszog.

Aber am meisten ärgerte sie sich über die Glyptothek, in
30 der die Leute alte Steintrümmer anglotzen, so andächtig, als stünden sie vor der Auslage eines Delikatessengeschäftes.

Einmal war sie in der Glyptothek, denn es hat sehr gereg-net, und sie ging gerade über den Königsplatz. Drinnen führ-

Schmerbauch
»dicker, vorge-
wölbter Bauch
mit starkem
Fettansatz«
(Duden)

spanische Wand
→ Seite 247

Trikot
→ Seite 247

Broschüre über
den Geist der
Antike auf-
genötigt
→ Seite 247

»Wir alle opfern
auf dem Altare
der Kunst«
→ Seite 247

jener ›unsichtba-
ren Loge‹ wahrer
Geister, die sich
über ihre Zeit
erhoben haben
→ Seite 247

in den ›Neuesten‹
in den »Münch-
ner Neuesten
Nachrichten«,
einer 1848
gegründeten,
viel gelesenen
Tageszeitung

den Kollek-
tivismus
→ Seite 247

Glyptothek
→ Seite 247

Delikatessen-
geschäftes
Feinkostladens

Die Göttin der Liebe hatte weder Arme noch Beine. Auch der Kopf fehlte → Seite 248

Sendlinger-Tor-Platz → Seite 248

Bahnsteigkarte Damals waren die Bahnsteige neben den Gleisen nicht frei zugänglich. Man musste eine Bahnsteigkarte lösen, wenn man Abreisende bis unmittelbar zum Zug begleiten oder Ankommende bereits auf dem Bahnsteig begrüßen wollte.

war immer Idealist sehnte mich immer nach höherer Sinngebung, trachtete nie bloß nach materiellem Wohlstand

te einer mit einer Dienstmütze eine Gruppe von Saal zu Saal, und vor einer Figur sagte er, das sei die Göttin der Liebe. Die Göttin der Liebe hatte weder Arme noch Beine. Auch der Kopf fehlte, und sie musste direkt lächeln, und einer aus der Gruppe lächelte auch und löste sich von der Gruppe und näherte sich ihr. Er sagte, die Kunst der alten Griechen sei unnachahmbar, und er fragte sie, ob sie mit ihm am Nachmittag ins Kino gehen wolle, und sie trafen sich dann auf dem Sendlinger-Tor-Platz. Er kaufte zwei Logenplätze, aber da es ein nasser und kalter Sonntag war, war keine Loge ganz leer, und das verstimmte ihn, und er sagte, hätte er das geahnt, hätte er zweites Parkett gekauft, nämlich er sei sehr kurzsichtig. Und er wurde ganz melancholisch und meinte, wer weiß, wann sie sich wiedersehen würden, er sei nämlich aus Augsburg und müsse gleich nach der Vorstellung wieder nach Augsburg fahren, und eigentlich liebe er das Kino gar nicht, und die Logenplätze wären verrückt teuer. Hernach begleitete ihn Anna an die Bahn, er besorgte ihr noch eine Bahnsteigkarte und weinte fast, als sie sich trennten, und sagte: »Fräulein, ich bin verflucht. Ich hab mit zwanzig Jahren geheiratet, jetzt bin ich vierzig, meine drei Söhne zwanzig, neunzehn und achtzehn und meine Frau sechsundfünfzig. Ich war immer Idealist. Fräulein, Sie werden noch an mich denken. Ich bin Kaufmann. Ich hab Talent zum Bildhauer.«

7

Aber das Schicksal wollte es nicht haben, dass sie heute Modell steht, es hatte etwas anderes mit ihr vor. Nämlich uner-
5 wartet bekam der Buddhist Besuch, und der gehörte zu jenen besseren Kreisen, auf die sie der Kastner mit den Worten aufmerksam gemacht hatte: »Ich verlange zwar keineswegs, dass du dich prostituierst!«

Sie war erst halb ausgezogen hinter der spanischen Wand,
10 als ein junger Herr elastisch das Atelier betrat. Er hieß Harry Priegler und war ein durchtrainierter Sportsmann.

Als einziger Sohn eines reichen Schweinemetzgers und dank der Affenliebe seiner Mutter, einer klassenbewussten Beamtentochter, die es sich selbst bei der silbernen Hochzeit
15 noch nicht völlig verziehen hatte, einen Schweinemetzger geheiratet zu haben, konnte er seine gesunden Muskeln, Nerven und Eingeweide derart rücksichtslos pflegen, dass er bereits mit sechzehn Jahren als eine Hoffnung des deutschen Eishockeysportes galt. Und er enttäuschte die Hoffenden
20 nicht. Allgemein beliebt, wurde er gar bald der berühmteste linke Stürmer und seine wuchtigen Schüsse auf das Tor, besonders die elegant und unhaltbar platzierten Fernschüsse aus dem Hinterhalt, errangen internationale Bedeutung. Und was er auch immer vertrat, immer kämpfte er überaus fair.
25 Nie kam es vor, dass er sich ein »Foul« zuschulden kommen ließ, denn infolge seiner raffinierten Technik und seiner überragenden Geschwindigkeit hatte er dies nicht nötig.

Für Kunst hatte er kaum was übrig. Zwar ließ er sich sein Lexikon prunkvoll einbinden, denn das sei schöner als die
30 schönste Tapete oder Waffen an der Wand. Auch las er gern Titel und Kapitelüberschriften, aber am liebsten vertiefte er sich in Zitate auf Abreißkalendern. Trotzdem fand ihn der Buddhist nicht unsympathisch, denn unter anderem ließ er

Harry Priegler
→ Seite 248

Schweinemetzgers auch »Schweinestecher«: »jemand, der [auf den Bauernhöfen einer bestimmten Region] Schweine schlachtet« (Duden)

Affenliebe übertriebenen, blinden Liebe

klassenbewussten auf ihre Herkunft (auf die gesellschaftliche Schicht, der sie sich zugehörig fühlt) stolzen

bei der silbernen Hochzeit nach 25 Jahren Ehe

sein Lexikon prunkvoll einbinden
→ Seite 249

ihn oft in seinem Auto fahren, und das war ein rassiger Sportwagen. –

Jetzt unterhielten sich die beiden Herren sehr leise. Nämlich dem Buddhisten wäre es peinlich gewesen, wenn Anna erfahren hätte, dass er dem Harry vierzig Reichsmark schuldet, da er etwas auf sich hielt. »Sicher fährt sie mit!«, meinte er und betonte dies »sicher« so überzeugt, dass es Anna hören musste, obwohl sie nicht horchte.

Nun wurde sie aber neugierig, denn sie liebte das Wort »vielleicht«. Scheinbar interessiert blätterte sie in den Briefen van Goghs und hörte, wie Harry von zwei Herren sprach, die ihm anlässlich seines grandiosen Spieles in der Schweiz persönlich gratulieren wollten. Als sie ihm aber ihre Aufwartung machten, da stahlen sie ihm aus seiner Briefmarkensammlung den »schwarzen Einser« und den »sächsischen Dreier«. Einer dieser Herren habe sich hernach an eine lebensfreudige Baronin attachiert, doch der Baron sei unerwartet nach Hause gekommen und habe nur gesagt: »Pardon!« Und dann habe er sich in der gleichen Nacht auf dem Grabe seiner Mutter erschossen. Und Harry meinte, er verstünde es nicht, wie man sich aus Liebe erschießen könnte. Und auch Anna schien dies schleierhaft. Sie dachte, was wäre das doch für eine Überspanntheit, wenn sie sich jetzt auf dem Grabe ihrer Mutter erschießen würde. Zwar hätte sie mal mit diesem Gedanken gespielt, zur Zeit ihrer einzigen großen Liebe, seinerzeit, da sie mit dem Brunner ging – aber heute kommt ihr das direkt komisch vor. Aus Liebe tun sich ja heut nur noch die Kinder was an!

Erst heute begreift sie ihren Brunner, der da sagte, dass wenn zwei sich gefallen, so kommen die zwei halt zusammen, aber das Geschwätz von der Seele in der Liebe, das sei bloß eine Erfindung jener Herrschaften, die wo nichts zu tun hätten, als ihren nackten Nabel zu betrachten. Und in diesem

etwas auf sich hielt Wert darauf legte, in einem günstigen Licht zu erscheinen und als Mann von Ehre zu gelten

ihre Aufwartung machten einen Höflichkeitsbesuch abstatteten (um den Besuchten ihrer besonderen Hochschätzung zu versichern)

Briefmarkensammlung → Seite 249

den »schwarzen Einser« und den »sächsischen Dreier« → Seite 250

lebensfreudige Baronin attachiert → Seite 250

Überspanntheit hysterische Überreaktion

Aus Liebe tun sich ja heut nur noch die Kinder was an! → Seite 250

Sinne wäre es auch lediglich bloß eine Gefühlsroheit, wenn irgendeine Anna außer seiner Liebe auch noch seine Seele verlangen täte, denn so eine tiefere Liebe endete bekanntlich immer mit Schmerzen, und warum sollte er sich sein Leben
5 noch mehr verschmerzen. Er wolle ja keine Familie gründen, dann allerdings müsste er schon ein besonderes Gefühl aufbringen, denn immer mit demselben Menschen zusammen zu leben, da gehörte schon was Besonderes dazu. Aber er wolle ja gar keine Kinder, es liefen schon eh zu viel herum,
10 wo wir doch unsere Kolonien verloren hätten. –

Als Anna Harry vorgestellt wurde, sagte er: »Angenehm!« Und zum Buddhisten: »Verzeih, wenn ich wieder mal störe!« »Oh, bitte!«, unterbrach ihn dieser höflich. »Für heut sind wir so weit! Ziehen Sie sich nur wieder an, Fräulein!«
15 Anna fürchtete bereits, von Harry nicht aufgefordert zu werden, und so sagte sie fast zu früh »ja« und überraschte sich dabei, dass ihr seine Krawatte gefiel. Harry hatte sie nämlich gefragt: »Fräulein, Sie wollen doch mit mir kommen – nur an den Starnberger See – «
20 Unten stand sein Sportwagen, und der war wirklich wunderbar. Und dann ging's dahin …

8

Nach einer knappen Stunde kam der Herr Kastner ins Atelier, wie er es gestern ausgemacht hatte – aber da der Buddhist dem Harry Priegler unter anderm vierzig Reichsmark schul-
30 dete, hätte er also unverzeihlich töricht gehandelt, wenn er seinem Gläubiger betreffs irgendeiner Anna nicht entgegengekommen wäre, nur um irgendeinem Kastner sein Versprechen halten zu können.

übersah
überblickte,
begriff ... in
ihrer ganzen
Tragweite

Alles sah er ein
Er verstand alles

beileibe durch-
aus, wahrlich

Prunelle
(siehe Seite 116,
Zeile 20)

stierte
blickte un-
verwandt mit
stumpfsinni-
gem Ausdruck

Dialektik
(siehe Sei-
te 243 Mitte)

Der Kastner war ein korrekter Kaufmann und übersah auch sofort die Situation. Alles sah er ein und meinte nur: »Du hast wieder mal dein Ehrenwort gebrochen.« Aber dies sollte nur eine Feststellung sein, beileibe kein Vorwurf, denn der Kastner konnte großzügig werden, besonders an man- 5 chen Tagen.

An solchen Tagen wachte er meistens mit einem eigen- tümlichen Gefühl hinter der Stirne auf. Es tat nicht weh, ja es war gar nicht so hässlich, es war eigentlich nichts.

Das einzig Unangenehme dabei war ein gewisser Luftzug, 10 als stünde ein Ventilator über ihm. Das waren die Flügel der Verblödung. –

»Ich hab extra einen Prunelle mitgebracht«, sagte er und lächelte resigniert. »Es wär sehr leicht gegangen mit deinem Grammophon, sie war ja ganz gerührt, dass ich ihr das hier 15 beschafft hab, und sie hat eine feine Haut« – so saß er da und stierte auf einen Fettfleck an der spanischen Wand.

Dieser Fettfleck erinnerte ihn an einen anderen Fettfleck. Dieser andere Fettfleck ging eines Tages in der Schelling- straße spazieren und begegnete einem dritten Fettfleck, den 20 er lange, lange Zeit nicht gesehen hatte, sodass diese einst so innig befreundeten Fettflecke fremd aneinander vorbeige- gangen wären, wenn nicht plötzlich ein vierter Fettfleck er- schienen wäre, der ein außerordentliches Personengedächt- nis besaß. »Hallo!«, rief der vierte Fettfleck. »Ihr kennt euch 25 doch, wir wollen jetzt einen Prunelle trinken, aber nicht hier, hier zieht es nämlich, als stünde ein Ventilator über uns!«

Heut sprach der Kastner nicht gewählt, und auch auf seine Dialektik war er nicht stolz. »Heut hab ich direkt wieder ge- hinkt«, murmelte er vor sich hin, und die Sonne sank immer 30 tiefer.

Es war sehr still im Atelier, und plötzlich meinte der Bud- dhist:

»Die Einsamkeit ist wie ein Regen,
sie steigt vom Meer den Abenden entgegen,
von Ebenen, die fern sind und entlegen,
geht sie zum Himmel, der sie immer hat,
und erst vom Himmel fällt sie auf die Stadt.
Regnet hernieder in den Zwitterstunden,
wenn sich nach Morgen wenden alle Gassen
und wenn die Leiber, welche nichts gefunden,
enttäuscht und traurig voneinander lassen
und wenn die Menschen, die einander hassen,
in einem Bett zusammen schlafen müssen:
Dann geht die Einsamkeit mit den Flüssen – «

»Das sind bulgarische Zigaretten«, antwortete der Kastner
und sah seinen Fettfleck vertraulich an. »Bulgarien ist ein
fruchtbares Land, ein Königreich. Das hier ist nicht der echte
Tabak, denn die Steuern sind zu hoch, wir haben eben den
Feldzug verloren. Es war umsonst. Wir haben umsonst verloren« – So trank er seinen Prunelle, und es dauerte nicht
lange, da war er einverstanden. Eine fast fromme Ergeben-
heit erfüllte seine Seele, und es fiel ihm gar nicht auf, dass er
zufrieden war. Er kam sich vor wie ein gutes Gespenst, das
sich über seine eigene Harmlosigkeit noch niemals geärgert
hatte.

Selbst da der Prunelle alle wurde, war er sich nicht bös.

*Die Einsamkeit
ist wie ein Regen*
→ Seite 250

Zwitterstunden
Stunden zwi-
schen Nacht
und Tag, zwi-
schen nächt-
licher Dunkel-
heit und erstem
morgendlichen
Licht

nach Morgen
nach Osten
(dem Tages-
licht entgegen)

*Bulgarien …
ein Königreich*
→ Seite 250

da als

9

Als der Kastner den Fettfleck begrüßte, erblickte Anna den Starnberger See.

Die Stadt mit ihren grauen Häusern war verschwunden, als hätte sie nie in ihr gewohnt, und Villen tauchten auf, rechts und links und überall, mit Rosen und großen Hunden.

Der Nachmittag war wunderbar, und Anna fuhr durch eine aufregend fremde Welt, denn es ist ein großer Unterschied zwischen einem Soziussitz und einem wunderbaren Sportwagen. Sie hatte die Füße hübsch artig nebeneinander und den Kopf etwas nach hinten gezogen, denn auch der Wind war wunderbar, und sie schien kleiner geworden vor so viel Wunderbarem.

Harry war ein blendender Herrenfahrer.

Er überholte einfach alles und nahm die Kurven, wie sie kamen. Ausnahmsweise sprach er nicht über das Eishockey, sondern beleuchtete Verkehrsprobleme. So erklärte er ihr, dass für jedes Kraftfahrzeugunglück sicher irgendein Fußgänger die Schuld trägt, und darum dürfe man es einem Herrenfahrer nicht verübeln, wenn er, falls er solch einen Fußgänger überfahren hätte, einfach abblenden täte. In diesem Sinne habe er einen Freund in Berlin, und dieser Freund hätte mal mit seinem fabelhaften Wagen eine Fußgängerin überfahren, weil sie beim verbotenen Licht über die Straße gelaufen wäre. Aber trotz dieses verbotenen Lichtes sei eine Untersuchung eingeleitet worden, ja sogar zum Prozess sei es gekommen, wahrscheinlich weil jene Fußgängerin Landgerichtsratswitwe gewesen sei, jedoch dem Staatsanwalt wäre es vorbeigelungen, seinen Freund zur Zahlung einer Entschädigung zu verurteilen. »Es käme mir ja auf ein paar tausend Märker nicht an«, hätte der Freund gesagt, »aber ich will die Dinge prinzipiell geklärt wissen.« Sie hätten ihn

Soziussitz Beifahrersitz

Herrenfahrer eine mittlerweile veraltete Bezeichnung für einen »Fahrer eines größeren Autos, der so fährt, als ob ihm allein die Straße gehörte« (Duden)

abblenden täte die Scheinwerfer ausschalten würde

beim verbotenen Licht bei rot

Landgerichtsratswitwe Witwe eines Juristen, der als Richter auf Zeit an einem Landgericht tätig war

vorbeigelungen (siehe Seite 204)

Märker Plural von Mark

freisprechen müssen, obwohl der Vorsitzende ihn noch gefragt hätte, ob ihm denn diese Fußgängerin nicht leidtäte,
trotz des verbotenen Lichtes. »Nein«, hätte er gesagt, »prinzipiell nicht!« Er sei eben auf seinem Recht bestanden.

Jedes Mal, wenn Harry einen Benzinmotor mit dem Staatsmotor zusammenstoßen sah, durchglühte ihn revolutionäre
Erbitterung. Dann hasste er diesen Staat, der die Fußgänger
vor jedem Kotflügel mütterlich beschützt und die Kraftfah-
rer zu Staatsbürgern zweiter Klasse degradiert.

Überhaupt der deutsche Staat, meinte er, sollte sich lieber
kümmern, dass mehr gearbeitet würde, damit wir endlich
wieder mal hochkommen könnten! Fußgänger würden so
und so überfahren, und nun erst recht! Da hätten unsere ehemaligen Feinde schon sehr recht, wenn sie in diesen Punkten
Deutschland verleumdeten! Er könne ihre Verleumdungen
nur unterschreiben, denn die wären schon sehr wahr, obwohl er durchaus vaterländisch gesinnt sei. Er kenne genau
die Ansichten des Auslandes, da er mit seinem Auto jedes
Frühjahr, jeden Sommer und jeden Herbst zwecks Erholung
von der anstrengenden Eishockeysaison ein Stückchen Welt
durchfahre.

Jetzt fuhren sie durch Possenhofen.

Hier wurde eine Kaiserin von Österreich geboren, und
drüben am anderen Ufer ertrank ein König von Bayern im
See. Die beiden Majestäten waren miteinander verwandt,
und als junge Menschen trafen sie sich romantisch und unglücklich auf der Roseninsel zwischen Possenhofen und
Schloss Berg.

Es war eine vornehme Gegend.

»Essen tun wir in Feldafing«, entschied Harry. »In Feldafing ist ein annehmbares Publikum, seit der Golfplatz draußen ist. In der Stadt kann man ja kaum mehr essen, überall
sitzt so ein Bowel.« Und dann erwähnte er auch noch, früher

der Vorsitzende
der Vorsitzende
Richter

sei … bestan-
den habe …

mit dem
Staatsmotor
mit der Staats-
maschinerie

degradiert
herabwürdigt

so und so
so oder so,
unweigerlich

Possenhofen
→ Seite 251

am anderen
Ufer ertrank
ein König von
Bayern im See
→ Seite 251

Die beiden Ma-
jestäten waren
miteinander
verwandt
→ Seite 251

romantisch und
unglücklich auf
der Roseninsel
→ Seite 251

Feldafing
→ Seite 252

ein annehm-
bares Publikum
→ Seite 253

Golfplatz
→ Seite 253

Bowel
→ Seite 253

Tutzing
→ Seite 253

sei er öfters nach Tutzing gefahren, das liege nur sechs Kilometer südlicher; aber jetzt könne kein anständiger Mensch mehr hin, nämlich dort stünde jetzt eine Fabrik, und überall treffe man Arbeiter.

10

Kufstein dicht
an der Grenze
zu Bayern
gelegene ös-
terreichische
Stadt im Tiroler
Unterland

In Feldafing sitzt man wunderbar am See.

Besonders an solch einem milden Herbstabend. Dann ist der See still, und du siehst die Alpen von Kufstein bis zur Zugspitze und kannst es oft kaum unterscheiden, ob das noch Felsen sind oder schon Wolken. Nur die Benediktenwand beherrscht deutlich den Horizont und wirkt beruhigend.

*Benedikten-
wand*
1800 Meter
hoher lang-
gestreckter
Gebirgszug in
den Bayeri-
schen Vor-
alpen, der
seinen Namen
dem nahe
gelegenen
Kloster Bene-
diktbeuern
verdankt

Im Seerestaurant zu Feldafing saßen lauter vornehme Menschen. Die Herren sahen Harry ähnlich, obwohl sich jeder die größte Mühe gab, anders auszusehen, und die Damen waren durchaus gepflegt, wirkten daher sehr neu, bewegten sich fein und sprachen dummes Zeug. Wenn eine aufs Klosett musste, schien sie verstimmt zu sein, während ihr jeweiliger Herr aufatmend rasch mal heimlich in der Nase bohrte oder sonst irgendwas Unartiges tat.

*Als wären sie
schon derart
vergeistigt*
Als lebten sie
allein von geis-
tiger Nahrung
(Ideen, Gedan-
ken) oder als
wären sie so as-
ketisch (gänzlich
bedürfnislos)
wie ein Eremit

Die Speisekarte war lang und breit, aber Anna konnte sie nicht entziffern, obwohl die Speisen keine französischen Namen hatten, jedoch eben ungewöhnlich vornehme. »Königinsuppe?«, hörte sie des Kellners Stimme, und ihr Magen knurrte. Der Kellner hörte ihn knurren und betrachtete voll Verachtung ihren billigen Hut, nämlich das Knurren kränkte ihn, da er einen schlechten Charakter hatte. Denn die wirklich vornehmen Leute essen bekanntlich, als hätten sie es nicht nötig zu essen. Als wären sie schon derart vergeistigt, und sind doch nur satt.

Harry bestellte zwei Wiener Schnitzel mit Gurkensalat, ließ aber hernach das seine stehen, weil es ihm zu dick war, verlangte russische Eier und sagte: »Wissen Sie Fräulein, dass ich etwas nicht ganz versteh: Wieso kommt es nur, dass ich bei Frauen so viel Glück hab? Ich hab nämlich sehr viel Glück. Können Sie sich's vorstellen, wie viel Frauen ich haben kann? Ich kann jede Frau haben, aber das ist halt nicht das Richtige.«

Er blickte verträumt nach der Benediktenwand und dachte: Das Beste ist, ich wart, bis es finster ist, dann fahr ich zurück und bieg in einen Seitenweg – und wenn sie nicht will, dann fliegt sie halt raus.

»Es ist halt nicht das Richtige«, fuhr er laut fort. »Die Frauen sagen zwar, ich könnt hypnotisieren. Aber ob ich die Liebe find? Ob es überhaupt eine Liebe gibt? Verstehen Sie mich, was ich unter ›Liebe‹ versteh?« Es war noch immer nicht finster geworden, es dämmerte nur, und also musste er noch ein Viertelstündchen Konversation treiben. »Zum Beispiel jene Dame dort am dritten Tisch links«, erzählte er, »die hab ich auch schon mal gehabt. Sie heißt Frau Schneider und wohnt in der Mauerkircherstraße acht. Der, mit dem sie dort sitzt, ist ihr ständiger Freund, ihr Mann ist nämlich viel in Berlin, weil er dort eine Freundin hat, der er eine Siebenzimmerwohnung eingerichtet hat. Aber als er die Wohnung auf ihren Namen überschrieben hat, entdeckte er erst, dass sie verheiratet ist und dass ihr Mann sein Geschäftsfreund ist. Diese Freundin hab ich auch schon mal gehabt, weil ich im Berliner Sportpalast Eishockey gespielt hab. Sie heißt Lotte Böhmer und wohnt in der Meineckestraße vierzehn. Und dort rechts die Dame mit dem Barsoi, das ist die Schwester einer Frau, deren Mutter sich in mich verliebt hat. Eine fürchterliche Kuh ist die Alte, sie heißt Weber und wohnt in der Franz-Josef-Straße, die Nummer hab ich ver-

russische Eier
Vorspeise aus hartgekochten, halbierten und (beispielsweise mit Remoulade und Kaviar) gefüllten Eiern

Konversation treiben plaudern, ohne ernsthaftere Themen zu berühren

wohnt in der Mauerkircherstraße acht
→ Seite 253

ständiger Freund fester Liebhaber

Berliner Sportpalast
→ Seite 254

Meineckestraße
→ Seite 254

Barsoi russischen Windhund

Franz-Josef-Straße 1894 nach dem österreichischen Kaiser benannte Straße in München-Schwabing

Fürstenstraße
Straße in der
Münchner
Maxvorstadt,
die einst die
Schlösser Nym-
phenburg und
Schleißheim
miteinander
verband (daher
der 1820 verlie-
hene Name)

Artillerie-
hauptmann
(frz.) mittlerer
Offiziersrang in
einer militäri-
schen Einheit,
die die schwe-
ren Geschütze
bedient

auseinander-
gesetzt in allen
Einzelheiten
erläutert

Albert von
Reisinger
→ Seite 254

Amalienstraße
1812 nach Ama-
lie Auguste Prin-
zessin von Bay-
ern (1801–1877,
ab 1854 Königin
von Sachsen)
benannte Straße
in der Münchner
Maxvorstadt

gessen. Die hat immer zu mir gesagt: ›Harry, Sie sind kein Frauenkenner, Sie sind halt noch zu jung, sonst würden Sie sich ganz anders benehmen, Sie stoßen mich ja direkt von sich, ich hab schon mit meinem Mann so viel durchzuma- chen gehabt, Sie sind eben kein Psychologe.‹ Aber ich bin ein Psychologe, weil ich sie ja gerade von mir stoßen wollte. Und hinter Ihnen – schauen Sie sich nicht um! – sitzt eine große Blondine, eine auffallende Erscheinung, die hab ich auch mal von mir gestoßen, weil sie mich im Training gehindert hat. Sie heißt Else Hartmann und wohnt in der Fürstenstra- ße zwölf. Ihr Mann ist ein ehemaliger Artilleriehauptmann. Mit einem anderen ehemaligen Artilleriehauptmann bin ich sehr befreundet, und der ist mal zu mir gekommen und hat gesagt: ›Hand aufs Herz, lieber Harry! Ist es wahr, dass du mich mit meiner Frau betrügst?‹ Ich hab gesagt: ›Hand aufs Herz! Es ist wahr!‹ Ich hab schon gedacht, er will sich mit mir duellieren, aber er hat nur gesagt: ›Ich danke dir, lieber Harry!‹ Und dann hat er mir auseinandergesetzt, dass ich ja nichts dafürkönnt, denn er wüsst es genau, dass der Mann nur der scheinbar aktive, aber eigentlich passive, während die Frau der scheinbar passive, aber eigentlich aktive Teil wäre. Das war schon immer so, hat er gesagt, zu allen Zeiten und bei allen Völkern. Er ist ein großer Psychologe und schreibt jetzt einen Roman, denn er kann auch schriftstelle- risch was. Er heißt Albert von Reisinger und wohnt in der Amalienstraße bei der Gabelsbergerstraße.«

»Zahlen!«, rief Harry, denn nun wurd es Nacht.

11

Im Forstenrieder Park bog Harry in einen Seitenweg, hielt scharf und starrte regungslos vor sich hin, als suchte er einen großen Gedanken, den er verloren hatte.

Anna wusste, was nun kommen würde, trotzdem fragte sie, ob etwas los wäre. Aber er schwieg sich noch eine Weile aus. Dann sah er sie langsam an und sagte, sie hätte schöne Beine. Er war jedoch gar nicht erregt, und jetzt musste er sich schneuzen. Das benutzte sie, um ihm zu sagen, dass sie spätestens um neun in der Schellingstraße sein müsse, worauf er sie fragte, ob sie denn nicht fühle, dass er sie haben wolle. »Nein«, sagte sie, »fühlen tu ich das nicht.« »Ist das aber traurig!«, meinte er und lächelte scharmant.

Die Septembernacht war stimmungsvoll, und Harry fühlte sich direkt verpflichtet, Anna zu besitzen, denn sonst hätte er sich übervorteilt gefühlt, da sie nun mal in seinem Sportwagen saß und weil er ihr Wiener Schnitzel mit Gurkensalat bestellt hatte, obwohl er es ja bereits in Feldafing bemerkt hatte, dass sie ihn niemals besonders aufregen könnte. So kam alles, wie es kommen sollte, und Anna sah sich ängstlich um. Ob sie denn etwas gehört hätte, fragte er. »Ja«, sagte sie, »es war nichts.« Also näherte er sich ihr, und zwar in einer handgreiflichen Weise. Aber so rasch sollte er nicht an sein Ziel gelangen, denn nun hörte Anna wieder jenen Herrn im Frack – »Bitte, sei doch endlich praktisch!«, bat sie der Herr und streichelte sie wie ein großer Bruder. »So geht das nicht!«, sagte sie plötzlich, und ihre Stimme erschien ihr seltsam verändert, als gehörte sie einer neuen Anna.

»Sondern?«, fragte Harry.

»Zehn«, sagte die neue Anna, und jetzt wurd es grausam still – –

Forstenrieder Park südwestlich von München gelegenes Waldgebiet

scharmant (siehe Seite 78 unten: Scharm)

Anna zu besitzen mit Anna Geschlechtsverkehr zu haben

übervorteilt betrogen (um ›sein gutes Recht‹ gebracht)

»Fünf«, meinte Harry plötzlich und erhob sich energisch:
»Dort drüben ist eine Bank!« Sie gingen zur Bank. Auf der
Banklehne stand: Nur für Erwachsene.

da als   Das war auf einer Lichtung, da sie zum ersten Mal Geld
dafür nahm. Droben standen die Sterne, und ringsum lag tief 5
und schwarz der Wald. Sie nahm das Geld, als hätte sie nie
darüber nachgedacht, dass man das nicht darf. Sie hatte
wohl darüber nachgedacht, aber durch das Nachdenken
wird die Ungerechtigkeit nicht anders, das Nachdenken tut
nur weh. Es war ein Fünfmarkstück, und nun hatte sie keine 10
Gefühle dabei, als wär sie schon tot.

Dritter Teil

Herr Reithofer wird selbstlos

»Und die Liebe höret nimmer auf.«

»Und die Liebe höret nimmer auf.«
→ Seite 255

1

Wochen waren vergangen seit dieser Nacht, und nun war's Anfang November. Die Landeswetterwarte konstatierte, dass das Hoch über Irland einem Tief über dem Golf von Biskaya weiche. Drüben in Amerika soll bereits Schnee gefallen sein und auch der Golfstrom sei nicht mehr so ganz in Ordnung, hörte man in München.

Aber hier war der Herbst noch mild und fein, und so sollte er offiziell auch noch einige Tage bleiben. Seit vorgestern wohnte Anna nicht mehr bei ihrer Tante in der Schellingstraße, sondern in der Nähe des Goetheplatzes, und das kam so:

Am Montag erschien ein Kriminaler bei der Tante, der einst mit ihr in die Schule gegangen war, und teilte ihr vertraulich mit, dass ihre Nichte schon öfter beobachtet worden sei, wie sie sich außer jedem Zweifel dafür bezahlen ließe. Der Kriminaler erwähnte das nur so nebenbei aus Freundschaft, denn eigentlich war er ja zur Tante gekommen, um den Herrn Kastner zu verhaften wegen gewerbsmäßiger Verbreitung unzüchtiger Schriften und eines fahrlässigen Falscheids – aber der Kastner saß gerade im Café, und so hatte der Kriminaler Gelegenheit, seine alte Schulfreundin darauf aufmerksam zu machen, dass in der Polizeidirektion

Goetheplatz zwischen der Theresienwiese und dem Sendlinger-Tor-Platz gelegener Platz in der Münchner Ludwigsvorstadt

Kriminaler umgangssprachlich für: Polizist

eines fahrlässigen Falscheids einer vor Gericht unter Eid in leichtfertiger Weise geleisteten Falschaussage *ein Akt* eine Akte, ein Dossier, ein Untersuchungsbericht

streunendes Frauenzimmer weibliche Person ohne festen Wohnsitz

es könnte sie der Schlag treffen sie könne einen Schlaganfall erleiden

peinlich überaus, äußerst

an der Tante ihrer katholischen Weltanschauung an den katholischen Überzeugungen der Tante

ostentativ bewusst herausfordernd, demonstrativ

Wache Polizeiwache, Polizeistation

hatte einen lauten Auftritt → Seite 256

Augustenstraße → Seite 256

Waffenstudent → Seite 256

Couleur → Seite 256

bereits ein Akt vorhanden wäre, in dem eine gewisse Anna Pollinger als verdächtiges streunendes Frauenzimmer geführt werde. Die Tante geriet ganz außer sich, und der Kriminaler bekam direkt Angst, es könnte sie der Schlag treffen, und drum suchte er sie zu beschwichtigen. Man könne auch die Freudenmädchen nicht so ohne Weiteres verdammen, sagte er, so habe er eine Bekannte gehabt, bei der hätten nur so leichtfertige Dinger gewohnt, doch die wären peinlich pünktlich mit der Miete gewesen und hätten die Möbel schon sehr geschont, sauber und akkurat. Sie hätten sich ihre Zimmer direkt mit Liebe eingerichtet und nie ein unfeines Wort gebraucht. Aber diese Argumente prallten an der Tante ihrer katholischen Weltanschauung ab. Sie war fürchterlich verzweifelt, warf Anna aus ihrem Heim und brach jede verwandtschaftliche Beziehung zu ihr ab. –

Auch den Herrn Kobler hatte Anna nie wieder gesprochen. Nur einmal sah sie ihn drüben an der Ecke stehen, und zwar mit dem Grafen Blanquez. Sie wollte hinüber, aber der Kobler wandte ihr derart ostentativ den Rücken, dass sie aufhörte, nach ihm zu fragen. »Ich kann sie nicht mehr sehen«, sagte er zu seinem Grafen, »ich bin halt diesen Verhältnissen hier schon etwas entwachsen und will nicht mehr runter von meinem Niveau.« »Da hast du schon sehr recht«, nickte der Graf, »denn sie ist leider total verkommen.« »Seit wann denn?«, erkundigte sich Kobler. »Schon lang«, meinte der Graf. »Neulich erzählte mir unser Freund Harry, dass sie fünf Mark dafür verlangt hat.« »Nicht möglich!«, rief Kobler. »Das sind halt diese fürchterlichen Zeiten, Europa muss sich halt einigen, oder wir gehen noch alle zugrund!« –

An diesem Abend wäre Anna fast auf der Wache gelandet, denn sie hatte einen lauten Auftritt in der Augustenstraße. Ein Waffenstudent spuckte ihr ins Gesicht, weil sie ihn ansprach, trotzdem er Couleur trug. Noch lange hernach wimmerte sie vor Wut und Hass und legte einen heiligen Eid ab, sich nie wieder mit einem Herrn einzulassen, aber sie konnte diesen Schwur nicht halten, denn die Natur verlangte ihr Recht. Sie hatte nämlich nichts zu essen. –

5 Die Natur ist eine grausame Herrin und gab ihr keinen Pardon. Und so fing sie bereits an, nur an das Böse in der Welt zu glauben, aber nun sollte sie ein Beispiel für das Vorhandensein des Gegenteils erleben, zwar nur ein kleines Beispiel, aber doch ein Zeichen für die Möglichkeit mensch-
10 licher Kultur und Zivilisation.

2

15

Als Anna ihren Herrn Reithofer kennenlernte, dämmerte es bereits. Das war in der Nähe der Thalkirchener Straße vor dem Städtischen Arbeitsamt. Auch der Herr Reithofer war nämlich arbeitslos, und er knüpfte daran an, als er sie an-
20 sprach – man konnte es ihr ja noch nicht ansehen, durch was sie ihren Unterhalt bestritt, denn da sie es erst seit Kurzem tat, war sie äußerlich noch die alte Anna. Aber drinnen saß die neue Anna und fraß sich langsam an das Licht.

Der Herr Reithofer sagte, er sei nun schon ewig lange oh-
25 ne Arbeit und eigentlich kein Bayer, sondern ein geborener Österreicher, und sie sagte, sie sei nun auch schon zwei Monate arbeitslos und eigentlich keine Münchnerin, sondern eine geborene Oberpfälzerin. Er sagte, er kenne die Oberpfalz nicht, und sie sagte, sie kenne Österreich nicht, worauf
30 er meinte, Wien sei eine sehr angenehme Stadt, und sie sehe eigentlich wie eine Wienerin aus. Sie lachte gewollt, und er lächelte, er freue sich nun sehr, dass er sie kennengelernt habe, sonst hätte er noch das Reden verlernt. Aber sie fiel ihm

Thalkirchener Straße vor dem Städtischen Arbeitsamt Thalkirchen ist ein Stadtteil im Süden Münchens. Das Arbeitsamt hatte die Adresse Thalkirchener Straße 54.

Oberpfalz Region im Nordosten von Bayern mit Regensburg als Verwaltungssitz.

Reichswehrkompagnie
→ Seite 256

ins Wort, man könne doch nicht das Reden verlernen. Nun zog eine Reichswehrkompagnie an ihnen vorbei, und zwar mit Musik.

Als der Herr Reithofer die Reichswehr sah, meinte er, oft nütze im Leben der beste Wille nichts. Überhaupt gäbe es viele Gewalten, die leider stärker wären als der Mensch, aber so dürfte man nicht denken, denn dann müsste man sich halt aufhängen. Er solle doch nicht so traurig daherreden, unterbrach sie ihn wieder, er solle lieber in den Himmel schauen, denn dort droben flöge gerade ein feiner Doppeldecker. Jedoch er sah kaum hin, nämlich das wisse er schon, und die Welt werde immer enger, denn bald würde man von dort droben in zwei Stunden nach Australien fliegen können, freilich nur die Finanzmagnaten mit ihren Sekretären und Geheimsekretärinnen. So sei das sehr komisch, das von dem Herrn von Löwenstein, der zwischen England und Frankreich in der Luft auf das Klosett hätte gehen wollen, aber derweil in den Himmel gekommen sei. Überhaupt entwickle sich die Technik kolossal, erst neulich habe ein Amerikaner den künstlichen Menschen erfunden, das sei wirklich großartig, dass der menschliche Geist solche Höhen erklimme, und sie werde es ja auch noch erleben, dass, wenn das so weitergehe, alle echten Menschen zugrund gehen würden. Daran wären zwar nicht die Menschen schuld, sondern die anarchischen Produktionsverhältnisse, und er habe gestern gelesen, dass sich das Sphinxgesicht der Wirtschaft langsam dem Sozialismus zuwende, weil die Kapitalisten anfingen, sich zu organisieren – und er schloss: Auch in München gäbe es künstliche Menschen, aber nun wolle er nichts mehr sagen.

Und während der Herr Reithofer so sprach, wurde es Anna sonnenklar, dass er sie verwechselt, und sie wunderte sich, dass sie noch nicht darauf zu sprechen gekommen sei, aber nun hatte sie plötzlich keinen Mut, davon anzufangen,

Doppeldecker
»Flugzeug mit zwei übereinander angeordneten Tragflächen« (Duden)

Finanzmagnaten
mächtigsten Leute der Geldwirtschaft (von spätlateinisch ›magnatus‹: ›Oberhaupt‹)

Herrn von Löwenstein
→ Seite 256

anarchischen
ungezügelten (keiner Kontrolle unterworfenen)

dass sich das Sphinxgesicht der Wirtschaft langsam dem Sozialismus zuwende, weil die Kapitalisten anfingen, sich zu organisieren
→ Seite 256

schloss beendete seinen Vortrag mit der Bemerkung

und das war direkt seltsam. Sie sah ihn verstohlen an. Er hatte ein wohltuendes Geschau und auffallend gepflegte Hände. Was er denn für einen Beruf hätte, fragte sie. »Kellner«, sagte er, und hätte es keinen Weltkrieg gegeben, wäre er heute
5 sicher in einem ausländischen Grandhotel, wahrscheinlich in Afrika, in der Oase Biskra. Er könnt jetzt unter Palmen wandeln. Auch die Pyramiden hätt er gesehen, wäre nicht die Schweinerei in Sarajevo passiert, wo die Serben den tschechischen Erzherzog, der wo der österreisch-ungarische
10 Thronfolger gewesen sei, erschossen hätten. Und Anna antwortete, sie wisse es nicht, was dieses Sarajevo für eine Stadt sei, ihr Vater sei zwar gefallen, und so viel sie erfahren hätte, liege er vor Paris, aber sie könne sich an diesen ganzen Weltkrieg nur schwach erinnern, denn als der seinerzeit ausge-
15 brochen sei, wäre sie erst vier Jahr alt gewesen. Sie erinnere sich nur an die Inflation, wo auch sie Billionärin gewesen sei, aber sie denke lieber nicht daran, denn damals hätte man ihre liebe Mutter begraben. Zwar hätte sie ihre Mutter nie richtig geliebt, sie sei sehr mager gewesen und so streng weiß
20 um den Mund herum, und sie hätte oft das Gefühl gehabt, dass die Mutter denken täte: ›Warum lebt das Mädel?‹

Hier meinte der Herr Reithofer, dass jeder Mensch Verwandte hätte, der eine mehr und der andere weniger und jeder Verwandte vererbe einem etwas, entweder Geld oder ei-
25 nen großen Dreck. Aber auch Eigenschaften wären erblich, so würde der eine ein Genie, der zweite ein Beamter und der dritte ein kompletter Trottel, aber die meisten Menschen würden bloß Nummern, die sich alles gefallen ließen. Nur wenige ließen sich nicht alles gefallen, und das wäre sehr
30 traurig.

Jetzt gingen sie über den Sendlinger-Tor-Platz.

»Und was hat das Fräulein für einen Beruf?«, fragte er. Sie sah ihn forschend an, ob er es bereits erraten hätte, und

wohltuendes Geschau (österreichisch und bayerisch) angenehmes Äußeres

Grandhotel großen Luxushotel

Oase Biskra → Seite 256

wandeln → Seite 257

die Schweinerei in Sarajevo passiert, wo die Serben den tschechischen Erzherzog, der wo der österreisch-ungarische Thronfolger gewesen sei, erschossen hätten → Seite 257

liege er vor Paris er sei irgendwo in der Nähe von Paris begraben worden

die Inflation, wo auch sie Billionärin gewesen sei → Seite 258

Sendlinger-Tor-Platz (siehe Seite 248)

überraschte sich dabei, dass es ihr peinlich gewesen wär –
»Eigentlich hab ich das Nähen gelernt«, sagte sie und ärgerte sich nun über ihr ängstliches Gefühl. Denn die Männer

feine iro-
nisch: schöne,
vorzügliche

sind feine Halunken, und daran ändert auch ihre Arbeitslosigkeit nichts. Ob wohl dieser feine Arbeitslose drei Mark   5
habe, überlegte sie, und stellte ihn auf die Probe: »Ich möcht
jetzt gern ins Kino da drüben«, sagte sie.

*dass er als … kei-
nen rechtlichen
Anteil habe*
→ Seite 258

Dem Herrn Reithofer kam dieser Vorschlag ziemlich unerwartet, denn er besaß nur mehr einen Zehnmarkschein, und
es war ihm auch bekannt, dass er als österreichischer Staats-   10

rechtlichen Anteil
juristischen
Anspruch

bürger auf eine reichsdeutsche Arbeitslosenunterstützung
keinen rechtlichen Anteil habe, und er erinnerte sich, dass er

1915 in Wolhynien
→ Seite 258

1915 in Wolhynien einen Kalmücken sterben sah, der genau
so starb wie irgendein österreichischer Staatsbürger oder ein

Kalmücken
»Angehörige[n]
eines westmon-
golischen Vol-
kes« (Duden)

Reichsdeutscher. »Ich möcht gern ins Kino«, wiederholte   15
sich Anna und sah ihn mit Fleiß recht verträumt an. Und um
den toten Kalmücken zu verscheuchen, dachte er: Auf die

mit Fleiß
absichtsvoll,
vorsätzlich

zwei Mark kommt's schon auch nicht mehr an, und so freute
er sich, dass er ihr die Freude bereiten kann, denn er war ein
guter Mensch. »Nur schad, dass der Tom Mix nicht spielt!«,   20

Tom Mix
→ Seite 258

meinte er. Nämlich er liebte diesen Wildwestmann, weil dem
immer alles gelingt, aber ganz besonders verliebt war er in
dessen treues Pferd. Überhaupt schwärmte er für alle Vieher

Granatsplitter
(siehe Seite 69,
Zeile 26)

– so wäre er 1916 fast vor ein Kriegsgericht gekommen, weil
er einem russischen Pferdchen, dem ein Granatsplitter zwei   25
Hufe weggerissen, den Gnadenschuss verabreicht und durch

*fürchterliches
Kreuzfeuer*
→ Seite 258

diesen Knall seine Kompagnie in ein fürchterliches Kreuzfeuer gebracht hatte. Damals ist sogar ein Generalstabsoffizier gefallen.

*Generalstabs-
offizier*
→ Seite 259

Leider sah er also nun im Kino keine Vieher, sondern ein   30
Gesellschaftsdrama, und zwar die Tragödie einer schönen

*Gesellschafts-
drama*
→ Seite 259

jungen Frau. Das war eine Millionärin, die Tochter eines
Millionärs und die Gattin eines Millionärs. Beide Millionäre

erfüllten ihr jeden Wunsch, jedoch trotzdem war die Millionärin sehr unglücklich. Man sah, wie sie sich unglücklich
stundenlang anzog, manikürten und pediküren ließ, wie sie
unglücklich erster Klasse nach Indien fuhr, an der Riviera pro-
5 menierte, in Baden-Baden lunchte, in Kalifornien einschlief
und in Paris erwachte, wie sie unglücklich in der Opernloge
saß, im Karneval tanzte und überaus unglücklich den Sekt
verschmähte. Und sie wurde immer noch unglücklicher, weil
sie sich einem eleganten, jungen Millionärssohn, der sie de-
10 zent-sinnlich verehrte, nicht geben wollte. Es blieb ihr also
nichts anderes übrig, als ins Wasser zu gehen, was sie dann
auch im Ligurischen Meere tat. Man barg ihren unglücklichen Leichnam in Genua, und all ihre Zofen, Lakaien und
Schofföre waren sehr unglücklich.

15 Es war ein sehr tragischer Film und hatte nur eine lusti-
ge Episode: Die Millionärin hatte nämlich eine Hilfszofe,
und diese Hilfszofe zog sich mal heimlich ein »großes«
Abendkleid ihrer Herrin an und ging mit einem der Schofföre »groß« aus. Aber der Schofför wusste nicht genau,
20 wie die »große« Welt Messer und Gabel hält, und die beiden wurden als Bedienstete entlarvt und aus dem vornehmen Lokal gewiesen. Der Schofför bekam von einem der
Gäste noch eine tüchtige Ohrfeige, und die Hilfszofe wurde von der unglücklichen Millionärin fristlos entlassen.
25 Die Hilfszofe hat sehr geweint, und der Schofför hat auch
nicht gerade ein intelligentes Gesicht geschnitten. Es war
sehr lustig. –

Im Kino war es natürlich dunkel, aber der Herr Reithofer
näherte sich Anna in keiner Weise, denn so etwas tat er im
30 Kino prinzipiell nie – und als jetzt die Vorstellung beendet
war, da war es nun draußen auch schon dunkel. Drinnen
hatte sich Anna direkt geborgen gefühlt, denn sie hatte sich
vergessen können, aber als sie sich nun eingekeilt zwischen

manikürten
und pediküren
→ Seite 259

an der Riviera
promenierte
→ Seite 259

Baden-Baden
→ Seite 259

lunchte (engl.)
zu Mittag aß

Opernloge
→ Seite 259

geben hingeben

ins Wasser zu
gehen sich
(im Meer) zu
ertränken

barg brach-
te … an Land

Zofen
→ Seite 259

Lakaien Die-
ner in einem
herrschaftli-
chen Haushalt

Schofföre
→ Seite 259

»großes« beson-
ders festliches

die »große« Welt
die vornehme
Gesellschaft

sich vergessen
ihr eigenes
glanzloses Da-
sein vergessen

den vielen Fremden hinaus in die rauhe Wirklichkeit zwäng-
te, war sie sich bereits darüber klar, in welcher Weise sie nun
dem Herrn Reithofer begegnen sollte. Sie würde ihn einfach
vor die Alternative stellen, obwohl er eigentlich ein netter
Mann sei, aber das Nette an den Männern ist halt nur eine 5
Kriegslist.

Als sie sich von ihren Plätzen erhoben hatten, ist es dem
Herrn Reithofer aufgefallen, dass sie kleiner sei, als er sie in
der Erinnerung hatte. Und so dachte er nun, wie wäre es
doch edel, wenn er ihr nur väterlich über das Haar streichen, 10
ihr Zuckerln schenken und sagen würde: »Geh ruhig nach
Haus, mein liebes Kind!« Aber wie ist das halt alles unver-
ständlich mit dem Liebesleben in der Natur! Da ist ein starkes Muss, doch steht es dir frei, mit dem Willen dagegen an-
zukämpfen, sofern du einen Willen hast. Und so sagte er nun: 15
»Kommens, Fräulein, gehen wir noch ein bisserl spazieren,
es ist ja eine unwahrscheinlich laue Novembernacht« – Aber
da trat sie von ihm weg und sagte ihren harten Spruch: »So
einfach geht das nicht!«

»Wieso?«, erkundigte er sich harmlos, denn er konnte sich 20
momentan nichts Genaues darunter vorstellen. »Weil das
was kostet«, sagte sie und sah recht höhnisch drein, denn es
tat ihr gut, wenn sich die Herren ärgerten, und nun wartete
sie auf einen Ausbruch.

Aber darauf sollte sie vergebens warten. Zwar hätte sie 25
der Herr Reithofer niemals für eine Solche gehalten, und
drum schwieg er nun eine ganze Zeit. »Also eine Solche bist
du«, sagte er dann leise und sah sie derart resigniert an, dass
es sie gruselte. »Ich bin noch nicht lang dabei«, entfuhr es
ihr gegen ihre Absicht. »Das vermut ich«, lächelte er, »aber 30
ich hab halt kein Geld.« »Dann müssen wir uns halt verabschieden!« – Jetzt sah er sie wieder so an. »Also ich hab ja
keine Verachtung für dich«, meinte er, »aber dass du dich

Zuckerln
(bayerisch,
österreichisch)
Bonbons

resigniert
mutlos, schick-
salsergeben,
resignativ

von einem Menschen in meiner wirtschaftlichen Lage ins
Kino einladen lasst, das ist eine große Gemeinheit von dir!«
Dann ließ er sie stehen.

5

3

Langsam ging er die Sendlinger Straße hinab und sah sich
kein einziges Mal um, als sähe er eine schönere Zukunft vor
sich. »Also, das war ein Mistvieh«, konstatierte er und hasste Anna momentan. Unwillkürlich fiel ihm seine erste Liebe
ein, die ihm nur eine einzige Ansichtskarte geschrieben hatte. Aber bald dachte er wieder versöhnlicher, denn er war ein
erfahrener Frauenkenner. Er sagte sich, dass halt alle Weiber
unzuverlässig seien, sie täten auch glatt lügen, nur um einem etwas Angenehmes sagen zu können. Die Frau sei halt
nun mal eine Sklavennatur, aber dafür könne sie eigentlich
nichts, denn daran wären nur die Männer schuld, weil sie
jahrtausendelang alles für die Weiber bezahlt hätten. ›Aber
das war halt doch ein Mistvieh!‹, schloss er seine Gedan-
kengänge.

   In der Rosenstraße hielt er apathisch vor der Auslage eines
Fotografen. Drinnen hing ein vergrößertes Familienbild.
Das waren acht rechtschaffene Personen, sie staken in ihren
Sonntagskleidern, blickten ihn hinterlistig und borniert an,
und alle acht waren außerordentlich hässlich.

   Trotzdem dachte nun der Herr Reithofer, es wäre doch
manchmal schön, wenn man solch eine Familie sein Eigen
nennen könnte. Er würde auch so in der Mitte sitzen und
hätte einen Bart und Kinder. So ohne Kinder sterbe man
eben aus, und das Aussterben sei doch etwas Trauriges,
selbst wenn man als österreichischer Staatsbürger keinen

konstatierte
(siehe Seite 12,
Zeile 27)

momentan in
diesem Moment

Die Frau sei halt
nun mal eine
Sklavennatur
→ Seite 259

Rosenstraße
eine kurze
Straße in der
Münchner Alt-
stadt, die den
Marienplatz mit
der Sendlinger
Straße verbindet

apathisch
(siehe Seite 70,
Zeile 15)

rechtschaffene
redliche, ehrli-
che, anständige

staken
steckten

borniert
(durch Unbil-
dung und feh-
lende Toleranz)
engstirnig,
eigensinnig,
beschränkt,
philisterhaft

rechtlichen Anspruch auf die reichsdeutsche Arbeitslosenunterstützung hätte.

Und plötzlich wurde er einen absonderlichen Einfall nicht los, und er konnte es sich gar nicht vorstellen, wieso ihm der eingefallen sei.

Es war ihm nämlich eingefallen, dass ein Blinder sagt: »Sie müssen mich ansehen, wenn ich mit Ihnen spreche. Es stört mich, wenn Sie anderswohin sehen, mein Herr!«

Nacht war's, und es wurde immer noch später, aber der Herr Reithofer wollte nicht nach Hause, denn er hätte nicht einschlafen können, obwohl er sehr müde war. Er war ja den ganzen Tag wieder herumgelaufen und hatte keine Arbeit gefunden. Sogar im »Continental« hatte er sein Glück probiert, und als er dort seine hochmütigen Kollegen vor einem richtigen Lord katzbuckeln gesehen hatte, ist es nicht das erste Mal gewesen, dass er seinen Beruf hasste. Und nun noch dazu dieses Abenteuer mit dem Mistvieh, das hatte ihn vollends um den Schlaf gebracht.

Jetzt stand er in der Müllerstraße und war voll Staub, draußen und drinnen. Drüben entdeckte er ein Bierlokal, und das lag dort verführerisch. Lang sah er es an. ›Also, wenn die Welt zusammenstürzt‹, durchzuckte es ihn plötzlich, ›jetzt riskier ich noch dreißig Pfennig und kauf mir ein Glas Bier!‹

Aber die Welt stürzte nicht zusammen, sondern vollendete ihre vorgeschriebene Reise mit Donnergang, und ihr Anblick gab den Engeln Stärke, als der Herr Reithofer das Bierlokal betrat. Die unbegreiflich hohen Werke blieben herrlich wie am ersten Tag.

»Continental« Das »Grand Hotel Continental« in München, als Umbau eines alten AdelsPalais an der Ecke Ottostraße / Max-Joseph-Straße entstanden, existierte seit 1892 und hielt sich bis 1994.

Müllerstraße Die Müllerstraße in München führt auf den Sendlinger-Tor-Platz zu. Zwischen Rosenstraße (vgl. S. 143, Z. 23) und Müllerstraße liegt der Viktualienmarkt.

vollendete ihre vorgeschriebene Reise mit Donnergang … herrlich wie am ersten Tag.
→ Seite 260

4

Der Herr Reithofer war der einzige Gast. Er trank sein Bier und las in den »Neuesten«, dass es den Arbeitslosen entschieden zu gut gehe, da sie sich sogar ein Glas Bier leisten könnten. »Der Redner sprach formvollendet«, stand in der Staatszeitung, »und man war ordentlich froh, wieder mal den Materialismus überwunden zu haben – «, da fühlte er, dass ihn jemand anstarrte.

Vor ihm stand eine fremde Dame.

Er hatte sie gar nicht kommen hören, nämlich sonst hätt er aufgehorcht.

»Guten Abend, Herr Reithofer!«, sagte die fremde Dame und meinte dann überstürzt, das sei ein großer Zufall, dass sie sich hier getroffen hätten, und über so einen Zufall könnte man leicht einen ganzen Roman schreiben, einen Roman mit lauter Fortsetzungen. Sie las nämlich leidenschaftlich gern. »Sie erlauben doch, dass ich mich zu Ihnen setz?«, fragte sie und freute sich sehr. »Seit wann sind's denn in München, Herr Reithofer? Ich bin schon seit vorigem Mai da, aber ich bleib nimmer lang, ich hab nämlich erfahren, in Köln soll es besser für mich sein, dort war doch erst unlängst die große Journalistenausstellung« – so begrüßte sie ihn recht vertraut, aber er lächelte nur verlegen, denn er konnte sich noch immer nicht erinnern, woher sie ihn kennen konnte. Sie schien ihn nämlich genau zu kennen, aber er wollte sie nicht fragen, woher sie ihn kennen täte, denn sie freute sich aufrichtig, ihn wiederzusehen, und erinnerte sich gern an ihn.

»Nicht jede Ausstellung ist gut für mich«, fuhr sie fort. »So hab ich bei der Gesoleiausstellung in Düsseldorf gleich vier Tag lang nichts für mich gehabt. Ich war schon ganz daneben und hab vor lauter Ärger einen Ausstellungsaufseher

in den »Neuesten« (siehe Seite 121, Zeile 26)

Staatszeitung die »Bayerische Staatszeitung«, eine staatlich finanzierte Wochenzeitung, die seit 1912 erschien

wieder mal den Materialismus überwunden zu haben dass es einmal wieder gelungen sei, höheren (idealen) Werten gegenüber einer nur auf Besitz und Profit abzielenden Gesinnung Geltung zu verschaffen

Journalistenausstellung → Seite 260

Gesoleiausstellung in Düsseldorf → Seite 260

Pavillon
(siehe Seite 181)

wie (Z. 9) als

Grundstein-
legung zum
Bibliotheksbau
des Deutschen
Museums in
Anwesenheit
des Reichsprä-
sidenten von
Hindenburg
Die erwähnte
Veranstaltung
in München
fand am 4. Sep-
tember 1928 in
Anwesenheit
des Reichsprä-
sidenten Paul
von Hindenburg
(1847–1934)
statt.

große vaterlän-
dische Heimat-
kundgebung
in Nürnberg
→ Seite 260

Katholikentag
in Breslau
→ Seite 260

Preßburg
→ Seite 260

Montenegro
→ Seite 261

angesprochen, einen sehr höflichen Mann aus Krefeld, und hab ihm gesagt, es geht mir schon recht schlecht bei eurer Gesoleiausstellung, und der Krefelder hat gesagt, das glaubt er gern, dass ich keine Geschäfte mach, wenn ich vor seinem Pavillon die Kavaliere ansprech. Da hab ich's erst gemerkt, dass ich vier Tag lang in der Gesundheitsabteilung gestanden bin, direkt vor dem Geschlechtskrankheitenpavillon, und da hab ich's freilich verstanden, dass ich nichts verdient hab, denn wie ich aus dem Pavillon herausgekommen bin, hat's mir vor mir selber gegraust. Ich hätt am liebsten geheult, solche Ausstellungen haben doch gar keinen Sinn! Für mich sind Gemäldeausstellungen gut, überhaupt künstlerische Veranstaltungen, Automobilausstellungen sind auch nicht schlecht, aber am besten sind für mich die landwirtschaftlichen Ausstellungen.«

Und dann sprach sie noch über die gelungene Grundsteinlegung zum Bibliotheksbau des Deutschen Museums in Anwesenheit des Reichspräsidenten von Hindenburg, über eine große vaterländische Heimatkundgebung in Nürnberg und über den Katholikentag in Breslau, und der Herr Reithofer dachte: ›Ist das aber eine geschwätzige Person! Vielleicht verwechselt sie mich, es heißen ja auch fremde Leut Reithofer‹ – da bemerkte er plötzlich, dass sie schielt. Zwar nur etwas, aber es fiel ihm trotzdem ein Kollege ein, mit dem er vor dem Kriege in Preßburg gearbeitet hatte, und zwar im Restaurant Klein. Das ist ein kollegialer Charakter gewesen, ein großes Kind. Knapp vor dem Weltkrieg hatte dieses Kind geheiratet und zu ihm gesagt: »Glaub's mir, lieber Reithofer, meine Frau schielt, aber nur ein bisserl, und sie hat ein gutes Herz.« Dann ist er in Montenegro gefallen. Er hieß Karl Swoboda.

»Als mein Mann in Montenegro fiel«, sagte jetzt die geschwätzige Person, »da hab ich viel an Sie gedacht, Herr Reithofer. Ich hab mir gedacht, ist der jetzt vielleicht auch gefallen, der arme Reithofer? Ich freu mich nur, dass Sie nicht gefallen sind, erinnern Sie sich noch an meine Krapfen?«

Jetzt erinnerte er sich auch an ihre Krapfen. Nämlich er
5 hatte mal den Karl Swoboda zum Pferderennen abgeholt, und da hatte ihn dieser seiner jungen Frau vorgestellt, und er hatte ihre selbstgebackenen Krapfen gelobt. Er sah es noch jetzt, dass die beiden Betten nicht zueinander passten, aber er hatte dies nicht ausgenützt, und nach dem Pferderennen
10 ist der Swoboda sehr melancholisch gewesen, weil er fünf Gulden verspielt hatte, und hatte traurig gesagt: »Glaub's mir, lieber Reithofer, wenn ich sie nicht geheiratet hätt, wär sie noch ganz verkommen, auf Ehr und Seligkeit!«

»Sie haben meine Krapfen sehr gelobt, Herr Reithofer«,
15 sagte Karl Swobodas Witwe und hatte dabei einen wehmütigen Ausdruck, denn sie war halt kein Sonntagskind. Zwar stand in ihrem Horoskop, dass sie eine glückliche Hand habe. Nur vor dem April müsse sie sich hüten, das wäre ihr Unglücksmonat, und dann gelänge ihr alles vorbei. »Dann
20 dürft ich halt überhaupt nicht leben!«, hatte sie gewollt lustig gerufen, als sie dies erfahren hatte, denn sie hatte im April Geburtstag.

Dies Horoskop hatte ihr die Toilettenfrau gestellt und dabei behauptet, dass sie das Weltall genau kennen täte, aller-
25 dings nur bis zu den Fixsternen. Sie hieß Regina Warzmeier und war bei den Gästen sehr beliebt, denn sie wusste immer Rat und Hilfe, und so taufte man sie die »Großmama«.

Als der Herr Reithofer an die Preßburger Betten dachte, näherte sich ihm die Großmama. Wenn sie nämlich nichts
30 zu tun hatte, stand sie vor ihren beiden Türen und beobachtete die Gäste, um noch mehr zu erfahren. So hatte sie nun auch bemerkt, dass das Gretchen den Herrn Reithofer wie einen großen Bruder behandelte, und für solch große Ge-

Krapfen
(österreichisch)
»kleines, rundes, meist mit
Marmelade
gefülltes, in Fett
schwimmend
gebackenes
Gebäckstück
aus Hefeteig«
(Duden); das
deutsche Gegenstück ist
der »Berliner«.

*auf Ehr und
Seligkeit*
→ Seite 261

Sonntagskind
redensartliche
Bezeichnung
für eine vom
Glück besonders begünstigte Person

*dann gelänge
ihr alles vorbei*
da misslinge
ihr alles

Toilettenfrau
»Frau, die öffentliche Toiletten
reinigt und in
Ordnung hält«
(Duden)

Fixsternen
»selbstleuchtende[] Himmelskörper,
[die ihre] Lage
zu anderen
Sternen nicht
merklich
änder[n]«
(Duden)

schwister empfand sie direkt mütterlich – und also setzte sie sich an des Herrn Reithofers Tisch.

Das Gretchen erzählte gerade, dass im Weltkrieg leider viele kräftige Männer gefallen sind und dass hernach sie selbst jeden Halt verloren hat, worauf die Großmama meinte, für Offiziere sei es halt schon sehr arg, wenn so ein Weltkrieg verloren ginge. So hätten sich viele Offiziere nach dem Kriege total versoffen, besonders in Augsburg. Dort hätte sie mal in einer großen Herrentoilette gedient und da hätte ein Kolonialoffizier verkehrt, der alle seine exotischen Geweihe für ein Fass Bier hergeschenkt hätte. Und ein Fliegeroffizier hätte gleich einen ganzen Propeller für ein halbes Dutzend Eierkognaks eingetauscht, und dieser Flieger sei derart versoffen gewesen, dass er statt mit »Guten Tag!« mit »Prost!« gegrüßt hätte.

Und der Herr Reithofer meinte, der Weltkrieg hätte freilich keine guten Früchte getragen, und für so Offiziere wäre es freilich besser, wenn ein Krieg gewonnen würde, aber obwohl er kein Offizier sei, wäre es für ihn auch schon sehr arg, wenn ein Krieg verloren würde, obwohl er natürlich überzeugt sei, dass er persönlich auch als Sieger unter derselben wirtschaftlichen Depression zu leiden hätte. So sei er nun schon ewig lang arbeitslos, und es bestünde nicht die geringste Aussicht, dass es besser werden wollte.

Hier mischte sich ein älterer Herr ins Gespräch, der sich auch an den Tisch gesetzt hatte, weil er sehr neugierig war. Er meinte, es wäre jammerschade, dass der Herr Reithofer kein Fräulein sei, denn dann hätte er für ihn sofort Arbeit.

»Wie meinen Sie das?«, erkundigte sich der Herr Reithofer misstrauisch, aber der ältere Herr ließ sich nicht verwirren. »Ich mein das gut«, lächelte er freundlich und setzte ihm auseinander, dass, wenn er kein Kellner, sondern eine

hätte … verkehrt wäre … ein und aus gegangen; wäre häufig … aufgetaucht

Kolonialoffizier ein Offizier, der in einer Kolonie stationiert ist (bzw.: war); Kolonialoffiziere waren in besonderer Weise gewohnt, andere herumzukommandieren und sich »herrenmäßig« aufzuführen.

Propeller → Seite 261

Eierkognaks Getränk aus (nach der westfranzösischen Stadt Cognac benanntem) Weinbrand, Eigelb, Rahm, Vanillezucker und anderen Zutaten

Depression Misere, Phase schwacher ökonomischer Konjunktur

Schneiderin wäre, so wüsste er für diese Schneiderin auf der Stelle eine Stelle.

Er kenne nämlich einen großen Schneidergeschäftsinhaber in Ulm an der Donau, und das wäre ein Vorkriegskommerzienrat, aber der Herr Reithofer dürfte halt auch keine Österreicherin sein, denn der Kommerzienrat sei selbst Österreicher, und deshalb engagiere er nur sehr ungern Österreicher. Aber ihm zuliebe würde er vielleicht auch eine Österreicherin engagieren, denn er habe nämlich eine gewisse Macht über den Kommerzienrat, da seine Tochter auch Schneiderin gewesen wäre, jedoch hätte sie vor fünf Jahren ein Kind von jenem Kommerzienrat bekommen, und von diesem Kind dürfte die Frau Kommerzienrat natürlich nichts wissen. Die Tochter wohne sehr nett in Neu-Ulm, um sich ganz der Erziehung ihres Kindes widmen zu können, da der Kommerzienrat ein selten anständiger Österreicher sei.

Dieser freundliche Herr war Stammgast und wiederholte sich oft. Auch debattierte er gern mit der Großmama und kannte keine Grenzen. So erzählte er ihr, dass seinerzeit jener Höhlenmensch, der den ersten Ochsen an die Höhlenwand gezeichnet hätte, von allen anderen Höhlenmenschen als geheimnisvoller Zauberer angebetet worden sei, und so müsste auch heute noch jeder Künstler angebetet werden (er war nämlich ein talentierter Pianist) – und dann stritt er sich mit der Großmama, ob die Fünfpfennigmarke Schiller oder Goethe heiße (er sammelte ja auch Briefmarken) –, worauf die Großmama meistens erwiderte, auf alle Fälle sei die Vierzigpfennigmarke jener große Philosoph, der die Vernunft schlecht kritisiert hätte, und die Fünfzigpfennigmarke sei ein Genie, das die Menschheit erhabenen Zielen zuführen wollte, und sie könnte es sich schon gar nicht vorstellen, wie so etwas angefangen werden müsste, worauf er meinte, aller

Vorkriegs-kommerzienrat (siehe Seite 68, Zeile 12: Kommerzialrat); in der Weimarer Republik wurde der Titel ›Kommerzienrat‹ abgeschafft.

Frau Kommerzienrat → Seite 261

Neu-Ulm → Seite 261

debattierte diskutierte, führte … Streitgespräche

den ersten Ochsen an die Höhlenwand gezeichnet → Seite 262

ob die Fünfpfennigmarke Schiller oder Goethe heiße … zuführen wollte → Seite 262

dass die Dreißig-
pfennigmarke
das Zeitalter
des Individual-
bewusstseins
eingeführt hätte
Anspielung auf
Gotthold Eph-
raim Lessing
(1729–1781), der
die Dreißigpfen-
nigmarke zierte
(siehe die Er-
läuterung auf
Seite 262: ob die
Fünfpfennigmar-
ke ...). Lessings
Dramen markie-
ren in mancher
Hinsicht den
Anfang der Lite-
ratur des bürger-
lichen Zeitalters
(und damit des
modernen, uns
in seinem Denken
und Fühlen heute
noch unmittelbar
zugänglichen
Menschen) und
sind folgerichtig
die frühesten
Werke des
schulischen
Lektürekanons.

Anfang sei halt schwer, und er fügte noch hinzu, dass die Dreißigpfennigmarke das Zeitalter des Individualbewusstseins eingeführt hätte. Dann schwieg die Großmama und dachte, der rechthaberische Mensch sollte doch lieber einen schönen alten Walzer spielen.

5

Als der Herr Reithofer von der Stelle für das Fräulein hörte, dachte er unwillkürlich an das Mistvieh von zuvor, das ihn in jenes blöde Kino verführt hatte. Er sagte sich, das wäre ja ausgerechnet eine rettende Stelle für es, es hätte ihm ja erzählt, dass es erst seit Kurzem eine Solchene und eigentlich Näherin sei. Vielleicht würde es ihn jetzt nur ein Wörtchen kosten, und sie würde morgen keine Solchene mehr sein, als wäre er der Kaiser von China. ›Aber ich bin halt kein Kaiser von China‹, sagte er sich, ›und sie ist halt ein Mistvieh!‹

Der ältere Herr hatte sich gerade erhoben, um sich die neue Illustrierte zu holen. »Er ist ein Sonderling«, meinte die Großmama ironisch, und der Herr Reithofer dachte: ›Wahrscheinlich ist auch dieser Sonderling ein Mistvieh!‹

»Aber es ist doch schön von ihm, dass er dem Herrn Reithofer helfen möcht«, meinte die Swoboda leise und blätterte abwesend in einer Zeitschrift. »Freilich ist das schön«, grinste der Herr Reithofer, und plötzlich fiel es ihm auf: ›Er weiß ja gar nicht, ob ich am End nicht auch ein Mistvieh bin! Ich bin doch auch eins, meiner Seel!‹ Und er dachte weiter, und das tat ihm traurig wohl: ›Wenn sich alle Mistvieher helfen täten, ging es jedem Mistvieh besser, überhaupt sollten sich die Mistvieher mehr helfen, es ist doch direkt unanständig, wenn man einem nicht helfen tät, obwohl man könnt.‹ – »Er lügt!«, sagte die Großmama. »Nein, das tut er nicht!«, verteidigte ihn die Swoboda und wurde heftig.

»Das werden wir gleich haben!«, meinte der Herr Reithofer und wandte sich an den Sonderling, der nun mit seiner Illustrierten wieder an den Tisch trat: »Sagen Sie, Herr, ich kann ja jetzt leider nicht weiblich werden, aber ich wüsst eine für Ihren Kommerzienrat, eine erstklassige Schneiderin, und Sie täten mir persönlich einen großen Gefallen«, betonte er, und das war gelogen.

Also das wäre doch gar nicht der Rede wert, unterbrach ihn der Sonderling, denn das kostete ihn nur einen Anruf, da sich jener Kommerzienrat zufällig seit gestern in München befände – und schon eilte er ans Telefon. ›Also das ist ein rührendes Mistvieh‹, dachte der Herr Reithofer, und die Swoboda sagte andächtig: »Das ist ein seltener Mensch und ein noch seltenerer Künstler.« Aber die Großmama sagte: »Er lügt.«

Jedoch die Großmama sollte sich täuschen, denn nach wenigen Minuten erschien der seltene Mensch, als hätte er den Weltkrieg gewonnen. Der Kommerzienrat war pure Wahrheit, und so konnte er sich vor lauter Siegesrausch nicht sogleich wieder setzen. Er ging um den Tisch herum und erklärte dem Herrn Reithofer, sein Fräulein könne die Stelle auf der Stelle antreten, doch müsste sie sich morgen früh Punkt sieben Uhr dreißig im Hotel »Deutscher Kaiser« melden. Sie solle nur nach dem Herrn Kommerzienrat aus Ulm fragen, und der würde sie dann gleich mitnehmen, er würde nämlich um acht Uhr wieder nach seinem Ulm zurückfahren.

Und der Herr Reithofer fragte ihn, wie er ihm danken solle, aber der seltene Mensch lächelte nur: Eine Hand wasche halt die andere, und vielleicht würde mal der Herr Reithofer in die Lage kommen, ihm eine Stelle verschaffen zu können, wenn er kein Vertreter wäre, sondern eine Masseuse. Und er

seltener außerordentlicher, kostbarer, einmaliger

Hotel »Deutscher Kaiser« Das Hotel entstand 1920 in unmittelbarer Nähe des Münchner Hauptbahnhofs, wurde in den Sechzigerjahren erweitert und gehört heute zur Kette der NH-Hotels.

Vertreter Handlungsreisender

ließ sich auch das Telefon nicht bezahlen weigerte sich auch, sich die Kosten für das Telefongespräch erstatten zu lassen

Polizeistunde Sperrstunde; (behördlicherseits bestimmter) nächtlicher Zeitpunkt, zu dem Gaststätten schließen müssen

in stummer Ruh → Seite 262

Holzstraße Straße in der Isarvorstadt, die von der Müllerstraße zur Straße Am Glockenbach führt

Müllerstraße (siehe Seite 144, Zeile 19)

das Mistvieh (vgl. die Seiten 143 f.)

sich ausgesprochen zu Ende gesprochen, ihr Thema erschöpft

solide anständige, feste, dauerhafte, gediegene

ließ sich auch das Telefon nicht bezahlen. – »Man telefoniert doch gern mal für einen Menschen«, sagte er.

»Ich kann nicht nähen«, murmelte die Swoboda, »ich hab halt schon alles verlernt.« Selbst die Großmama war gerührt, aber am tiefsten war es der seltene Mensch persönlich. 5

6

Es war schon nach der Polizeistunde, und in stummer Ruh 10 lag nun die Holzstraße neben der belebteren Müllerstraße. Hier irgendwo würde wahrscheinlich das Mistvieh herumlaufen, überlegte der Herr Reithofer, und er überlegte logisch.

Er hatte es schon eine ganze Weile krampfhaft gesucht, 15 und nun ging's bereits auf halb zwei. Endlich stand es drüben an der Ecke. Es unterhielt sich gerade mit einem Schofför, der sehr stark auf Frauen wirkte. Man sah ihm dies an, und deshalb wartete der Herr Reithofer, bis sie sich ausgesprochen hatten. 20

Dann näherte er sich ihr langsam von hinten und kam sich dabei so edel und gut vor, dass er sich leidtat. »Guten Abend, Fräulein!«, begrüßte er sie überraschend. – Anna sah sich um, erkannte ihn und erschrak derart, dass sie keinen Laut hervorbrachte. Aber er gab ihr keinen Anlass dazu, sondern 25 teilte ihr lediglich mit, dass er ihr eine solide Arbeitsmöglichkeit verschaffen könnte, aber sie müsste bereits um acht Uhr früh mit einem richtigen Kommerzienrat nach Ulm an der Donau fahren, und das wäre doch ein direkter Rettungsring für sie. 30

Sie starrte ihn an und konnte ihn nicht verstehen, sodass er sich wiederholen musste. Aber dann unterbrach sie ihn gereizt, er solle sich doch eine andere aussuchen für seine ge-

meinen Witze, und sie bitte sich diese geschmacklose Frotzelei aus, und überhaupt diesen ganzen Hohn. – Jedoch er ließ
sie nicht aus den Augen, denn das Mistvieh tat ihm nun auch
richtig leid, weil es den Kommerzienrat nicht glauben konnte.

5 Es murmelte noch etwas von Roheit, und plötzlich fing es
an zu weinen. Man solle es doch in Ruh und Frieden lassen,
weinte es, es sei ja eh schon ganz kaputt. Und das gäb's ja gar
nicht auf der Welt, dass ihr ein Mensch mit einem Rettungsring nachlaufe, nachdem sie diesen Menschen ausgenützt
10 hätte. Aber der Herr Reithofer schwieg noch immer, und
jetzt ließ auch das Mistvieh kein Wort mehr fallen.

Es hatte ja bereits angefangen, nur an das Böse in der Welt
zu glauben, aber nun erlebte es ein Beispiel für das Vorhandensein des Gegenteils, zwar nur ein kleines Beispiel, aber
15 doch ein Zeichen für die Möglichkeit menschlicher Kultur
und Zivilisation. Es schnitt ein anderes Gesicht und weinte
nicht mehr. »Das hätt ich wirklich nicht gedacht«, lächelte
sie, und das tat ihr weh.

»Wissens Fräulein«, meinte der Herr Reithofer, »es gibt
20 nämlich etwas auch ohne das Verliebtsein, und das ist halt
die menschliche Solidarität.«

Dann ließ er sie stehen.

Und er hatte dabei ein angenehmes Gefühl, denn nun
konnte er es sich gewissermaßen selbst bestätigen, dass er
25 einem Mistvieh geholfen hatte. Ungefähr so:

Zeugnis

Ich bestätige gern, dass das Mistvieh Josef Reithofer ein
selbstloses Mistvieh ist. Es ist ein liebes, gutes, braves
30 Mistvieh.

gez. Josef Reithofer
Mistvieh.

---

*sie bitte sich die-
se geschmacklo-
se Frotzelei aus*
sie verbitte sich
solche gemeinen
Scherze auf ihre
Kosten

*den Kommer-
zienrat nicht
glauben konnte*
der ganzen Sa-
che nicht traute;
nicht glauben
konnte, dass
dieser Kommer-
zienrat wirklich
existierte und
dass ihr etwas so
Gutes widerfuhr

Roheit
Mitleidlosigkeit,
Grausamkeit

*Es schnitt ein
anderes Gesicht*
Seine Miene
wechselte
von empörter
Verletztheit zu
beglücktem
Staunen

Ansicht des Geländes der »Exposición Internacional de Barcelona«
(20. Mai 1929 bis 15. Januar 1930), an der sich 12 900 Aussteller
aus 14 Ländern beteiligten. Zeitgenössische Aufnahme

Zur Textgestalt

Ödön von Horváths erster veröffentlichter Roman – »Der ewige Spießer. Erbaulicher Roman in drei Teilen« –, der im Oktober 1930 im zu Ullstein gehörenden Propyläen-Verlag erschien, hat eine komplizierte Entstehungsgeschichte. Sie ist im Vorwort zu Band 14 der »Wiener Ausgabe sämtlicher Werke« Horváths ausführlich dargestellt (Ödön von Horváth: Wiener Ausgabe sämtlicher Werke. Historisch-kritische Edition. Am Literaturarchiv der Österreichischen Nationalbibliothek herausgegeben von Klaus Kastberger. Band 2: Der ewige Spießer. 2 Teilbände. Berlin und New York: Verlag Walter de Gruyter 2010, Teilband 1, S. 1–13; im Folgenden zitiert als: WA).

Während Traugott Krischke im Kommentarteil seiner Edition des Romans drei Entstehungsphasen unterscheidet (Ödön von Horváth: Gesammelte Werke. Kommentierte Werkausgabe in Einzelbänden. Band 14. Frankfurt am Main: Suhrkamp Verlag 1987, vgl. S. 321), spricht Kastberger in Bezug auf den »Entstehungsprozess des Romans« von »vier Konzeptionen«:

»Konzeption 1:   – Roman einer Kellnerin
  Konzeption 2:   – ›Sechsunddreißig Stunden‹,
                     später: ›Herr Reithofer wird selbstlos‹
                     Begleitende Einzeltexte:
                 – ›Aus den Erinnerungen des Fräulein Pollinger aus München‹
                 – ›Das Märchen vom Fräulein Pollinger‹
                 – ›Das Fräulein wird bekehrt‹
  Konzeption 3:   – ›Herr Kobler wird Paneuropäer‹,
  Konzeption 4:   – ›Der ewige Spießer. Erbaulicher Roman in drei Teilen‹ « (WA, S. 4)

Diese vier Konzeptionen, die Kastberger unter der Bezeichnung der »›Spießer‹-Prosa« zusammenfasst, beinhalten Entwürfe und Reinschriften und haben einen Gesamtumfang von »mehr als 800 Blatt« (WA, S. 4). Die »Wiener Ausgabe« dokumentiert all diese Entwurfsstufen.

Der »Roman einer Kellnerin« entstand im Winter 1927 auf 1928. Das Erzählprojekt »Sechsunddreißig Stunden«, das Horváth Ende April 1929 in »Herr Reithofer wird selbstlos« umbenannte, beschäftigte den Autor im folgenden Winterhalbjahr, zwischen Herbst 1928 und Frühjahr 1929. »Herr Kobler wird Paneuropäer« schrieb er zwischen September 1929 und Anfang 1930. Im Frühjahr 1930 schließlich machte sich Horváth daran, die Erzählprojekte der zweiten und dritten Konzeptionsphase zu einem Roman zu verbinden. Im Sommer schloss er diese Arbeit ab, im Oktober erschien der Roman.

Das Erzählprojekt mit dem Arbeitstitel »Roman einer Kellnerin« dreht sich um »das Schicksal eines Mädchens, das durch wirtschaftliche Not auf Abwege gerät« (WA, S. 5), und behandelt demnach Themen, die den damals noch auf seinen Durchbruch als Autor wartenden Horváth auch in seinen dramatischen Versuchen beschäftigten: die schwierigen Existenzbedingungen der sogenannten kleinen Leute in den Jahren nach dem Ersten Weltkrieg und die aus ihnen resultierenden moralischen Konflikte und Verzweiflungstaten. München und dort insbesondere die Schellingstraße und ihre nähere Umgebung ist schon hier Schauplatz des Geschehens; und auch wenn Horváth das Erzählprojekt aufgab, bevor es reif zur Veröffentlichung war, bildete der »Roman einer Kellnerin« doch eine Art von Fundament, auf dem er bei seinen folgenden Versuchen, der erzählerischen Großform des Romans gerecht zu werden, aufbauen konnte.

»Sechsunddreißig Stunden« beziehungsweise »Herr Reithofer wird selbstlos« schließt thematisch an den »Roman einer Kellnerin« an. Wieder spielt die Handlung in München, und zwar »Ende August 1928« (WA, S. 2), und wieder steht eine weibliche Protagonistin im Mittelpunkt, die nun den Namen Agnes Pollinger erhält. Die männliche Hauptfigur ist ein arbeitsloser Kellner, den der Autor zunächst Karl, dann Eugen und schließlich Eugen Reithofer nennt. Zunächst scheint Horváth die Absicht gehabt zu haben, die Geschichte der Familie von Agnes über ein halbes Jahrhundert hinweg darzustellen. Im Zuge der Arbeit trat dieser Plan aber mehr und mehr in den Hintergrund. Statt eine geschichtliche Entwicklung nachzuzeichnen, wollte der Autor nun einen Querschnitt der gegenwärtigen Gesellschaft bieten. Persönlichkeitsmerkmale und Erlebnisse, die zunächst Familienmitgliedern von Agnes zugeordnet waren, gingen entsprechend auf andere Figuren der Handlung, die neu hinzukamen, über. Dabei rückte die Idee, in dem Roman einen typischen Vertreter der Gegenwartsgesellschaft, den Typus des ›neuen Spießers‹, zu zeigen, immer stärker ins Zentrum der Konzeption.

Der ursprüngliche Titel »Sechsunddreißig Stunden« verweist auf das Handlungsgerüst des Projekts. Am Anfang steht die Begegnung zwischen Agnes Pollinger und Eugen Reithofer. Danach teilt sich die Handlung in zwei Stränge, die nacheinander von den Erlebnissen der beiden Protagonisten während der folgenden sechsunddreißig Stunden berichten. Die arbeitslos gewordene Agnes wird durch »die wohlmeinende Empfehlung eines Bekannten« einem Kunstmaler »als Modell vermittelt, aber sowohl der Künstler als auch dessen Bekannte betrachten Agnes als nichts anderes als ein leicht zu habendes Mädchen« (WA, S. 6). Nachdem auch die Erlebnisse von Eugen Reithofer erzählt worden sind, endet der Roman damit, dass Eugen am folgenden Tag am vereinbarten Treffpunkt vergeblich auf Agnes wartet.

Während der Arbeit an dem Roman wurde Horváth Autor des Ullstein-Verlags, der nicht nur Bücher veröffentlichte, sondern auch und in erster Linie ein Zeitungskonzern war, welcher mit seinen verschiedenen Blättern die Berliner Zeitungslandschaft dominierte. Das konnte für einen jungen Autor nur von Vorteil sein. Am 11. Januar 1929 unterschrieb Horváth einen Verlagsvertrag, der ihm monatliche Zahlungen sicherte und ihn im Gegenzug verpflichtete, »seine gesamte schriftstellerische Produktion an dramatischen, erzählenden und lyrischen Werken während der Zeit bis 15. Jänner 1930 dem Verlag Ullstein zuerst einzureichen«. Der Freundin Lotte Fahr teilte Horváth vier Tage später mit, sein Roman werde im Propyläen-Verlag, einem Tochterunternehmen von Ullstein, erscheinen. »Die haben mehr gezahlt als Fischer« – S. Fischer, der bedeutendste Literaturverlags der damaligen Zeit –, »der wollte ihn auch haben. Kapitalist bleibt Kapitalist, warum soll ich ihnen was schenken?« (beide Zitate: WA, S. 2). Eine Woche vor Vertragsabschluss hatte die traditionsreiche und angesehene »Vossische Zeitung«, die Seite Ende 1913 zu Ullstein gehörte, in ihrem »Unterhaltungsblatt« unter der Überschrift »Roman-Anfang von Oedön von Horváth« das erste Kapitel von »Sechsunddreißig Stunden« gebracht. Am gleichen Tag hatte auch das Theaterstück »Die Bergbahn« in Berlin Premiere. Nach Jahren, in den Horváth viel geschrieben, viel verworfen und wenig veröffentlicht hatte, begann seine Karriere als Autor Fahrt aufzunehmen.

Am 26. April 1929 erfolgte die schriftliche Bestätigung des Ullstein-Verlags, dass »Sechsunddreißig Stunden« bei Propyläen herauskommen werde. Kurz zuvor hatte sich der Autor entschlossen, den Titel in »Herr Reithofer wird selbstlos« zu ändern, wie aus einem Brief Horváths an den ihm befreundeten Redakteur des »Berliner Tageblatts« P. A. Otte vom 23. April hervorgeht, dem er ein »durchkorrigiertes Exemplar« seines Romans zu lesen gegeben hatte (WA, S. 2).

Warum »Sechsunddreißig Stunden« beziehungsweise »Herr Reithofer wird selbstlos« letztlich doch nicht erschien, ist nicht ganz klar. Bis ins Frühjahr 1930 scheinen Autor und Verlag davon ausgegangen zu sein, dass das Projekt zustande kommen werde. Bis Herbst 1929 entstanden die drei bereits erwähnten »eigenständige[n] Kurzprosatexte« »Aus den Erinnerungen des Fräulein Pollinger aus München«, »Das Märchen vom Fräulein Pollinger« und »Das Fräulein wird bekehrt«, »die inhaltlich aus dem Romanprojekt hervorgegangen sind, jedoch keinen unmittelbaren Bestandteil der Konzeption bilden« (WA, S. 7). Sie sollten wohl als kleine eigenständige Publikationen auf den Roman neugierig machen. Der erste der drei Texte, wohl Anfang 1929 geschrieben, schildert, auf einer einzigen Seite, eine Tanzstundenepisode in Budapest. Er blieb ebenso unveröffentlicht wie der

Horváth und eine unbekannte Begleiterin in den 1920er-Jahren auf einer Alpentour

zweite, von dem vier Typoskriptblätter überliefert sind und der davon handelt, wie die »weibliche Protagonistin [...] durch eine Bergtour und den anstrengenden Abstieg eine Schwangerschaft verhindern will« (WA, S. 8); in etwas veränderter Form ging die Episode dann in den »Ewigen Spießer« ein. Der dritte Text, der davon erzählt, wie »das Fräulein« in der Arbeiterwohlfahrtslotterie 200 Mark gewinnt, davon eine Reise in die Berge unternimmt und sich bei einer Wanderung mit dem Sohn eines Kommerzienrats so stark verkühlt, dass sie den Rest ihres Urlaubs das Bett hüten muss, erschien im Herbst 1929 in der von dem Autor Hermann Kesten (1900 – 1996) im Verlag Gustav Kiepenheuer herausgegebenen Anthologie »24 neue deutsche Erzähler«. In den biografischen Hinweisen zu den beteiligten Autorinnen und Autoren am Ende des Bands findet sich bei Horváth der Hinweis: » ›Herr Reithofer wird selbstlos.‹ / Roman. Propyläen-Verlag, Berlin.« Und noch in dem Zeitungsbericht über eine Lesung Horváths am 19. März 1930 in München hieß es, der Autor habe »zwei Kapitel aus seinem demnächst erscheinenden Roman ›Herr Reithofer wird selbstlos‹« vorgetragen ([Wilhelm Lukas] K[ristl]: »Drei Dichter lesen«, in: »Münchner Post«, Ausgabe vom 24. März 1930, zitiert nach: WA, S. 3).

Zu diesem Zeitpunkt hatte Horváth allerdings schon einen weiteren Roman verfasst, dem er den Titel »Herr Kobler wird Paneuropäer« gab. Die Handlung basierte auf seinen eigenen Erlebnissen im September 1929, als er mit dem Zug zur Weltausstellung in Barcelona reiste. Bereits während der Fahrt hielt er in seinem Notizbuch nicht nur interessante und kuriose Begegnungen und Eindrücke fest, sondern begann auch, den Roman zu konzipieren. Am 22. September schickte er seiner Bekannten Katharina Leitner aus Barcelona eine Ansichtskarte von einem Stierkampf mit folgendem Text: »Liebe Kathl, – alsdann bin ich hier. Es ist nicht gerade gemütlich hier, aber das Bier ist ähnlich, wie in Bayern. Auf der Fürstalm. Hab grad an Stierkampf gesehn. Abscheulich. Eckelhaft. Ich fahr auch in 2 Tag wieder nach Marseille. Nach Frankreich. Es ist halt doch anders. / Herzlichst! Dein Ödön«.

Der Plan, die Romane »Herr Kobler wird Paneuropäer« und »Herr Reithofer wird selbstlos« zu einem Roman zu verschmelzen, muss im April 1930 gereift sein. In dem Notizbuch, das Horváth im März und April 1930 verwendete, ist zunächst noch von zwei eigenständigen Romanen die Rede, dann aber erscheinen beide Erzählprojekte als Teile eines Romans »Der ewige Spießer«. Möglich, aber aus den überlieferten Quellen nicht belegbar ist, dass die Endfassung von »Herr Reithofer wird selbstlos«, die Horváth wohl im Herbst 1929 an Ullstein schickte, im Verlag kein einhellig positives Echo auslöste. Manches spricht dafür, dass der Verlag um Änderungen bat, die Horváth im Verlauf der folgenden Monate vorzunehmen versprach. Im Zuge dieser Arbeit verlor er möglicherweise selbst ein wenig den Glauben an sein eigenes Werk, zumal er mit »Herr Kobler wird Paneuropäer« inzwischen etwas Neues und aus seiner Sicht wohl Besseres ge-

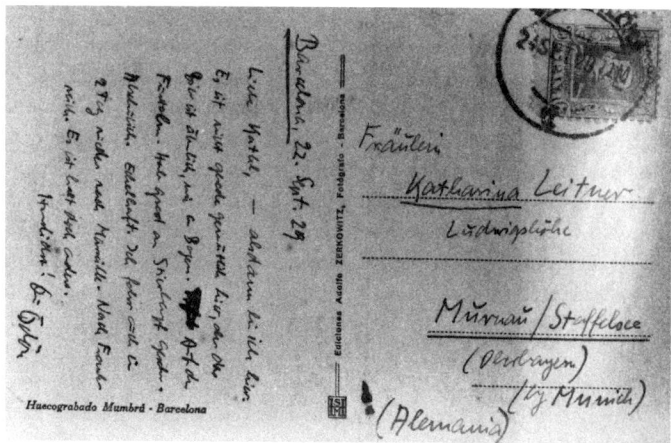

Rückseite der Postkarte, die Ödön von Horváth am 22. September 1929 aus Barcelona an Katharina Leitner schrieb (die Vorderseite findet sich auf Seite 237 dieses Bands)

schrieben hatte. Für diese Vermutung spricht der Umstand, dass »Herr Kobler wird Paneuropäer« mit nur wenigen Änderungen als erster Teil in den Roman »Der ewige Spießer« übernommen wurde, während die beiden viel kürzeren Teile 2 und 3 – »Fräulein Pollinger wird praktisch« und »Herr Reithofer wird selbstlos« – aus teilweise stark umgearbeiteten Bruchstücken des aufgegebenen Romanprojekts »Herr Reithofer wird selbstlos« bestehen.

Während Horváth im Frühjahr und Sommer 1930 aus der Summe der vorliegenden »›Spießer‹-Prosa« den Roman »Der ewige Spießer« herstellte beziehungsweise zusammenmontierte, verfasste er ein Bühnenstück, das zunächst »Ein Wochenendspiel« hieß und letztlich den Titel »Italienische Nacht« erhielt. Der Ullstein Verlag nahm es im Herbst 1930 in Verlag und am 20. März 1931 erlebte es im Berliner Theater am Schiffbauerdamm seine Uraufführung, die ein großer Erfolg wurde. Das Programmheft dieser Aufführung enthielt auch eine

Werbung für den Roman, der am 6. Oktober des Vorjahres erschienen war und ebenfalls eine gute Aufnahme gefunden hatte. So lobte der Schriftsteller und Redakteur Fritz Gaupp am 30. November 1930 in der »Literarischen Umschau«, der Literaturbeilage der »Vossischen Zeitung«, Horváths Modernität, und erklärte: »Sein Können liegt im Beobachten und Belauschen der Mitmenschen, und da sind ihm in der sicheren Formulierung seiner schwerfällig tapsenden, aber außerordentlich prägnanten Sprache herrliche Notizen gelungen.« Am 24. Dezember hieß es in der »B. Z. am Mittag« (ebenfalls einer Ullstein-Zeitung) fast im Stile eines Werbetextes: »In einer volkstümlichen, saftigen Sprache wird hier Lustiges, Scharfes und Weises aus der nächsten Umwelt ausgesagt. Ebenso wie in den Bühnenwerken dieses begabten jungen Autors steht eine wache zeitkritische Anschauung hinter den witzigen Episoden. Man muss das lesen und verstehen, den breiten, gelassenen Humor, den Beigeschmack von Bitterkeit, Mitleid, erbarmungslos durchschauende[r] Gescheitheit genießen.« Aber auch in Zeitungen, die nicht zum Ullstein-Konzern gehörten, erschienen freundliche Besprechungen. Beispielsweise urteilte ein Rezensent namens Fritz Walter am 21. Dezember im »Berliner Börsen-Courier«, die im Roman geschilderten Spießer würden »durch ihre landschaftliche Färbung, die bayerisch-österreichische Sprache und Denkart, an Witz und Wunderlichkeit noch gewinnen«. Und Hermann Kesten lobte Horváth in der 1925 von Ernst Rowohlt und Willy Haas gegründeten Wochenschrift »Die literarische Welt« als einen »sehr witzige[n] Erzähler, ein[en] satirische[n] Beobachter der mittleren Gemeinheiten der mittleren Existenzen unserer mittleren Großstädte« (alle Zitate nach: WA, S. 11 f.).

Die vorliegende Ausgabe folgt, wie auch die »Wiener Ausgabe« und die bei Suhrkamp erschienene Werkausgabe, dem Text der Erstausgabe des Romans und ist mit den beiden genannten Ausgaben abgeglichen worden. Die bei Suhrkamp erschienene Ausgabe ist textlich nicht ganz zuverlässig. So steht dort statt »Da hatten welche Napo-

Ein lustiger Roman vom Dichter der „*Italienischen Nacht*“:

ÖDÖN HORVATH

Der ewige Spießer

Ein Bild des Spießers von morgen. Von ursprünglicher Komik ist es, wie Horváths Helden zu Verhältnissen und Problemen Stellung nehmen: Herr Kobler zu Paneuropa, Fräulein Pollinger zu ihrer Arbeitslosigkeit und Herr Reithofer zum Altruismus. Das Buch erschien im Propyläen-Verlag. Preis broschiert 3 M, in Leinen 4 M 50

Werbung für Ödön von Horváths Roman »Der ewige Spießer« im Programmheft zur Uraufführung des Stücks »Italienische Nacht« im Theater am Schiffbauerdamm in Berlin (20. März 1931)

leonshüte und weite lange Mäntel, oder kurze enge oder *weite kurze* oder enge lange« (S. 44, Z. 4f.) »Da hatten welche Napoleonshüte und weite lange Mäntel, oder kurze enge oder *weite* oder enge lange« oder statt »Sklaverei« (S. 97, Z. 30) »Slaverei«. Auch die Erläuterungen weisen Fehler auf (wenn etwa die Lebensdaten des letzten deutschen Kaisers Wilhelm II. mit »1848–1928« angegeben werden, um nur ein besonders auffälliges Versehen anzuführen), enthalten aber auch wertvolle Informationen, von denen einige dankbar in den Erläuterungen des vorliegenden Bands zitiert werden. Die »Wiener Ausgabe« konzentriert sich auf insgesamt 937 großformatigen Seiten ganz auf die Dokumentation aller überlieferten Textteile der »›Spießer‹-Prosa« und verzichtet auf Wort- und Sacherläuterungen.

Der Roman wird in der vorliegenden Ausgabe in der heute geltenden Rechtschreibung präsentiert. Diese Aktualisierung verfälscht den Text nicht, da orthografische Gepflogenheiten ja fast nie den künstlerischen Willen eines Autors oder einer Autorin repräsentieren, sondern schlicht Konventionen der Zeit darstellen, in die ein Autor einer früheren Epoche ebenso selbstverständlich hineingewachsen ist wie heutige Autorinnen und Autoren in die aktuell geltenden Regeln. Anders verhält es sich mit der Zeichensetzung, die Autorinnen und Autoren oft eigenwillig handhaben, um den von ihnen intendierten Satzrhythmus zu akzentuieren, und mit dem Lautstand, also mit allen Unterschieden, die beim Vorlesen hörbar werden. Zeichensetzung und Lautstand werden heutzutage bei Neuausgaben älterer Werke in aller Regel nicht angetastet, und so wird auch (mit wenigen Ausnahmen) hier verfahren. Ohnehin weicht der Lautstand von Horváths Romantext im Grunde nur dort von den heute gewohnten Wortformen ab, wo es sich um dialektale (österreichische und/oder süddeutsche) Einfärbungen handelt – wie in »Missionäre« (S. 95, Z. 10) statt »Missionare« –, die den Ton und die Atmosphäre des Ganzen wesentlich prägen und daher natürlich nicht verändert werden dürfen. Die dialektale Zusammenziehung von Verb und Anredepronomen – wie in »rauchens« oder »habens« (S. 7, Z. 31 und 32) – ist ohne Zusatz eines Apostrophs aus dem Original übernommen. Ebenso wurde bei Dialektformen wie »naus« (S. 21, Z. 17), »nauf« (S. 23, Z. 10), »ghabt« (S. 23, Z. 3), »rausgsucht« (S. 23, Z. 4), »ghört« (S. 22, Z. 31), »ghaut« (S. 42, Z. 6) und »Watschen ghagelt« (S. 42, Z. 9) auf die Ergänzung eines Apostrophs verzichtet; und die vereinzelt vorkommenden *nicht* mundartlich zusammengezogenen Verbformen wie »gehabt« (S. 56, Z. 10) oder »herübergehört« (S. 101, Z. 5) sind ebenfalls beibehalten worden.

Einheitlich ergänzt wurden Apostrophe dagegen bei Zusammenziehungen von Verben und Pronomen (»es«) oder Artikeln (»das«), also bei Formen wie »scheints« (S. 18, Z. 15: »scheint's«), »Halts Maul« (S. 20, Z. 14: »Halt's Maul«), »wies« (S. 21, Z. 16: »wie's«), »sichs«

und »ihrs« (S. 29, Z. 8: »sich's« und »ihr's«) oder »sies« (S. 29, Z. 31: »sie's«). Ebenso einheitlich ergänzt wurden die früher unüblichen Kommata nach wörtlicher Rede oder Gedankenrede, welche mit einem Fragezeichen oder einem Ausrufezeichen endet: ›*Wo hat der nur seine eleganten Krawatten her?*‹, *überlegte sie* (S. 17, Z. 3f.; vgl. etwa auch: S. 18, Z. 27) oder »*So, und jetzt bringens mir etwas heißes Wasser!*«, *sagte er* (S. 20, Z. 19f. vgl. etwa auch: S. 21, Z. 12 und 20).

Vereinheitlicht ist in dieser Ausgabe schließlich auch die im Original sehr willkürliche Handhabung der Kennzeichnung von Gedankenrede; manchmal steht sie dort in doppelten Anführungszeichen, manchmal fehlen die Anführungszeichen ganz. Ein Beispiel, auf dem beide Varianten auf ganz engem Raum nebeneinander vorkommen, findet sich auf Seite 66 (Zeilen 9 bis 12): Im Original – und in der »Wiener Ausgabe« sowie der bei Suhrkamp erschienenen Ausgabe – sieht die Stelle so aus: »*Also das ist Italien!*« *dachte er, und allmählich geriet er in exhibitionelle Stimmung.* »*Wenn ich was trink, kann ich lebhafter denken*«, *sagte er. Wenn schon! dachte Schmitz.* In der vorliegenden Ausgabe lautet sie: ›*Also das ist Italien!*‹, *dachte er, und allmählich geriet er in exhibitionelle Stimmung.* »*Wenn ich was trink, kann ich lebhafter denken*«, *sagte er.* ›*Wennschon!*‹, *dachte Schmitz.*

In diesem Zusammenhang sind noch zwei Sonderfälle zu erwähnen: Die Passage auf Seite 92 unten (ab Zeile 32) bis Seite 93 oben (Zeile 7) ist als Gedankenrede (vgl. S. 93, Z. 1) in einem (halblauten) Selbstgespräch behandelt, das dann folgerichtig in doppelten Anführungszeichen steht. Die Stelle kann aber auch als Gedankenrede mit interner Gedankenrede aufgefasst werden, was dann allerdings Probleme beim Einsatz der Anführungszeichen nach sich ziehen würde. Auf Seite 116 steht am Ende von Kapitel 3 des zweiten Teils eine indirekte Rede in Anführungszeichen (vgl. Z. 22 – 24), was man heute nicht mehr machen würde; hier wurde jedoch auf einen Eingriff in die Textgestalt des Originals verzichtet.

Buchcover der ersten Ausgabe von Ödön von Horváths Roman
»Der ewige Spießer« (Berlin: Propyläen Verlag 1930)

Erläuterungen

S. 4 Für Ernst Weiß Ernst Weiß wurde am 28. August 1882 in Brünn (dem historischen Zentrum der Provinz Mähren im österreichisch-ungarischen Kaiserreich; heute die zweitgrößte Stadt Tschechiens) als Sohn eines jüdischen Tuchhändlers geboren. Er studierte in Prag, Wien und Brünn Medizin, arbeitete anschließend zunächst als Chirurg in Bern und heuerte nach einem Zwischenspiel in Wien und einer überstandenen Lungentuberkulose als Schiffsarzt bei der österreichischen Lloyd an, was ihm in den Jahren 1912 und 1913 Eindrücke von Indien, Japan und dem karibischen Raum vermittelte. 1913, bald nach seiner Bekanntschaft mit Franz Kafka, erschien sein erster Roman »Die Galeere« in Berlin bei S. Fischer, zu jener Zeit dem bedeutendsten Verlag für deutschsprachige Gegenwartsliteratur. Im Ersten Weltkrieg diente Weiß als Militärarzt in der österreichisch-ungarischen Armee. Während dieser Zeit erschien sein zweiter Roman »Der Kampf« (Berlin: S. Fischer Verlag 1916), dessen Titel er 1919 in »Franziska« änderte. 1918 folgte der Roman »Tiere in Ketten«. Nach Ende des Krieges arbeitete Weiß als Arzt in Prag, bis er 1921 nach einer kurzen Zwischenstation in München – wo 1919 sein vierter Roman »Mensch gegen Mensch« im Verlag Georg Müller erschienen war – nach Berlin übersiedelte. Dort lebte er bis 1933 als erfolgreicher Schriftsteller und Journalist. In den Jahren 1926 bis 1931 wohnte er in Berlin-Schöneberg in der Luitpoldstraße 34. Dort war Ödön von Horváth vorübergehend sein Nachbar. Von Lajos von Horváth ist die Äußerung überliefert, Ernst Weiß sei »überhaupt der beste Freund« seines Bruders gewesen. In den Zwanzigerjahren veröffentlichte Weiß weitere Romane, die aber heute als weniger bedeutend gelten – anders als seine Romane aus den Dreißigerjahren, »Georg Letham. Arzt und Mörder« (1931 bei Zsolnay in Wien herausgekommen), »Der Gefängnisarzt oder Die Vaterlosen« (1934), »Der arme Verschwender« (1936) und »Der Verführer« (1938). Die drei letztgenannten entstanden im Exil, denn Ernst Weiß hatte Deutschland nach dem Reichstagsbrand verlassen und war nach Prag zurückgekehrt, wo er seine Mutter pflegte, die Anfang 1934 starb. Kurz danach reiste er nach Paris, wo er die restlichen Jahre seines Lebens verbrachte. In Frankreich erhielt er als Arzt keine Arbeitserlaubnis und seine Beiträge für Emigrantenzeitschriften brachten nicht genügend Honorar ein, um auch nur die nötigsten Kosten zu decken. So war er auf die finanzielle Unterstützung angewiesen, die ihm zwei prominente Emigranten, Stefan Zweig und Thomas Mann, gerne zukommen ließen. Ihnen widmete er seine beiden letzten zu Lebzeiten veröffentlichten, oben erwähnten Romane. Am Tag des Einmarschs der deutschen Truppen in Paris am 14. Juni 1940 unternahm Ernst Weiß einen Selbstmordversuch. Er starb am Tag darauf im Alter von 57 Jahren in einem Pariser Krankenhaus.

S. 5 zwischen zwei Zeitaltern möglicherweise eine Anspielung auf die in den 1920-Jahren sehr einflussreiche Geschichtsphilosophie des Gymnasiallehrers und Philosophen Oswald Spengler (1880–1936), die dieser in seinem zweibändigen Hauptwerk »Der Untergang des Abendlandes« (1918 und 1922) entwarf. Er beschrieb darin die Weltgeschichte mithilfe biologistischer Vorstellungen und Begriffe (wie ›Geburt‹, ›Reifung‹, ›Blüte‹ und ›Verwesung‹) als zyklischen Prozess des Aufstiegs und Verfalls mächtiger Kulturen. Die Gegenwart betrachtete er, worauf schon der Titel hinweist, als Endzeit der abendländischen Kultur.

S. 7 Herr Kobler Im süddeutschen und österreichischen Sprachraum ist ein ›Kobel‹ ein ›Verschlag‹, ein ›kleiner Stall für Haustiere‹. Ob man ›Kobler‹ vor diesem Hintergrund als sprechenden Namen auffassen und mit dem Titel des Romans in Beziehung setzen will, bleibt der Leserin oder dem Leser überlassen.

Paneuropäer Die sogenannte Paneuropa-Union entstand 1922 auf Initiative des österreichischen (später, aufgrund der Zeitumstände, tschechoslowakischen und noch später französischen) Publizisten und politischen Vordenkers Richard Nikolaus Coudenhove-Kalergi (1894–1972, bis 1919: Graf Coudenhove-Kalergi). Ihr Ziel war die Vereinigung der europäischen Nationalstaaten zu einem einheitlichen politischen Gebilde und Wirtschaftsraum Europa (»Paneuropäische Union« oder auch, nach amerikanischem Vorbild, »Vereinigte Staaten von Europa«). Seit 1924 warb eine in deutscher und französischer Sprache erscheinende Monatsschrift mit dem Titel »Pan-Europa« für diese Ideen. Im Herbst 1926 fand in Wien, wo sich das von Coudenhove-Kalergi geleitete Zentralbüro der Bewegung befand, ein erster Paneuropa-Kongress statt, an dem 28 Staaten teilnahmen und dessen Vorsitz der Präsident des deutschen Reichstags, Paul Löbe, übernahm. Die Nationalsozialisten verboten nach ihrer Machtübernahme in Deutschland die Paneuropa-Union. 1950 wurde Coudenhove-Kalergi als erster Preisträger mit dem Aachener Karlspreis ausgezeichnet, der bis heute an Persönlichkeiten verliehen wird, die sich besondere Verdienste um Europa und die europäische Einigung erworben haben.

Denn solang … dunklen Erde. Als Motto des ersten Teils dient die – leicht verändert wiedergegebene – Schlussstrophe eines der berühmtesten Gedichte Goethes, »Selige Sehnsucht« aus dem »West-östlichen Divan« (1819, in erweiterter Fassung: 1827). Es lautet vollständig: »Sagt es niemand, nur den Weisen, / Weil die Menge gleich verhöhnet, / Das Lebend'ge will ich preisen / Das nach Flammentod sich sehnet. // In der Liebesnächte Kühlung, / Die dich zeugte, wo du zeugtest, / Überfällt dich fremde Fühlung / Wenn die stille Kerze leuchtet. // Nicht mehr bleibest du umfangen / In der Finsternis Beschattung, / Und dich reißet neu Verlangen / Auf zu höherer Begattung. // Keine Ferne macht dich schwierig, / Kommst geflogen und gebannt, / Und zuletzt, des Lichts begierig, / Bist du Schmetterling verbrannt. // Und so lang du das nicht hast, / Dieses: Stirb und Werde! / Bist du nur ein trüber Gast / Auf der dunklen Erde.« (Aus: Johann Wolfgang Goethe: Sämtliche Werke nach Epochen seines Schaffens. Münchner Ausgabe. Band 11.1.2: Westöstlicher Divan. Herausgegeben von Karl Richter. München und Wien: Carl Hanser Verlag 1998, S. 21)

Schellingstraße in der Münchner Maxvorstadt gelegene, knapp zwei Kilometer lange Straße, zu deren Seiten sich wichtige Gebäude der Universität befinden und die nach dem Naturphilosophen Friedrich Wilhelm Schelling (1775–1854) benannt ist, der ab 1807 in München wirkte und lehrte

sechshundert Reichsmark »die Münzeinheit des Deutschen Reiches [...], repräsentiert 1/1395 von einem Pfund (500 g) seinen Goldes, = 1/3 Taler der bisherigen Währung, und wird in 100 Pfennig geteilt.« (»Meyers Großes Konversationslexikon«, 6. Auflage, 1905 bis 1909, Band 13, S. 316) Die Summe von 600 Reichsmark, die Kobler sich bei dem auf den Seiten 7 und 8 geschilderten Autoverkauf ergaunert, entspricht genau dem Betrag, den Horváth im September 1929 für seine Reise zur Weltausstellung in Barcelona vom Ullstein Verlag als Vorschuss erhalten hatte.

Frau Hofopernsänger im Sprachgebrauch der Zeit, in der Frauen mit dem Titel ihrer Ehemänner angeredet wurden, auch: die Frau eines Hofopernsängers; hier jedoch eine Hofopernsängerin, also ein aktives oder ehemaliges Ensemblemitglied der Königlichen Hofoper, wie zu Beginn des zweiten Kapitels deutlich wird

S. 8 Sechszylinder »Kraftfahrzeug mit einem Sechszylindermotor« (Duden). Traugott Krischke und Susanna Foral-Krischke zitieren im Kommentarteil ihrer Ausgabe des Romans aus einem Artikel von Max Hermann Bloch, »Deutsche Automobile, Jahrgang 1928«, der im April 1928 in der illustrierten Kulturzeitschrift »Der Querschnitt – Das Magazin der aktuellen Ewigkeitswerte« erschienen war (8. Jahrgang, Heft 4, S. 262): »Die deutschen Konstruktionen haben sich seit Jahresfrist dem internationalen Standard stark angeglichen. In der Hauptsache wird der mittelstarke Wagen gebaut, der, größtenteils sechszylindrig, den Erfordernissen entspricht, die das Publikum hinsichtlich Fahrkomfort stellt. [...] Besonders auffallend und kennzeichnend für den Jahrgang 1928 ist, dass eine

Horváth und eine Freundin in den 1920er-Jahren auf einer Alpentour

große Anzahl von Automobilfabrikanten das Kabriolett, ob zwei- oder mehrsitzig, serienmäßig bauen oder bauen lassen.« (Ödön von Horváth: Gesammelte Werke. Kommentierte Werkausgabe in Einzelbänden. Herausgegeben von Traugott Krischke unter Mitarbeit von Susanna Foral-Krischke. Band 12: Der ewige Spießer. Frankfurt am Main: Suhrkamp Verlag 1987, 7. Auflage 2019, S. 367; im Folgenden zitiert als: Krischke)

steuerfreies Leichtmotorrad Nach dem im April 1928 in Kraft getretenen Kraftfahrzeugsteuergesetz waren Motorräder mit einem Hubraum von unter 200 Kubikzentimeter von der Kraftfahrzeugsteuer befreit (vgl. Krischke, S. 368).

S. 9 der wo mit die jungen Madin herumgstreunt is wie ein läufiges Nachtkastl der mit den jungen Mädchen durch die Gegend gestreunt ist wie ein läufiges Nachtkästchen. Ein Nachtkästchen (auch: Nachttisch) ist eine kleine Kommode neben dem Bett.

Heil! nicht nur von den Nationalsozialisten, sondern auch von anderen rechtspopulistischen Gruppierungen der Zwanzigerjahre verwendete Grußformel

Marienplatz zentraler Platz der Münchner Innenstadt, dessen nördliche Seite die Front des (zwischen 1867 und 1909 in neugotischem Stil errichteten) Neuen Rathauses einnimmt

S. 10 platonisch von sexuellen Interessen frei, rein seelisch. – Der Begriff geht auf die Ideenlehre des griechischen Philosophen Platon (etwa 428 bis etwa 348 v. Chr.) zurück.

Umsturz Gemeint ist die Ausrufung des republikanischen »Freistaats Bayern« durch den Journalisten und Schriftsteller Kurt Eisner (1867–1919) am 8. November 1918 in München, also unmittelbar nach dem Ende des Ersten Weltkriegs. Die Novemberrevolution war erfolgreich, der Freistaat unter dem Ministerpräsidenten Eisner aber nur von kurzer Dauer. Nach einer schweren Wahlniederlage seiner Partei, der USPD, wurde Eisner am 21. Februar 1919 – dem Tag, an dem er seinen Rücktritt bekanntgeben wollte – von einem jungen rechtsgerichteten deutsch-österreichischen Adligen ermordet, der bereits 1924 wieder auf freiem Fuß war.

dänischen Honorarkonsul Honorarkonsuln waren meist Großkaufleute oder Unternehmer mit guten Verbindungen, die sich für die Wirtschaftsinteressen eines auswärtigen Staates einsetzten.

S. 12 Ministerialrats »in Deutschland und Österreich eine Amtsbezeichnung für Beamte des höheren Dienstes in einem Ministerium oder in einer obersten Bundesbehörde« (Wikipedia-Artikel »Ministerialrat«; Zugriff: 9. 11. 22)

S. 14 leicht verblödeten eine gewisse Neigung zum Stumpfsinn (zu großer geistiger Trägheit, oder auch: zum Schwachsinn) aufweisenden

christlichsozialen Familie eine Familie, die zur Anhängerschaft der in den frühen 1890er-Jahren gegründeten demokratischen, aber zugleich auch scharf antisemitischen »Christlichsozialen Partei« gehörte, welche in Österreich schnell zu einer wichtigen politischen

Kraft wurde und mit ihrem Gründer Karl Lueger (1844–1910) ab 1897 den Bürgermeister von Wien stellte

Brescia Hauptstadt der in der Po-Ebene gelegenen italienischen Provinz Brescia

Anno Domini (lat.) wörtlich: im Jahre des Herrn; im Jahre unserer Zeitrechnung (nach Christi Geburt)

Quartalssäufer »männliche Person, die von periodischer Trunksucht befallen wird« (Duden)

Kadettenschule (vgl. frz. ›cadet‹: ›Offiziersanwärter‹) »Schule beziehungsweise Anstalt, in der die Zöglinge eine speziell auf den Dienst als Berufsoffizier ausgerichtete Schulausbildung erhalten« (»DWDS«, »Der deutsche Wortschatz von 1600 bis heute«: https://www.dwds.de); im XIII. Wiener Gemeindebezirk gab es in der Hütteldorferstraße eine Kadettenschule, die hier wohl gemeint ist.

ein k. u. k. Oberleutnant ein nicht über die unteren Ränge hinausgekommener Offizier in der Armee der »kaiserlich und königlichen« Doppelmonarchie, der Österreich-Ungarischen Monarchie, die 1867, nach der Niederlage gegen Preußen, aus dem Österreichischen Kaiserreich hervorgegangen war

in der Etappe zu verhuren in sicherer Entfernung von der Kampfzone zu verbringen, in der sogenannten Etappe, dem Hinterland der Front, wo der Nachschub (an Munition und Lebensmitteln) gelagert und verwaltet wird – und sich dort mit den Prostituierten zu vergnügen

die Valutastarken die reichlich mit Fremdwährung Ausgestatteten

Kontor Büro oder Verwaltungszentrale eines kaufmännischen Unternehmens (vgl. frz. ›comptoir‹: ›Schreibstube, Kanzlei‹)

S. 15 liederliche nachlässige, ausschweifende, moralisch verwerfliche

während des großen Völkerringens damals verbreitete, bildlich-pathetische Bezeichnung für den Ersten Weltkrieg

Antisemit erklärter Feind alles Jüdischen

Kontoristin »kaufmännische Angestellte, die einfachere Verwaltungsarbeiten erledigt« (Duden)

eine Blondine mit zwei linke Füß (Wiener Dialekt) eine unbeholfene, wenig geschickte Blondine

Nandl Kurz- und Koseform für Ferdinand

natürlichen naturgemäßen (»in der Natur der Sache liegenden«), unausweichlichen

Inflation Zeit der rasanten Verteuerung der Lebenshaltungskosten und damit der starken Geldentwertung

Deflation rückläufige Preisentwicklung

Stabilisierung Stabilisierung des Geldwerts (durch die Einführung der sogenannten Rentenmark im November 1923)

Proletariat nach marxistischer Lehre »in einer kapitalistischen Gesellschaft« die »Klasse der abhängig Beschäftigten (die keine eigenen Produktionsmittel besitzen)« (Duden)

rabiat wütend, wild, zu rücksichtslosem Handeln bereit

am 1. Mai Am 1. Mai 1929 kam es zu blutigen Zusammenstößen zwischen Kommunisten, die sich über die Anordnung des Berliner Polizeipräsidenten hinweggesetzt hatten, am »Internationalen Kampftag der Arbeiterklasse« jede öffentliche Kundgebung zu unterlassen, und der Polizei. 33 Demonstranten wurden an diesem Tag getötet und 1200 verhaftet.

Hausfreund beschönigend für: Liebhaber

Oberrealschule höhere Schulform, die anders als das (noch höher angesehene) altsprachliche Gymnasium die praktischen Bedürfnisse des Berufslebens in den Mittelpunkt des Lehrplans rückte

im achten Bezirk einer der acht ehemaligen Wiener Vorstadtbezirke, die sogenannte Josefstadt, seit 1850 eingemeindet, eine eher wohlhabende, bürgerliche Wohngegend; heute Teil des Stadtzentrums von Wien

S. 16 der Tizian Tizian (eigentlich Tiziano Vecellio, um 1490 bis 1576), einer der großen Meister der italienischen Malerei

Katzlmacher (auch: Katzelmacher) seit Mitte des 18. Jahrhunderts belegte abschätzige Bezeichnung für Italiener, die vermutlich auf den Kinderreichtum italienischer Familien anspielt

Das Maria-Theresia-Denkmal vor dem Kunsthistorischen Museum in Wien (April 2015)

korrekt hier: vollständig, ganz und gar

peinlich hier: akkurat, penibel, mit größer Sorgfalt

die Kandelaber hier: »mehrarmige[], säulenartige[] Ständer für die Straßenbeleuchtung« (Duden)

den Sockel des Maria-Theresia-Denkmals nach einem Entwurf des Wiener Architekten Carl Freiherr von Hasenauer (1833–1894) – dem Chefarchitekten der Wiener Weltausstellung von 1873 und Mitschöpfer der Monumentalbauten der Wiener Ringstraße – in den Jahren 1874 bis 1888 errichtetes Denkmal

partout (frz.) unter allen Umständen; unbedingt

soziologischen gesellschaftsanalytischen

Ahnen Vorfahren

Hugenotten Mitte des 16. Jahrhunderts aufgekommene Bezeichnung für die französischen Protestanten, die ab den 1660er-Jahren, unter der Herrschaft Ludwigs XIV., immer unnachgiebiger verfolgt wurden, was eine Fluchtwelle nach Holland und Deutschland auslöste, wo sich viele Hugenotten dauerhaft niederließen

im Bayerischen Wald Mittelgebirge an der Grenze zwischen Deutschland und Tschechien; damals eine wirtschaftlich sehr rückständige Region mit entsprechend armer Bevölkerung

Piaristen »die Frommen« (vgl. lat. ›pius‹: ›fromm‹); Bezeichnung für die Mitglieder der 1621 offiziell ins Leben gerufenen und seit Ende des 17. Jahrhundert auch in Wien präsenten Ordensgemeinschaft katholischer Männer »Ordo Clericorum Regularium Pauperum Matris Dei Scholarum Piarum« (»Orden der armen Regularkleriker der Mutter Gottes der frommen Schulen«), die sich besonders der Erziehung und schulischen Förderung junger Menschen widmete

Stabsarzt Dienstgradbezeichnung eines Armeearztes, etwa dem Rang eines Hauptmanns entsprechend

verzweifelten Kriegsgefangenenlager Sibiriens sibirischen Kriegsgefangenenlager voller verzweifelter Insassen

weil ihn jede Oper an die Hugenotten erinnerte Anspielung auf die 1836 uraufgeführte fünfaktige Oper »Le Huguenots« (»Die Hugenotten«) von Giacomo Meyerbeer (1791–1864, ursprünglich: Jakob Meyer Beer), der, aus Preußen (aus der Mark Brandenburg) stammend, früh nach Paris ging und dort als unbestrittener Meister der französischen »Grand opéra« jahrzehntelang große Erfolge feierte

melancholisch schwermütig

S. 18 Freistaat Danzig, der direkt dem Völkerbund untergeordnet ist In den Friedensverhandlungen nach dem Ersten Weltkrieg wurde Danzig, das seit 1815 zu Preußen und später zum Deutschen Kaiserreich gehört hatte (heute: Gdańsk in Polen), im Oktober 1922 mit Zoppot und anderen kleineren Städten der Umgebung zum Freistaat erklärt und unter den Schutz des Völkerbundes gestellt. Im April 1922 wurde der Freistaat wirtschaftlich an Polen angeschlossen.

Luxushotel »Das Grand Hotel Sopot wurde von 1924 bis 1927 als Kasinohotel in Zentrumsnähe am Ostseestrand, nahe dem Seesteg

Das Sofitel Grand Hotel in Sopot (Polen). Aufnahme vom April 2012

Zoppot, im neobarocken Stil erbaut. Die Baukosten beliefen sich seinerzeit auf 20 Millionen Danziger Gulden.« (Aus dem Wikipedia-Artikel »Grand Hotel Sopot«; Zugriff: 9. 11. 22). Das 2012 aufgenommene Foto zeigt das inzwischen von der Hotelkette Sofitel übernommene Luxushotel wenige Jahre nach seiner Komplettrenovierung, bei der man sich Mühe gab, das Aussehen und Flair des ursprünglichen Baus aus den Zwanzigerjahren zu erhalten beziehungsweise wiederherzustellen.

S. 19 leger ungezwungen, lässig, beiläufig, mühelos

Ulanen Bezeichnung für mit Lanzen bewaffnete Reitersoldaten, wie sie seit dem 16. Jahrhundert zum Erscheinungsbild der polnisch-litauischen Kavallerie gehörten und später auch in den Armeen anderer Staaten auftauchten. Ihre Uniformen enthielten oft Elemente der polnischen Nationaltracht wie die Tschapka (von poln. ›czapka‹: ›Mütze‹), eine viereckige Kopfbedeckung. Im Ersten Weltkrieg gab es auf deutscher Seite preußische, sächsische, württembergische und bayerische Ulanen-Regimenter, die aber nun in der Regel als Infanteristen (Fußsoldaten) eingesetzt wurden.

Kadettaspiranten Bewerber um einen Platz in einer Kadettenschule (siehe Seite 173)

Maxim-Bar Nachtlokal mit Bar, Separees und Kabarettbühne, das auch im dritten Teil von Horváths Theaterstück »Geschichten aus dem Wiener Wald« (Uraufführung: 1931 in Berlin) vorkommt

die Zech geprellt sich ohne zu zahlen aus dem Staub gemacht

mit ganzen mit nicht mehr als

Schilling 1925 eingeführte österreichische Währung, an deren Stelle in den Jahren des Anschlusses an das »Dritte Reich« (1938–1945) vorübergehend die Reichsmark trat und die schließlich 1999 (mit einer Übergangsfrist bis 2002) durch den Euro ersetzt wurde

Meran (ital. Merano) Stadt in Südtirol, zu Beginn des 20. Jahrhunderts wegen seines milden Klimas ein beliebter Winterkurort mit gut 20 000 Einwohnern. Die Stadt beherbergte auch zahlreiche Sanatorien für Menschen, die an Neurasthenie litten – dem damaligen ›Burnout‹ in einer Zeit rasanter Modernisierungsprozesse – und die hier in idyllischer Berggegend ihr Gleichgewicht wiederfinden sollten.

einlogiert einquartiert

a paar Pyramiden lässig-großspurig für: unermesslichem Reichtum

zum Boston engagiert als Tanzpartnerin für einen (nach der amerikanischen Stadt Boston benannten) langsamen Walzer gewonnen

kompromittiert eigentlich: öffentlich bloßgestellt; hier in engerem Sinne: verführt und geschwängert

Lange Seidenstrümpf hat er sich angezogen »Eigenart des Schauspielers Karl Huszar-Puffy, der 1931 in der Uraufführung von ›Geschichten aus dem Wiener Wald‹ die Rolle des Misters spielte« (Krischke, S. 373)

seine Haxen seine Beine (»umgangssprachlich scherzhaft, österreichisch salopp«) (Duden)

Meran in Südtirol. Illustration aus dem 19. Jahrhundert

Ein Narziss! Gestalt der griechischen Mythologie und beliebtes Motiv der abendländischen Kunstgeschichte – Narkissos (so die griechische Namensvariante), ein schöner Jüngling, der die Liebe der Nymphe Echo verschmäht und sich stattdessen, als er sich über eine Quelle beugt, in sein eigenes Spiegelbild verliebt

Achtpfennigzigarette wohl: eine Zigarette der oberen Preiskategorie

Mazedonier Ausländische Zigaretten oder Zigarettenmarken mit exotischen Namen waren damals besonders beliebt. In der Dresdner »f6-Zigarettenfabrik« wurden beispielsweise die Marken »Sphinx« und »Ramses« produziert. (Ein Viertel der deutschen Zigarettenproduktion kam in den 1920er-Jahren aus Dresden.)

bestimmt ganz gewiss

retour (frz.) zurück

S. 21 Abbazia italienischer Name von Opatija, einem Seebad auf der Halbinsel Istrien im Nordwesten Kroatiens, das zur Zeit der öster-

Die Strandpromenade von Abbazia im November 1902 – dreiteilige Faltpostkarte

reichisch-ungarischen Doppelmonarchie als Seebad und Winterkurort ein mondänes (elegantes, weltläufiges) Publikum anzog
S. 22 Louvre das Musée du Louvre im Louvre-Palast, dem ehemaligen
Stadtschloss der französischen Könige, seit 1793 Museum, heute das
größte und meistbesuchte Kunstmuseum der Welt

Dogenpalast Der – in seinem heutigen Erscheinungsbild etwa zwischen 1350 und 1450 entstandene – Dogenpalast war seit dem
9. Jahrhundert der Sitz der Regierungs- und Gerichtsorgane der
Republik Venedig.

Dogen Bis zum Ende des 18. Jahrhunderts waren die auf Lebenszeit
amtierenden Dogen die regierenden Staatsoberhäupter der Republik Venedig.

Forum Romanum das Zentrum des antiken Rom und der bevorzugte
Schauplatz wichtiger politischer Ereignisse; der Forumsplatz mit
seinen heute weltbekannten Monumenten wurde im Wesentlichen
im letzten Drittel des 19. Jahrhunderts archäologisch erschlossen
und freigelegt.

Gotik durch strenge und vertikal ausgerichtete Formgebung und dunkle Atmosphäre gekennzeichnete, etwa von 1150 bis 1500 reichende Epoche des europäischen Baustils, insbesondere von Kirchengebäuden

S. 23 Tippmamsell damals gebräuchlicher (und ›gutmütig herablassender‹), heute veralteter Ausdruck für: Stenotypistin (also eine weibliche Angestellte, die in Kurzschrift nach Diktat mitschreiben und das Diktierte anschließend auf der Schreibmaschine abtippen kann). ›Mamsell‹ (nach der französischen Kurzform von ›Mademoiselle‹: ›Fräulein‹) nannte man seinerzeit nicht nur (mit leicht spöttischem Unterton) unverheiratete Frauen, sondern auch (in neutraler Verwendung) Hausgehilfinnen, Wirtschafterinnen oder auch weibliche Angestellte in der Gastronomie.

Pavillonen (frz.) hier: Einzelgebäuden auf dem Ausstellungsgelände (Der Plural von ›Pavillon‹ lautet eigentlich ›Pavillons‹.)

Pariser Weltausstellung Die letzte (fünfte) große Pariser Weltausstellung hatte von Mai bis November 1900 stattgefunden und mehr als 48 Millionen Besucherinnen und Besucher angezogen. Gemeint sein könnte aber auch die »Exposition internationale des arts décoratifs et industriels modernes«, eine Weltausstellung des Kunstgewerbes und Industriedesigns, die vom 28. April bis zum 25. Oktober 1925 dauerte und in deren Folge sich die Stilrichtung des »Art déco« international durchsetzte.

Ulster (engl.) »loser, zweireihiger Mantel aus Ulster [aus grobem Streichgarn gefertigtem gerauten Stoff] [für Herren] mit Rückengürtel und breitem Revers« (Duden)

S. 24 Automobilpavillon Ausstellungsgebäude mit den Weltneuheiten der Automobilbranche

das Geschäftliche mit dem Nützlichen verbinden Die hier – auf für die Romanfigur Kobler charakteristische Weise – abgewandelte Redewendung »das Angenehme mit dem Nützlichen verbinden« geht wohl auf die »Ars poetica« (»Die Dichtkunst«) des römischen Autors Horaz (65 bis 8. v. Chr.) zurück, und zwar auf die Empfehlung »Omne tulit punctum, qui miscuit utile dulci« (»Aller Beifall ist dem sicher, der Nützliches mit Süßem mischt«).

Emigrantinnen Nach der Oktoberrevolution, in der die kommunistischen Bolschewiki unter der Führung Lenins die Macht in Russland übernahmen, kam es zu einem Massenexodus von Angehörigen der bis dahin privilegierten Schichten nach Mitteleuropa. Nach zeitgenössischen Schätzungen gab es mehr als zweieinhalb Millionen russische Emigrantinnen und Emigranten.

Lido (von lat. ›litus‹: ›Strand, Küste‹) Gemeint ist der Lido de Venezia, eine der Stadt Venedig vorgelagerte Insel mit Sandstrand, auf der sich damals luxuriöse Badehotels befanden. Hier spielt auch Thomas Manns berühmte Erzählung »Der Tod in Venedig« (1912).

Cannes Die südfranzösische Stadt Cannes an der Côte d'Azur entwickelte sich in den Jahren vor dem Ersten Weltkrieg zu einem mondänen Seebad.

Deauville Die in der Normandie gelegene Küstenstadt Deauville, bis 1860 ein schlichtes Dorf namens Dosville, wandelte sich seit den 1860er-Jahren aufgrund der Bautätigkeiten eines Halbbruders von Kaiser Napoléon III. und der Eisenbahnanbindung an Paris zu einem vornehmen Seebad, das nicht nur die elegante Welt, sondern auch Künstler und andere Prominente anzog. 1911 eröffnete hier ein Casino, was den Bau von Luxushotels nach sich zog.

Dalmatien historische Bezeichnung einer südeuropäischen Küstenregion an der Ostküste der Adria, die Teile der heutigen Länder Kroatien und Montenegro umfasst; bis zum Ersten Weltkrieg als »Kronland Dalmatien« Teil der österreichisch-ungarischen Doppelmonarchie, wurde Dalmatien Ende 1918 in das neu ausgerufene »Königreich der Serben, Kroaten und Slowenen« (ab 1929 »Königreich Jugoslawien«) eingegliedert und in den Zwanzigerjahren mehr und mehr zu einer beliebten Urlaubsregion.

ein ungarischer Abgeordneter Ungarn löste sich Ende Oktober 1918 von Österreich. Kurz darauf wurde eine »Demokratische Republik Ungarn« ausgerufen, die sich jedoch nur wenige Monate hielt. An

Horváth und eine unbekannte Begleiterin in den 1920er-Jahren auf einer Alpentour

ihre Stelle trat im Frühjahr 1919 eine kommunistisch dominierte Räterepublik, die ihrerseits im Zuge des in den folgenden Monaten wütenden Ungarisch-Rumänischen Krieges im August 1919 in sich zusammenbrach. Die Macht übernahm schließlich der ehemalige k. u. k. Admiral Miklós Horthy (1868–1957), der von der Nationalversammlung zum Reichsverweser (was Reichsverwalter bedeutet) bestimmt wurde und, obwohl er formal die Monarchie wieder einführte, faktisch von 1920 bis 1944 über Ungarn herrschte.

S. 25 MacDonald James Ramsay MacDonald (1866–1937) wurde 1924 der erste britische Premierminister der linksgerichteten (1900 gegründeten) Labour-Partei. Seine erste Regierungszeit, die außenpolitisch im Zeichen einer Annäherung an die Sowjetunion stand, währte nur ein knappes Jahr. 1929 wurde er erneut Premierminister. Im Sommer 1931, auf dem Höhepunkt der Wirtschaftskrise, stellte er sein Amt zur Verfügung und erhielt daraufhin den Auftrag, unter Einbindung der Konservativen und der Liberalen eine »Nationale Regierung« zu bilden. Dem leistete er Folge, ohne sich jedoch dabei mit seinen Parteifreunden abzustimmen, woraufhin er aus der Labour Party ausgeschlossen wurde. In den für Oktober angesetzten Neuwahlen erlitt Labour eine schwere Niederlage und das konservative Lager übernahm wieder allein die Regierung.

Hajdúszoboszló kleinere Stadt in der Großen Ungarischen Tiefebene, gut 200 Kilometer von Budapest entfernt, in der in den 1920er-Jahren bei Bohrungen Thermalquellen entdeckt wurden und die sich in den Folgejahren als Kurort etablierte

Welche Klasse wollen Sie? Die Deutsche Reichsbahn reduzierte ihr Angebot im Herbst 1928 von zuvor vier auf nunmehr drei Wagenklassen: erste Klasse oder ›Luxusklasse‹, zweite Klasse oder ›Polsterklasse‹ und dritte Klasse oder ›Holzklasse‹. Wagen erster Klasse gab es nur bei Fernverbindungen, in ausgewählten Schnellzügen.

S. 26 Primo de Rivera Der spanische General Miguel Primo de Rivera y Orbaneja, Marqués de Estella (1870–1930), beendete 1923 in Absprache mit König Alfons XIII. (1886–1941) politisch instabile Jahre, indem er eine Militärdiktatur errichtete, die sich bis Anfang 1930 hielt. Gesundheitlich bereits geschwächt, trat er angesichts drohender Aufstände zurück und starb wenige Wochen später in Paris.

Zentrale der anarchistischen Bewegung Die von anarchistischem Gedankengut geprägte »Federación de trabajadores de la Región Española« (»Föderation der Arbeiter der spanischen Region«) wurde 1881 auf einem Arbeiterkongress in Barcelona gegründet. Nach ihrer Auflösung sieben Jahre später lebte die anarchistische Bewegung im Untergrund weiter und setzte ihre Aktivitäten in Publikationen, aber auch durch Terroranschläge fort. 1927 kam es in Valenzia mit der Gründung der »Federación Anarquista Ibérica« zu einem erneuten Zusammenschluss anarchistischer Kräfte in Spanien.

egal gleich

D-Zug »Ab 1892 verkehrte in Deutschland eine neue Zuggattung mit besonders komfortablen Schnellzugwagen, der sogenannte

Durchgangswagenzug, Durchgangszug oder D-Zug«, dessen Wagen »durch mit Faltenbälgen geschützte Übergänge untereinander verbunden waren [...]. Neben den Abteilen gab es nun einen seitlichen Durchgang«, wodurch die Abteile »nicht mehr nur direkt über Außentüren und Trittbretter zu erreichen [waren] wie in den Abteilwagen bisheriger Bauart. [...] Der erste D-Zug fuhr am 1. Mai 1892 [...] auf der Strecke Berlin Potsdamer Bahnhof – [...] Köln Hbf. Hierbei kamen ausschließlich neue, vierachsige Personenwagen zum Einsatz«, wohingegen in Schnellzügen »dreiachsige [...] aushilfsweise erlaubt« waren. »Bis 1917 wurden sämtliche Schnellzüge in Deutschland schrittweise zu D-Zügen [...]. Lediglich in Bayern fuhren noch einige zuschlagpflichtige Schnellzüge auf der Strecke München – Mittenwald – Innsbruck und wurden erst 1929 zu D-Zügen. Im 20. Jahrhundert wurden in Deutschland die Bezeichnungen D-Zug und Schnellzug annähernd synonym verwendet.« (Wikipedia-Artikel »Schnellzug«; Zugriff: 9. 11. 22)

Innsbruck Stadt im Westen Österreichs und alte Nebenresidenz der Habsburger

Brennero italienischer Name (deutsch: Brenner) der an der Grenze zwischen Tirol und Südtirol gelegenen Ortschaft und des gleichnamigen Alpenpasses, des wichtigsten Alpenübergangs nach Italien

Verona norditalienische Stadt und Hauptstadt der gleichnamigen Region

Milano Mailand, größte Stadt Norditaliens und Hauptstadt der Lombardei

Genova Genua, Hafenstadt im Nordwesten Italiens und Hauptstadt der Region Ligurien

Ventimiglia hart an der Grenze zu Frankreich gelegene kleinere Hafenstadt im Nordwesten Italiens (siehe Seite 186)

Marseille alte Hafenstadt an der französischen Mittelmeerküste, die zweitgrößte Stadt Frankreichs

Portbou an der spanisch-französischen Grenze gelegene spanische Ortschaft am Mittelmeer

Ventimiglia an der Küste Liguriens. Aufnahme vom August 2021

Cerbéres eigentlich Cerbère, ein Nachbarort von Portbou auf der französischen Seite. Das Eisenbahnerstädtchen ist der südlichste Ort des französischen Festlandes.

Tarascon nahe bei Arles und Avignon in der französischen Provence gelegene Kleinstadt mit seinerzeit etwa 8000 Einwohnern

Lyon historisch und politisch bedeutsame Stadt im Osten Frankreichs, die drittgrößte Stadt des Landes

Genf zweitgrößte Stadt der Schweiz im Südwesten des Landes am Genfer See

Bern im Zentrum der Schweiz gelegene Stadt und seit Mitte des 19. Jahrhunderts Hauptstadt des Schweizer Bundesstaates

Basel traditionsreiche alte Bürgerstadt im »Dreiländereck« von Frankreich, Deutschland und der Schweiz und nach Zürich und Genf die drittgrößte Stadt der Schweiz

S. 27 Rumpfungarn Nach dem Ersten Weltkrieg verlor Ungarn mehr als zwei Drittel seines Territoriums. Die Bevölkerung schrumpfte von gut 18 auf 8 Millionen Einwohner. Wie in vielen europäischen

Regionen führte auch hier das erklärte Ziel der Siegermächte (und vor allem des amerikanischen Präsidenten Woodrow Wilson), Nationalitätenkonflikte zu entschärfen, zu neuen Problemen und Spannungen. Der Deutschungar Jakob Bleyer (1874–1933), der von 1919 bis 1920 ungarischer Minister für nationale Minderheiten gewesen war und ab 1921 in Budapest eine Professur für deutsche Sprache und Kultur innehatte, veröffentlichte 1928 die Schrift »Das Deutschtum in Rumpfungarn«.

Serbien und Kroatien Serbien, bis 1804 eine Provinz des Osmanischen Reiches, erkämpfte im Laufe des 19. Jahrhunderts seine Unabhängigkeit, die 1878 offiziell bestätigt wurde. 1882 erfolgte die Aufwertung des Fürstentums Serbien zum Königreich. »Nach Ende des Ersten Weltkriegs wurde das Königreich der Serben, Kroaten und Slowenen [...] gegründet, das sich 1929 in Jugoslawien (Südslawien) umbenannte. Es bestand aus Serbien, dem bis dahin unabhängigen Montenegro sowie den meisten von Südslawen besiedelten Ländern der Österreichisch-Ungarischen Monarchie, wie Bosnien-Herzegowina, Dalmatien, Kroatien, Slawonien und Slowenien.« (Wikipedia-Artikel »Serbien«; Zugriff: 9. 11. 22)

blitzte ihn empört an warf ihm einen niederschmetternd gemeinten empörten Blick zu

Bolschewik Die »Bolschewiki« (»Mehrheitler«) waren ein von Wladimir Iljitsch Lenin (1870–1924) angeführter radikaler Parteiflügel der »Sozialdemokratischen Arbeiterpartei Russlands« (SDAPR), der statt auf Reform auf den Umsturz der politischen Verhältnisse im russischen Zarenreich setzte. Der Name entstand 1903 auf dem zweiten Parteikongress in Brüssel und London infolge eines Richtungsstreits innerhalb der Arbeiterpartei und war als selbstbewusste Kampfansage an den gemäßigten Parteiflügel zu verstehen, der im Grunde mehr Anhänger hatte, welche aber fortan als »Menschiwiki« (»Minderheitler«) galten. 1912 brach die Partei auseinander und 1917 übernahmen die radikalen Bolschewiki in Russland die Macht. Angesichts der Härte, mit der sie ihren Machtanspruch durchsetzten, wurde der Begriff »Bolschewik« im restlichen Europa zur Personifizierung der »roten Gefahr«, die alles daran setzte, die bürgerliche Ordnung niederzureißen.

Die Neutralen die Länder, die sich aus dem Krieg herausgehalten, die im Krieg ihre Neutralität gewahrt haben

die teuersten Länder die wirtschaftlich florierendsten Länder, in denen die Gehälter und Lebenshaltungskosten vergleichsweise hoch sind und deren Besuch daher für Ausländer besonders kostspielig ist

Schellingsalon Ein Café namens »Schelling-Salon« existierte in München seit dem letzten Viertel des 19. Jahrhunderts.

Geh (süddeutsch und österreichisch, meist: »ah geh!«) Ausruf, der eine abwehrende, abschätzige Haltung zum Ausdruck bringt

der Herr Dünzl »Nach Mitteilung von Dr. Heinrich Emhardt ein Maler und Journalist aus Horváths Bekanntenkreis, der im Schellingsalon verkehrte.« (Krischke, S. 377)

S. 28 zehn oder fünfzehn »Der Preisunterschied ergab sich daraus, ob nach der Toilettenbenutzung auch Händewaschen (mit Seife und Handtuch) gewünscht wurde.« (Krischke, S. 378)

S. 32 Nur noch einige Wörterbücher, ganz winzig bedruckte mit je zwölftausend Wörtern. Gemeint sind Taschenwörterbücher des in München ansässigen Langenscheidt Verlags, dessen Anfänge ins Jahr 1856 zurückreichen und der bald mit seinen handlichen Wörterbüchern hohe Auflagen erzielte.

Studienrat »Wilhelm II. ersetzte 1918 mit einem Erlass die Amtsbezeichnung ›Oberlehrer‹ durch den Charakter-Titel ›Studienrat‹. Der Vereinheitlichung und Vereinfachung der Lehrerbezeichnungen zum Studienrat, Oberstudienrat und Studiendirektor ging eine Vielzahl unterschiedlicher und verwirrender Titulaturen voraus.« (Wikipedia-Artikel »Studienrat«; Zugriff: 9. 11. 22)

S. 33 in der Inflation Gemeint ist wohl die Hyperinflation des Jahres 1923, in der viele ihre gesamten Ersparnisse verloren (siehe auch Seite 174: Inflation).

Plaid Reisedecke (traditionell mit Schottenmuster) oder auch ein großes wollenes Tuch als wärmender Umhang

Figueras nichtamtliche Bezeichnung der von einer Militärfestung (der größten Europas aus dem 18. Jahrhundert) dominierten katalonischen Stadt Figueres

Seit längerer Zeit entbehren wir Ihre Aufträge. Höflich-gewundene Ausdrucksweise für: Bedauerlicherweise haben Sie seit Längerem nichts mehr bei uns bestellt.

Timotheus griechischer Name mit der Bedeutung »Fürchte Gott«, »Erweise Gott Ehre«

S. 34 Partenkirchen auf 700 Metern Höhe gelegene Stadt in Oberbayern am Alpenrand. »Garmisch und Partenkirchen [...] blieben bis in das 20. Jahrhundert hinein zwei konkurrierende Marktgemeinden. Bereits zu Beginn des 19. Jahrhunderts war Partenkirchen ein Ort, der Kuraufenthalte anbot. Nach der Fertigstellung der Eisenbahnverbindung nach München im Jahr 1889 setzte eine Steigerung des Fremdenverkehrs ein. Die Bayerische Zugspitzbahn wurde in den Jahren 1928 bis 1930 in drei Abschnitten erbaut.« Erst Anfang 1935 »schlossen sich die Marktgemeinden Garmisch und Partenkirchen wegen der im nachfolgenden Jahr stattfindenden IV. Olympischen Winterspiele (1936) unter massivem Druck der NSDAP zum Markt Garmisch-Partenkirchen zusammen.« (Wikipedia-Artikel »Garmisch-Partenkirchen«; Zugriff: 9. 11. 22)

S. 36 der Herr Reichsfinanzminister Gemeint ist der sozialdemokratische Finanzminister deutsch-österreichischer Herkunft Rudolf Hilferding (1877–1941), der das Amt von Mitte 1928 bis Ende 1929 innehatte. Als marxistisch orientierter Wirtschaftswissenschaftler und Mitherausgeber der »Marx-Studien« (von 1904 bis 1925) bekämpfte er die vermeintliche Verschmelzung staatlicher Politik mit den Interessen der Wirtschaftseliten.

apostolischen Doppelkreuze der Überlandleitungen Das apostolische (päpstliche) Doppelkreuz hat zwei Querbalken, von denen der obere kürzer ist als der untere, wie auf der Abbildung des Heiligen

Porträt des Heiligen Hilarius
mit apostolischem Doppelkreuz in
der »Weltchronik« (Nürnberg 1493)
von Hartmann Schedel (1440–1514)

Hilarius (der von 461 bis 468 n. Chr. Papst war) in Hartmann Schedels »Weltchronik« zu sehen ist.

S. 37 Mittenwald Deutschlands höchstgelegener Luftkurort (912 Meter über dem Meeresspiegel) im südlichen Oberbayern mit großer Geigenbautradition hatte um 1930 knapp 3000 Einwohner.

Schwebebahn auf die Zugspitze Nähere Informationen enthält der Teilartikel »Tiroler Zugspitzbahn« im Wikipedia-Artikel »Zugspitze«; Horváth behandelte das Bauprojekt in seinem ersten großen Bühnenstück »Die Bergbahn« (vgl. Seite 277 dieses Bands).

eine zweite Zugspitzbahn zu bauen … eine solide Zahnradbahn Nähere Informationen bietet der Teilartikel »Bayerische Zugspitzbahn« im Wikipedia-Artikel »Zugspitze« (Zugriff: 9. 11. 22).

S. 38 Kuba Kuba war bis Ende des 19. Jahrhunderts eine spanische Kolonie. Nach drei Jahrzehnten des Unabhängigkeitskampfes erlangte Kuba 1902 seine staatliche Souveränität. Einer der jüngeren Generäle aus der Zeit des Unabhängigkeitskrieges, Mario García Menocal (1866 – 1941), wurde 1913 dritter Präsident des Landes. Im Frühjahr 1917 trat Kuba unter seiner Führung an der Seite der USA in den Weltkrieg ein und gehörte 1919 zu den Mitunterzeichnern des Versailler Vertrags.

Weimarer Verfassung … Freiheitsrechte Die Artikel 109 und 114 der 1919 verabschiedeten Verfassung lauteten: »Alle Deutschen sind vor dem Gesetze gleich. Männer und Frauen haben grundsätzlich dieselben staatsbürgerlichen Rechte und Pflichten. Öffentlich-rechtliche Vorrechte oder Nachteile der Geburt oder des Standes sind aufzuheben. […]« (Artikel 109) »Die Freiheit der Person ist unverletzlich. Eine Beeinträchtigung oder Entziehung der persönlichen Freiheit durch die öffentliche Gewalt ist nur auf Grund von Gesetzen zulässig. […]« (Artikel 114)

dem bayerischen Konkordat In dem 1924 unterzeichneten und 1925 vom Bayerischen Landtag bestätigten Vertrag zwischen dem Freistaat Bayern und dem Vatikanstaat in Rom wurde der katholischen Kirche ein weitreichender Einfluss auf das Schulwesen zugestanden. Paragraph 1 von Artikel 5 lautete: »Der Unterricht und die Erziehung der Kinder an den katholischen Volksschulen wird nur solchen Lehrkräften anvertraut werden, die geeignet und bereit sind, in verlässiger Weise in der katholischen Religionslehre zu unterrichten und im Geiste des katholischen Glaubens zu erziehen.« Jürgen Schröder hat in einer 1982 erschienenen Untersuchung über Horváths 1930 entstandenes unvollendetes Schauspiel »Die Lehrerin von Regensburg« auf die 1927 veröffentlichte Broschüre »Über Auswirkungen des Konkordats und der übrigen Kirchenverträge in Bayern« hingewiesen, in der der Verfasser Friedrich Nüchter, der Redakteur der »Bayerischen Lehrerzeitung«, alle Fälle dokumentiert hatte, »in denen Lehrer aus religiösen Gründen auf Betreiben des Pfarrers oder des zuständigen Ordinariats [Verwaltungszentrums eines katholischen Bistums] entweder vom Dienst suspendiert, pensioniert oder versetzt worden waren« (zitiert nach Krischke, S. 381). Horváths unvollendetes Stück behandelt den damals deutschlandweit für Aufsehen und Empörung sorgenden Fall der mit kommunistischem und freidenkerischem Gedankengut sympathisierenden Volksschullehrerin in Regensburg Elisabeth »Elly« Maldaque, die nach ihrer Denunziation durch Anhänger der NSDAP fristlos entlassen und kurz darauf von der Stadt Regensburg in eine Nervenheilanstalt eingewiesen wurde, wo sie wenige Tage später im Alter von 36 Jahren starb.

S. 39 ich bin aber schon sehr für den Anschluss In Artikel 80 des Versailler Vertrags hatte Deutschland sich 1919 verpflichtet, die Unabhängigkeit Österreichs anzuerkennen und als unabänderliche politische Tatsache zu akzeptieren. Gleichwohl forderte nicht nur Adolf Hitler den Anschluss Österreichs (den er 1938 auch vollzog, womit seine Popularität in Deutschland und Österreich ihren Höhe- und Scheitelpunkt erreichte), sondern auch unter den politischen Parteien Deutschlands, die sich zur Weimarer Republik bekannten, herrschte spätestens seit Mitte der 1920er-Jahre ein breiter Konsens, dass der Anschluss Österreichs an Deutschland eine politische Notwendigkeit sei.

S. 40 Königreich Bayern war von 1805 bis 1918 Königreich. Das Schild ist also nicht aktuell (und deutet somit vielleicht den Widerstand auch staatlicher Stellen an, die neuen politischen Verhältnisse zu akzeptieren).

Rechts fahren! ... Links fahren! »In Deutschland und Vorarlberg wurde rechts gefahren, rechts ausgewichen und links überholt; in Österreich (ausgenommen Vorarlberg) links gefahren, links ausgewichen und rechts überholt.« (Krischke, S. 382)

Großdeutschland im 19. Jahrhundert entstandener Begriff (damals wurde die Frage, ob die deutsche Einigung unter Einbeziehung Österreichs erfolgen solle oder nicht, vor allem anhand des Begriffspaars »großdeutsche Lösung« und »kleindeutsche Lösung« diskutiert), der in der Nachkriegszeit immer mehr zum politischen

Das »Goldene Dachl« in Innsbruck. Aufnahme vom Juni 2014

Kampfbegriff wurde und als solcher der Forderung nach dem Anschluss Österreichs an Deutschland Ausdruck verlieh

die nördlichen Kalkalpen »Abschnitt der Ostalpen«, der sich »über 500 Kilometer vom Alpenrheintal bis Wien« erstreckt und »zwischen 20 und 50 Kilometer breit« ist (Wikipedia-Artikel »Nördliche Kalkalpen«; Zugriff: 9. 11. 22)

zwischen Wetterstein und Karwendel Das Wettersteingebirge und das (nördlich von Innsbruck gelegene) Karwendel sind Gebirgsgruppen der Nördlichen Kalkalpen in Tirol und Bayern.

goldenes Dachl zwischen 1498 und 1500 zur Feier der Zeitenwende im Jahre 1500 entstandener Prunkerker am »Neuhof«, der 1420 in der Innsbrucker Altstadt errichteten Residenz der Tiroler Landesfürsten. Der mit 2657 feuervergoldeten Kupferschindeln gedeckte Erker wurde im Auftrag des deutschen Königs und späteren (ab 1508) römisch-deutschen Kaisers Maximilian I. (1459–1519) von dem Baumeister und Steinmetz Niklas Türing dem Älteren realisiert und gilt als Wahrzeichen der Stadt Innsbruck.

S. 41 Schnellzug (siehe Seite 184 unten: D-Zug)

Bologna Hauptstadt der norditalienischen Provinz gleichen Namens mit damals gut 240 000 Einwohnern

Kufstein Grenzort zwischen Deutschland und Österreich mit damals knapp 7000 Einwohnern, der im Sommer wie im Winter Touristen und Kurgäste anzog

gemütliche gemächliche, bequeme, umgängliche

Steinach am Brenner etwa 20 Kilometer südlich von Innsbruck gelegener Ort mit damals gut 1500 Einwohnern, die ganzjährig vorwiegend vom Fremdenverkehr lebten

bis zur neuen italienischen Grenze Die 1920 gezogene italienisch-österreichische Grenze bescherte der Siegermacht Italien bedeutende Landgewinne. Ihr Verlauf hat sich bis heute nicht mehr wesentlich verändert.

ein altösterreichischer Hofrat ›Altösterreich‹ war eine nach dem Ende des Zweiten Weltkriegs in Österreich verbreitete nostalgische Bezeichnung für die nichtslawischen Kronländer der bis 1918 bestehenden österreichisch-ungarischen Doppelmonarchie. Das Bedürfnis, mit einem Titel angeredet zu werden oder Dritten durch die Anrede mit dem von ihnen geführten Titel zu schmeicheln, ist eine (vor allem außerhalb Österreichs) viel belächelte österreichische Eigenart. ›Hofrat‹ war in Österreich der häufigste Titel dieser Art. Als Amtstitel führten ihn leitende Beamte auch nachgeordneter Dienststellen, als Ehrentitel wurde er beispielsweise an Hochschulprofessoren oder Gymnasialdirektoren verliehen.

der dem Hofrat sehr schöntat der sich bei dem Hofrat durch beflissene Schmeichelreden beliebt zu machen bemühte

von ihm eine Protektion haben wollte sich davon persönliche Vorteile erhoffte (indem der Hofrat aus Dank seinen Einfluss für ihn geltend machen würde)

Werkmeister erfahrener, oft auch anderen vorgesetzter Facharbeiter

Heimwehr »In Österreich bildeten sich nach Ende des Ersten Weltkriegs Heimwehren in einzelnen Gebieten aus verschiedenen lokalen Einwohnerwehren und Selbstschutzverbänden, die sich später auch bundesländerweise zusammenschlossen. [...] Als 1927 [...] der Wiener Justizpalast in Flammen aufging und bei den nachfolgenden Zusammenstößen mit der Exekutive [der Polizei] über 80 Demonstranten starben – die sozialdemokratische Seite sprach vom [...] ›Julimassaker‹ an den Arbeitern –, trat die Heimwehrbewegung [...] bei der Brechung sozialdemokratischer Verkehrsstreiks in Erscheinung und ließ sich vom über den ›marxistischen Terror‹ geschockten Bürgertum als ›Retter in der Not‹ feiern. Die Heimwehrbewegung erlebte in den Jahren bis 1930 nun einen gewaltigen Aufschwung in Österreich und war maßgeblich daran beteiligt, dass sich die innenpolitischen Verhältnisse zunehmend radikalisierten.« (Wikipedia-Artikel »Heimwehr«; Zugriff: 9. 11. 22)

italienischen Faschismus (vgl. italienisch ›fascio‹: ›Bund‹) eine von Benito Mussolini (1883–1945) angeführte politische Sammlungsbewegung, die 1922 die Macht übernahm, als Mussolini Ministerpräsident des Königreiches Italien wurde. Ab 1925 regierte Mussolini, der seine journalistische Karriere als Parteigänger des Sozialismus begonnen hatte, sich aber nach seiner Wandlung zum Politiker rasch die Unterstützung der Großindustrie sicherte und die breite Masse der Bevölkerung durch betont nationalistische Propaganda hinter sich brachte, das Land im Stile eines Diktators.

sein leitender Ingenieur hier wohl: sein Vorgesetzter, ein leitender Ingenieur

Gauleiter in einer Region eingesetzter Kommandeur

Geschau (österreichisch und bayerisch) Aussehen, Miene, Blick

in einer Tour ohne Unterlass, ohne Unterbrechung, ohne Zwischenstopp

Berg-Isel-Tunnel Der Bergisel (oder Berg Isel) ist ein knapp 750 Meter hoher Hügel im Stadtgebiet Innsbrucks, durch den heute sowohl die Brennerbahn als auch die Brennerautobahn führt. 1809 fanden hier im Zuge des Tiroler Volksaufstands gegen die napoleonischen Besatzer und die mit ihnen verbündeten Bayern vier

Der Freiheitskämpfer Andreas Hofer auf dem Bergisel. Holzstich aus dem Jahre 1900

Schlachten statt. Der Freiheitskämpfer Andreas Hofer (1767–1810), der den Volksaufstand anführte und nach seiner Gefangennahme im Februar 1810 in Mantua hingerichtet wurde, wurde 1892 mit einem am Bergisel errichteten Denkmal geehrt.

Kruzitürken salopper, oft als beleidigend empfundener und heute veralteter Ausruf des Zorns oder des Erstaunens, »wohl zusammengezogen aus Kruzifix und Türken, vielleicht geprägt zur Zeit der Türkeneinfälle« im 16. und 17. Jahrhundert (Duden)

S. 42 Halsmann »Philipp Halsmann [...] [1906–1979] wurde in Lettland (damals Gouvernement Livland) als Sohn des Zahnarztes Morduch Max Halsmann und der Lehrerin Ita Halsmann [...] geboren. Nach dem Abitur in Riga nahm Philipp ein Studium der Elektrotechnik in Dresden auf und arbeitete nebenbei freiberuflich für den Ullstein Verlag als Fotograf. / Am 10. September 1928 während eines Aufenthaltes in Tirol unternahm er mit seinem Vater eine

Bergwanderung auf den Schwarzenstein in den Zillertaler Alpen. Dabei kam dieser unter bis heute nicht geklärten Umständen ums Leben. Es gab keine Zeugen und die Indizien sprachen für einen gewaltsamen Tod. Philipp wurde sofort arretiert [inhaftiert], obgleich keine offensichtlichen Motive bei ihm vorlagen. Der Mordprozess in Innsbruck erregte in ganz Europa Aufsehen. Trotz seiner Unschuldsbeteuerungen wurde Philipp von einem Innsbrucker Geschworenengericht zu zehn Jahren Kerkerhaft verurteilt. Im Umfeld des Prozesses kam es zu diversen antisemitischen Äußerungen. In einem Berufungsverfahren wurde er schließlich zu vier Jahren Kerkerhaft verurteilt. Albert Einstein, Thomas Mann, Jakob Wassermann, Erich Fromm und Sigmund Freud setzten sich für einen Freispruch bzw. später für eine Begnadigung Halsmans ein. [...] Unter den vielen Gnadengesuchen ist die Initiative von Geschworenen des zweiten Prozesses bemerkenswert. Zehn von zwölf Geschworenen unterzeichneten die Petition, in der sie [...] anführten, dass Halsmans Familie schwer geprüft sei und das Urteil lediglich auf Indizien beruhe. Halsman wurde am 30. September 1930 vom österreichischen Bundespräsidenten Wilhelm Miklas begnadigt und gleichzeitig des Landes verwiesen. / Nach einem kurzen Erholungsaufenthalt in Südtirol zog er zu seiner Schwester nach Paris. Er machte aus seinem Jugendhobby, der Fotografie, nun endgültig seinen Beruf, eröffnete 1931 in Paris ein Fotostudio und nannte sich fortan Philippe Halsman. Bald wurde er bekannt für seine Porträts und Modefotos. Nebenbei studierte er an der Sorbonne. Nach der Besetzung Frankreichs durch Deutschland 1940 wurde ihm die angestrebte Auswanderung in die USA verwehrt. Erst durch die Fürsprache von Albert Einstein erhielt er das Visum in die Neue Welt. / In den USA war Halsman sofort als Presse- und Modefotograf tätig, und das offenbar so erfolgreich, dass er schon im Jahr darauf bei der Zeitschrift ›Life‹, dem Nonplusultra des damaligen Fotojournalismus, eine feste Anstellung bekam. 1945 wurde Halsman zum Präsidenten der ›American Society of Magazine

Das auf Briefmarken verschiedener Länder zu findende Porträt Albert Einsteins, das Philippe Halsman im Jahre 1947 anfertigte

Photographers‹ ernannt. Unübertroffen und weithin auch heute noch bekannt ist Halsmans Porträt von Albert Einstein [...]. Die außergewöhnliche Qualität seiner Bilder zeigt sich auch darin, dass [...] insgesamt 103 seiner Fotos als Cover für die wöchentlich erscheinende ›Life‹ dienten, mehr als von jedem anderen Fotografen.« (Wikipedia-Artikel »Philippe Halsman«; Zugriff: 9. 11. 22)

S. 43 Frieden von Saint-Germain Der von dem österreichischen Kanzler Karl Renner im September 1919 unterzeichnete »Staatsvertrag von Saint-Germain-en-Laye« (so die offizielle Bezeichnung) gehört zu der Reihe von Friedensverträgen, die den Ersten Weltkrieg beendeten. Zu den Österreich auferlegten Vertragsbedingungen zählte die Abtretung Südtirols an Italien.

Trento italienischer Name der Stadt Trient, der Hauptstadt der nördlichsten Verwaltungsregion Italiens (Trentino-Südtirol), die 1815 im Wiener Kongress Österreich zugesprochen worden war (also unter das »Habsburgische Joch« kam), 1919 aber wieder an Italien abgetreten werden musste

Graf Berchtold, Exkaiser Wilhelm II. und Ludendorff Leopold Graf Berchtold (1863–1942) war ab 1912 Außenminister und Vorsitzender des Ministerrats der österreichisch-ungarischen Doppelmonarchie und formulierte nach der Ermordung des Thronfolgers Erzherzog Franz Ferdinand und seiner Frau in Sarajevo am 28. Juni 1914 das verhängnisvolle Ultimatum an Serbien, das zum Auslöser des Ersten Weltkriegs wurde. – Wilhelm II. (1859–1941), der letzte deutsche Kaiser, dankte am 9. November 1918 ab. – Erich Ludendorff (1865–1937) schwang sich im Verlauf des Ersten Weltkriegs als Generalquartiermeister und Stellvertreter Paul von Hindenburgs, der ab 1916 Chef der Obersten Heeresleitung war, mehr und mehr zum inoffiziellen Kriegsherrn Deutschlands auf. In der Weimarer Republik sympathisierte er offen mit der von Adolf Hitler geführten NSDAP.

Chauvinist hier: Verfechter eines »aggressiv übersteigerte[n] Nationalismus [militaristischer Prägung] verbunden mit Nichtachtung anderer Nationalitäten« (Duden)

italianisieren auf die Linie des italienischen Nationalcharakters (was auch immer man darunter versteht) bringen bzw. zwingen

wie seinerzeit Preußen das polnische Posen germanisieren wollte Posen, das zum Teil bereits 1793, im Zuge der sogenannten zweiten polnischen Teilung, von Preußen annektiert worden war, war von 1815 bis 1920 preußische Provinz. Besonders im letzten Drittel des 19. Jahrhunderts verfolgte Preußen als Führungsmacht im geeinten Deutschland in Posen eine rigide Politik der Unterdrückung polnischer Sprache und Kultur, um die »Ostprovinz« zu einer deutsch geprägten Region zu machen.

S. 44 Napoleonshüte (siehe die Abbildung auf Seite 201)

feldgrau oder feldbraun seit Beginn des 20. Jahrhunderts bevorzugte Uniformfarben, weil die Soldaten so weniger sichtbare Ziele abgaben als in den farbenfrohen Uniformen früherer Epochen

Schwarzhemden (italienisch ›camicie nere‹) die erst inoffizielle und später offizielle Bezeichnung für die in schwarze Hemden gekleideten Mitglieder der paramilitärischen Milizen im faschistischen Italien (vergleichbar den späteren »Braunhemden« in Deutschland, den Mitgliedern der SA, der »Sturmabteilung«, also den ›Parteisoldaten‹ der NSDAP).

kolorierten Fotografie In Zeiten der Schwarzweißfotografie wurden Aufnahmen (etwa für Postkarten) oft nachträglich koloriert und in dieser Form im Druck verbreitet.

S. 45 Franz Karl Zeisig Krischke erläutert, der Name spiele auf einen Bekannten Horváths an, den Schriftsteller Franz Zeise (1896–1966), dessen Erzählung »Ein Reisender liebt« 1929 gemeinsam mit Horváths Prosaskizze »Ein Fräulein wird verkauft« in der Anthologie »24 neue deutsche Erzähler« erschienen sei und den Horváth gegenüber dem prominenten Berliner Literaturkritiker Julius Bab als »ein ungewöhnlich starkes episches Talent« bezeichnet habe (Brief vom 14. Dezember 1930; vgl. Krischke, S. 387 f.).

S. 46 Zeitungen ... anarchistische, syndikalistische und nihilistische Gemeint sind Publikationsorgane politischer Gruppen, die wie die Anarchisten dem staatlichen Gewaltmonopol ihre Anerkennung verweigern, wie die Syndikalisten die Rechtmäßigkeit der Konzentration der Produktionsmittel in den Händen einer kleinen wirtschaftlichen Elite bestreiten oder wie die (russischen) Nihilisten eine atheistische Gesellschaft anstreben und alle staatlichen, kirchlichen und auch familiären Vergemeinschaftungsformen ablehnen.

ehemaligen Franzensfeste Ort in der Nähe von Brixen, der nach der unter österreichischer Herrschaft in den Jahren 1833 bis 1838 entstandenen Festung Franzensfeste benannt ist (die die Brennerroute über die Alpen militärisch sichern sollte); als Südtirol 1920 italienisch wurde, wurde der deutsche Ortsname durch den italienischen Namen Fortezza ersetzt.

S. 47 Nobile Umberto Nobile (1885–1978) war ein italienischer General und Luftschiffpionier, der besonders durch seine Polarexpe-

Napoleon Bonaparte
(1769 – 1821)

ditionen berühmt wurde. 1926 überquerten er, der Norweger Roald Amundsen und der Amerikaner Lincoln Ellsworth mit dem Luftschiff »Norge« den Nordpol. Zwei Jahre später stürzte er bei einer weiteren Expedition zum Nordpol, die er ohne Amundsen unternahm, auf dem Rückflug mit dem Luftschiff »Italia« ab. Der größere Teil der Besatzung kam dabei ums Leben. In einer internationalen Rettungsaktion unter sowjetischer Beteiligung wurden Nobile, der mehrere Knochenbrüche erlitten hatte, und weitere Überlebende geborgen. Mussolini ließ sich erst spät dazu bewegen, mit aus seiner Sicht feindlichen Mächten und Personen (wie dem Norweger Amundsen) zu kooperieren, um Expeditionsteilnehmer zu retten. Nobile wurde später von Teilen der italienischen Öffentlichkeit für das Unglück verantwortlich gemacht.

S. 48 der Rosengarten »Die Rosengartengruppe, meist schlicht Rosengarten (italienisch Catinaccio […]), ist ein Bergmassiv der Dolomiten in Südtirol und im Trentino (Italien). Berühmt ist der Rosengarten für seine von Bozen aus gut sichtbare, markante Gipfelsil-houette.« (Wikipedia-Artikel »Rosengarten«; Zugriff: 9. 11. 22)

S. 49 Weimar, der Stadt Goethes und der Verfassung Goethe ging 1775, mit 26 Jahren, nach Weimar und blieb dort, abgesehen von einem zweijährigen Italienaufenthalt (1786–1788) und manchen Reisen, für den Rest seines Lebens. Die Residenzstadt des eher unbedeuten-den Kleinstaats Sachsen-Weimar-Eisenach wurde durch Goethes langjährige Präsenz zum Zentrum deutscher Kultur. So war es als symbolischer Akt zu verstehen, dass sich die Nationalversammlung 1919 im Deutschen Nationaltheater in Weimar zusammenfand, um eine demokratische Verfassung zu verabschieden.

Pforzheim durch ihre Schmuck-, Uhren-, Textil- und Metallwaren-industrie wohlhabende Stadt am nördlichen Rand des Schwarz-walds an der Bahnstrecke zwischen Karlsruhe und Stuttgart mit seinerzeit knapp 80 000 Einwohnern

Stadtbaumeister heute veraltete Bezeichnung für den leitenden Ar-chitekten einer Stadt, der mit der Planung und Überwachung der städtischen Bauvorhaben betraut ist

Frankfurter »aus Schweinefleisch hergestellte, leicht geräucherte Brühwurst« (Duden)

Werke der Klassiker Als Klassiker der deutschen Literatur galten im konservativen Bildungsbürgertum vor allem Lessing, Wieland, Her-der, Goethe und Schiller.

Renaissancemensch Im Anschluss an Friedrich Nietzsches (1844 bis 1900) Rezeption von Jakob Burkhardts (1818–1897) epochema-chendem Werk »Die Kultur der Renaissance in Italien« (1860) wur-de der »Renaissancemensch« zu einer Idealvorstellung der Gebil-deten vor und nach 1900. Gemeint war ein Menschentypus, der die reiche kulturelle Tradition der griechisch-römischen Antike, die in der Renaissancezeit wiederentdeckt und wiederbelebt worden war, in sich trug und dabei wohlgestaltet, gesund, tatkräftig und durch-setzungsstark war. Das Ideal des Renaissancemenschen trug das Versprechen auf diesseitigen umfassenden Lebensgenuss in sich

Beefsteak
Tatar

und bildete damit den Antitypus zum asketischen Dulderideal des christlichen Menschen, der sein Heil im Jenseits sucht.

S. 50 Tatarbeefsteak Gericht aus feinem und hochwertigem Rinderhackfleisch. »In Deutschland wird üblicherweise das gehackte Rindfleisch gesalzen und gepfeffert, portionsweise zu flachen Ballen geformt und in die Mitte eine Vertiefung gedrückt, in die ein rohes Eigelb, feingehackte Zwiebeln und Sardellenfilets (bzw. Anchovis) sowie Kapern und eventuell Petersilie [...] gegeben werden.« (Wikipedia-Artikel »Beefsteak Tatar«; Zugriff: 9. 11. 22)

schier pathologischen Hypochondrie geradezu krankhaften Neigung, sich über seinen Gesundheitszustand Sorgen zu machen und deswegen in allgemeinen Trübsinn zu verfallen

Dividende jährliche Gewinnausschüttung auf den Aktienbesitz an einem Unternehmen

scharf rechtsstehender Realpolitiker alle liberalen, sozialdemokratischen und kommunistischen Tendenzen verabscheuender Realpolitiker. ›Realpolitiker‹ ist ein politischer Begriff der damaligen Zeit, der auf die Schrift »Grundsätze der Realpolitik« (1853) des Autors und Politikers Ludwig von Rochau (1810–1873) zurückgeht und in Reaktion auf die hochfliegenden politischen Ideen der gescheiterten Volksvertreter in der Frankfurter Paulskirche eine nüchterne Betrachtung der Wirklichkeit als Voraussetzung aller Politik forderte; Bismarck galt in der Folge als Prototyp des Realpolitikers.

Kuratel »(österreichische Rechtssprache, sonst veraltend) Vormundschaft« (Duden) (vgl. mittellateinisch ›curatela‹: ›Fürsorge, Obhut‹)

vorbeigelungen (salopp und scherzhaft) »misslungen« (Duden)

Primo (siehe Seite 184: Primo de Rivera)

konservative Geist auf Bewahrung der herrschenden politischen Verhältnisse gerichtete Haltung

Das konservative Element … stärker konservieren alle die bestehende Ordnung stützenden politischen Gruppierungen und gesellschaftlichen Kräfte … besser erhalten

an die Wand stellen standrechtlich erschießen (nach dem in Ausnahmesituationen geltenden Militärrecht, ohne geordneten Prozess)

après danach (frz. ›après‹: ›nach‹)

Kulis billige Arbeiter aus dem asiatischen Raum (die man fast wie Sklaven behandeln kann)

einführen importieren (wie eine Ware), herbeischaffen

S. 51 Dietrich von Bern eine der bekanntesten deutschen Sagengestalten des Hoch- und Spätmittelalters, das Ideal des ritterlichen Helden. Schon im Mittelalter wurde Dietrich von Bern mit dem Ostgotenkönig Theoderich dem Großen (451–526) identifiziert, der von Verona aus über das von ihm eroberte Italien herrschte. Bern ist die mittelhochdeutsche Bezeichnung für Verona.

Romeo und Julia Shakespeares Tragödie »The Most Excellent and Lamentable Tragedy of Romeo and Juliet« (1597) spielt in Verona. Den Stoff übernahm Shakespeare aus mehreren früheren Werken, aber erst in seiner Version wurde die Geschichte der beiden jugendlichen Liebenden aus verfeindeten Familien weltberühmt.

Blick auf die Piazza delle Erbe in Verona am Morgen. Aufnahme vom September 2016

S. 54 Piazza d'Erbe Zentraler Platz in Verona, das ehemalige römische Forum der Stadt. Die Piazza delle Erbe gilt vielen als einer der schönsten städtischen Plätze der Welt.

Peschiera, Mantua und Legnago die mit massiven Festungsanlagen geschützten Städte Peschiera del Garda und Legnago (in der Provinz Verona) sowie Mantua (der Hauptstadt der gleichnamigen Provinz)

das viel genannte Festungsviereck »Ein Festungsviereck (Quadrilatero) ist eine Anordnung von vier Festungen, bei der ein Angriff auf eine der Festungen stets durch eine oder mehrere der anderen störend beeinflusst werden kann. [...] Am bekanntesten ist das oberitalienische Festungsviereck Mantua – Peschiera del Garda – Verona – Legnago, das seine Berühmtheit den militärischen Operationen Radetzkys 1848 verdankte. Es sollte helfen, die zu Österreich gehörenden Gebiete in Oberitalien im Sinne Österreichs zu halten. Verstärkt wurde dieses Festungsviereck dadurch, dass

Peschiera und Mantua durch den Fluss Mincio und Verona und Legnago durch die Etsch miteinander verbunden sind, sodass die westliche und die östliche Seite des Vierecks jeweils auch noch ein natürliches Hindernis darstellen.« (Wikipedia-Artikel »Festungsviereck«; Zugriff: 9. 11. 22; dort auch Kupferstiche der historischen Befestigungsanlagen aller vier Städte)

mit Italien verbündet Gemeint ist der sogenannte Dreibund zwischen Deutschland, Österreich-Ungarn und Italien von 1882, dessen zweite Verlängerung im Jahre 1902 durch einen geheimen Neutralitätsvertrag, den Italien wenige Monate später mit Frankreich abschloss, faktisch aufgehoben wurde.

Zeitalter der Geheimdiplomatie Gemeint ist das 19. Jahrhundert mit seinem mühsam austarierten, immer (nicht zuletzt durch geheime Zusatzabsprachen) gefährdeten Kräftegleichgewicht zwischen den wechselnden Militärbündnissen der europäischen Großmächte.

S. 56 er vertrat in Wien u. a. ein Abendblatt in Prag, ein Morgenblatt in Klausenburg, ein Mittagblatt in Agram, ein Wochenblatt in Lemberg und in Budapest ein Revolverblatt er berichtete von Wien aus für verschiedene Zeitungen; Tageszeitungen erschienen damals mit täglich bis zu drei Ausgaben (entsprechend häufig kam auch der Briefträger), waren aber auch deutlich weniger umfangreich als heute; Klausenburg war eine Stadt in Siebenbürgen und ist heute unter dem Namen Cluj-Napoca die zweitgrößte Stadt Rumäniens. Agram ist der alte österreichische Name von Zagreb, der Hauptstadt des heutigen Kroatien. 1772 war die polnische Stadt Lwów im Zuge der sogenannten ersten polnischen Teilung an Österreich gefallen und fortan unter dem Namen Lemberg Hauptstadt des österreichischen Kronlandes Galizien. Nach dem Ersten Weltkrieg wurde die Stadt wieder polnisch; heute heißt sie Lwiw und liegt im westlichen Teil der Ukraine. ›Revolverblatt‹ ist eine abschätzige Bezeichnung für eine »reißerisch aufgemachte Zeitung, die in der Hauptsache unsachlich von zu Sensationen aufgebauschten Vorkommnissen und Kriminalfällen berichtet« (Duden).

S. 57 Ujvidék ungarischer Name der Stadt Novi Sad, die heute die zweitgrößte Stadt Serbiens ist und in der Zwischenkriegszeit zum »Königreich der Serben, Kroaten und Slowenen« (ab 1929: »Königreich Jugoslawien«) gehörte (vgl. Seite 182: Dalmatien); die Einwohnerzahl der Stadt stieg in den 1920er-Jahren von zunächst knapp 40 000 auf über 60 000 Menschen.

der westlichen Dekadenz Die vor allem in Westeuropa in den Jahren um 1900 in Erscheinung tretende literarische Strömung der Dekadenz (oder Décadence) gab sich müde und verfallssüchtig und untergrub auf diese Weise bewusst provokativ überkommene bürgerliche Vorstellungen von Sitte und Moral.

»Hier habens zwa Gulden, und schleimens Ihnen aus!« (österreichisch salopp und vulgär) »Da haben Sie zwei Gulden, und nun schütten Sie nur ihr Herz aus (erleichtern Sie sich, wenn das sein muss)!« Die vulgäre Note dieser Empfehlung hat mit der Nebenbedeutung von ›sich ausschleimen‹ zu tun: Neben der übertragenen Bedeutung »sich aussprechen« bedeutet das schwache Verb auch ganz buchstäblich »sich durch Geschlechtsverkehr seines Samens entledigen« (Duden). ›Gulden‹ war die Bezeichnung für Münzwährungen in vielen europäischen Ländern, vor allem im österreichischen und süddeutschen Raum.

doch nur intelligent wohl: doch kein wahrer (von inneren Dämonen getriebener) Künstler, sondern einfach ein Mensch mit Verstand

Rimbaud Der französische Dichter Arthur Rimbaud (1854–1891), dessen hermetische (schwer zugängliche) Gedichte die moderne Lyrik mitbegründeten, genoss als Künstler unter Eingeweihten schon früh Kultstatus und wurde auch von Horváth bewundert. Sein schmales Werk – darunter »Une saison en enfer« (»Eine Zeit in der Hölle«) – lag vor seinem 20. Geburtstag schon weitgehend fertig vor. In dieser Zeit lebte er mit dem Dichter Paul Verlaine (1844–1896) zusammen, der seinetwegen seine Frau verlassen hatte und den Freund im Juli 1873 mit einem Revolverschuss verletzte, was ihm zwei Jahre Gefängnis einbrachte, obwohl Rimbaud auf eine Anzeige verzichtet hatte. Bald darauf gab Rimbaud das Dichten auf und begann eine abenteuerliche und unstete Existenz, die ihn in entlegene Weltgegenden führte, bis er 1891 im Alter von 37 Jahren in Marseille starb.

Korrespondent auswärtiger Berichterstatter, etwa einer Zeitung oder einer Nachrichtenagentur

Metaphysik Spekulation über die ›letzten Dinge‹, den Zusammenhang und Sinn des Lebens, der sich der äußeren Wahrnehmung und auch naturwissenschaftlicher Erkenntnis entzieht

S. 58 Pyrrhussieg redensartlich für einen zu teuer erkauften Sieg; nach dem angeblichen Kommentar des Königs der Molosser, Pyrrhos I. (319–272 v. Chr.), zu der unter großen Verlusten gewonnenen Schlacht gegen die Römer bei Asculum (279 v. Chr.): »Noch einen solchen Sieg über die Römer und wir sind vollständig verloren!«

Sacro egoismo »Diesen Ausdruck (deutsch: heiliger Egoismus) prägte der italienische Politiker Antonio Salandra (1853–1931) im Jahr 1914 in einer Ansprache vor Beamten des italienischen Außenministeriums. Er forderte darin eine ›unbegrenzte und ausschließliche Hingabe an das Vaterland, einen geheiligten Egoismus für Italien‹ (della esclusiva ed illimitata devozione alla patria nostra, del sacro egoismo per l'Italia). ›Sacro Egoismo‹ galt danach als Schlagwort für die Tendenz der italienischen Außenpolitik in und nach dem Ersten Weltkrieg, sich nur von nationalen Interessen leiten zu lassen.« (https://universal_lexikon.de-academic.com/294609/Sacro_Egoismo)

Zeitalter der Kaufleut Vielleicht eine Anspielung auf einen zeitgenössischen deutschen Diskurs, in dem die Engländer (die scheinbar übermächtigen geopolitischen Konkurrenten der Deutschen in den Jahren vor dem Ersten Weltkrieg) als bloße Kaufleute verächtlich gemacht wurden, die keine höheren Werte kennen würden als wirtschaftliches Gewinnstreben, während die Deutschen selbstlos ihre tiefsinnige Kultur in die Welt hinaustrügen. Der einflussreiche Soziologe und Ökonom Werner Sombart (1863–1941), ein Analytiker des Hochkapitalismus, spitzte diese Gegenüberstellung in seiner 1915 im Ersten Weltkrieg erschienenen Schrift »Händler und Helden – Patriotische Besinnungen« zu, in der er »Englische[m] Händlertum« (Teil 1) »Deutsches Heldentum« (Teil 2) entgegensetzte und daraus »Die Sendung des Deutschen Volkes« (Teil 3) ableitete. Koblers Parteinahme für den überlegenen Verstand der Kaufleute unterwandert auf scheinbar naive Art diese polemisch-einseitige Betrachtungsweise.

S. 59 Das ist die ewige Ellipse. Ein Kreis ist das nämlich nicht. wohl eine Anspielung auf die alte metaphysische Vorstellung vom ewigen Kreislauf der Welt, die durch den für Friedrich Nietzsches Philosophie zentralen Gedanken der »Ewigen Wiederkehr« um und nach 1900 eine neue Konjunktur erlebte

Gardasee der größte und berühmteste der oberitalienischen Seen, die aufgrund des milden Klimas der Region und ihrer großartigen Landschaft schon damals viele Urlaubsgäste anzogen

S. 60 Auch ein Beitrag zur philosophisch-metaphysischen Mentalität unterdrückter Klassen. Das war ja ein wahres Lehrstück hinsichtlich der Weltsicht der sogenannten kleinen Leute.

Mann der Feder bildlich-redensartlich für jemanden, der mit dem Verfassen von Texten (mit der Schreibfeder) sein Geld verdient

Hyazinthen dekorative und duftende Lilienart; hier als ironische Chiffre (Geheimzeichen) für den übersteigerten Schönheitskult ästhetizistischer Dichter der Jahrhundertwende, die die Wirklichkeit verabscheuten und sich in ›künstliche Paradiese‹ flüchteten

S. 61 gotischen Mailänder Dom Der ganz in Weiß gehaltene Mailänder Dom, seiner Fläche nach eine der größten Kirchen der Welt und bis heute das Wahrzeichen und die größte Sehenswürdigkeit der Stadt, hat eine lange Entstehungsgeschichte. Begonnen wurde der Bau 1386, die berühmte Fassade wurde erst 1813 fertiggestellt.

S. 62 Chianti … Das ist der Wein mit dem Stroh untenherum toskanischer Rotwein, der traditionellerweise in einer bauchigen Flasche mit Weidenkorbboden verkauft wird (siehe die folgende Seite)

Flasche Chianti

Hitlerputsch der gescheiterte Versuch Adolf Hitlers und seiner Mit-
verschworenen (unter ihnen Ludendorff) am 8. und 9. November
1923, von München aus die Reichsregierung zu stürzen und selbst
die Macht zu übernehmen; Hitlers Verhaftung zwei Tage später
und seine (wenn auch sehr milde) Verurteilung zu fünf Jahren Fes-
tungshaft (von denen er letztlich nicht einmal ein Jahr abzubüßen
hatte) bedeuteten einen vorübergehenden Rückschlag für die Ziele
der NSDAP und ihres Führers und leitete die veränderte Strategie
ein, auf legalem Wege an die Macht zu kommen.

Frauenzimmer Das heute veraltete Wort, das einstmals als neutrale
Bezeichnung für eine weibliche Person diente, drückte in der ersten Hälfte des 20. Jahrhunderts häufig eine etwas geringschätzige
Haltung aus, wird hier aber doch wohl eher in der älteren, neutralen Bedeutung verwendet.

**S. 63 Neuerdings … wird in unserer Literatur das Todesmotiv vernachläs-
sigt** wohl eine Anspielung auf die in der (vor und um 1900 erschie-

nen) Literatur der Wiener Moderne (Hofmannsthal, Schnitzler, Beer-Hofmann und andere) vorherrschende und teils auch modisch ausgekostete Lebensmüdigkeit und Todessehnsucht im Zeichen einer überfeinerten Gefühlskultur und Abschottung gegen die banale Alltagswelt sowie einer morbiden Lust an Verfall und Auflösung im sogenannten Fin de siècle

In München ging es damals (1922) drunter und drüber München war eine Brutstätte republikfeindlicher Bestrebungen, denen die bayerische Landesregierung (auch, weil sie sich ihrerseits zu keiner positiven Haltung gegenüber der Berliner Zentralregierung durchringen konnte) immer weniger entgegenzusetzen hatte.

politischen Geheimbund vielleicht eine Anspielung auf die sogenannte Thule-Gesellschaft (vgl. den Wikipedia-Artikel zu diesem Stichwort; Zugriff: 9. 11. 22)

S. 65 Heilige Allianz ist gleich Völkerbund. Napoleon ist gleich Stalin! Schmitz zieht historische Parallelen, indem er Stalin mit Napoleon und den Völkerbund mit dem Bündnis gleichsetzt, das der russische Zar, der österreichische Kaiser und der preußische König 1815 nach ihrem endgültigen Sieg über Napoleon schlossen und dem 1818 auch das besiegte Frankreich beitrat. Das im Ersten Weltkrieg besiegte Deutschland wurde im Herbst 1926 nachträglich in den nach dem Krieg gegründeten Völkerbund aufgenommen und konnte von da an international wieder mitreden und (in gewissem Rahmen) Ansprüche stellen.

ein Mandatsgebiet Ehemalige Kolonien (der im Weltkrieg unterlegenen Staaten, vor allem des ehemaligen Deutschen Kaiserreichs und des ehemaligen Osmanischen Reiches, also des Vorläufers der heutigen Türkei) wurden nach dem Ersten Weltkrieg zu Mandatsgebieten erklärt, die nun der Oberhoheit des Völkerbunds unterstanden, welcher jedoch die konkrete Verwaltung dieser Mandatsgebiete überwiegend an Siegermächte delegierte: Neben Großbritannien und Frankreich waren das Australien, Belgien, Japan, Neuseeland und die Südafrikanische Union.

S. 67 adionysisch ohne Sinn für Rausch und Ekstase (Dionysos ist in der griechischen Mythologie der Gott des Rausches und der festlichen Ausschweifung.)

den halben Faust die Hälfte von Goethes »Faust«-Tragödie. Gemeint ist wohl »Faust I« (1808), also »Der Tragödie Erster Teil«, und nicht auch der gelehrt-abstrakte zweite Teil, der nie populär geworden ist. Aber schon »Faust I« umfasst gut 4600 Verse.

das trunkene Schiff Rimbauds »La bateau ivre« (1871) erschien 1908 in deutscher Übersetzung. Der Schriftsteller Paul Zech (1881 bis 1946) verfasste unter diesem Titel ein Theaterstück über Rimbaud, das 1926 an der Berliner Volksbühne uraufgeführt wurde.

altrömischen Gruß Der (auch in Römerfilmen aus Hollywoods Monumentalfilm-Ära während der Frühzeit des Kalten Kriegs zu bewundernde) Faschistengruß – erhobene Hand am auf Augenhöhe ausgestreckten rechten Arm –, den später auch die Nationalsozialisten übernahmen, wird hier von den beiden Reisenden erwidert.

S. 68 Eminenz eigentlich die Anrede römisch-katholischer Kardinäle (vgl. lat. ›eminere‹: ›herausragen‹, bzw. ›eminentia‹: ›Erhöhung‹)

Geist-Leib-Bewegung zeitgenössische weltanschauliche Strömung, die die alte römische Weisheit, in einem gesunden Körper stecke auch ein gesunder Geist (»Mens sana in corpore sano« – eine Sentenz, die auf ein verkürztes Zitat aus den das Alltagsleben im zweiten nachchristlichen Jahrhundert beschreibenden »Satiren« des römischen Dichters Juvenal zurückgeht), in emphatischer Weise aufgriff und zum Mittelpunkt lebensreformerischer Ansätze machte

S. 69 arkadische idyllische, liebliche (nach Arkadien, der ländlich-friedlichen Ideallandschaft der griechischen Mythologie)

Fin de siècle (frz.) Ende des Jahrhunderts (siehe Seite 210: Neuerdings ... wird in unserer Literatur das Todesmotiv vernachlässigt)

heiligen Hain Wäldchen, das einen einer Gottheit geweihten Tempel umgibt; geheiligter Bezirk

er verwandelt sich in einen Stier Anspielung auf die griechische Sage von Europa, der Tochter des phönizischen Königs Agenor, in die

Die Entführung
Europas durch
Zeus in Gestalt
eines Stiers.
Holzstich
von 1880

Europa

sich der ranghöchste Gott Zeus verliebt und die er in Gestalt eines
Stiers entführt, um seinen Seitensprung vor seiner Frau, der Göttin Hera, zu verbergen

Panstier doppelte Anspielung: einerseits auf den auch als Inbegriff
der Wollust begriffenen (und mit den ihn umgebenden Nymphen
schäkernden) Hirtengott der griechischen Mythologie Pan; anderseits auf die zeitgenössischen Bemühungen um eine politische
Einigung Europas (siehe Seite 168 unten: Paneuropäer)

»Die Glieder / Finden sich wieder!« Gemeint sind die Glieder des zerrissenen Körpers des Soldaten; mit dem vor diesem Hintergrund
etwas makaber wirkenden zukunftsfrohen Nebensinn: die entzweiten Glieder der europäischen Staatengemeinschaft.

S. 70 San Remo nur zwanzig Kilometer von der italienisch-französischen Grenze entfernter, am Meer gelegener norditalienischer
Kurort mit seinerzeit knapp 30 000 Einwohnern, dessen Hauptattraktion das 1905 eröffnete Spielcasino war

das Meer, unsere Urmutter nach dem griechischen Naturphilosophen Thales von Milet (etwa 623–546 v. Chr.), der das Wasser als den Urstoff der Welt betrachtete

S. 71 Monte Carlo größter und zentraler Stadtbezirk des nahe an der französisch-italienischen Grenze an der Côte d'Azur gelegenen Fürstentums Monaco. In Monte Carlo befindet sich auch das Spielcasino, das 1853 seinen Betrieb aufnahm und erheblich dazu beitrug, dass Monaco bereits im letzten Drittel des 19. Jahrhunderts zu einem Treffpunkt der Reichen und Schönen wurde.

Perron (frz.) Bahnsteig (eine heute nur noch in der Schweiz verwendete Bezeichnung)

werden auch hier die Sozialdemokraten Minister Der sozialistische Politiker Aristide Briand (1862–1932), der in den Zwanzigerjahren für eine Verständigung und Aussöhnung zwischen Frankreich und Deutschland eintrat und, als treibende Kraft hinter den Verträgen von Locarno, 1926 zusammen mit dem deutschen Außenminister Gustav Stresemann (1878–1929) mit dem Friedensnobelpreis ausgezeichnet wurde, gehörte seit 1909 in unterschiedlichen Ministerämtern und mehrmals auch als Ministerpräsident zahlreichen Kabinetten Frankreichs an. Die Mehrheit der Parlamentssitze gewannen die Sozialdemokraten allerdings erst im Mai 1932, kurz nach Briands Tod.

Nizza gut 20 Kilometer westlich von Monaco gelegene Stadt von gemächlich-vornehmer Ausstrahlung, nach Marseille die zweitgrößte Stadt an der Côte d'Azur; um 1900 ein Treffpunkt des europäischen Hochadels und begehrtes Winterquartier wohlhabender Europäer

die Uhr nicht um eine Stund … zurückdrehen Anspielung auf die Einführung der Weltzeit am 1. Januar 1925; seither herrschte zwischen Deutschland und Frankreich – aufgrund der in Deutschland geltenden Mitteleuropäischen Zeit (MEZ) und der in Frankreich (sowie in Spanien) geltenden Westeuropäischen Zeit (WEZ) – ein Zeitunterschied von einer Stunde.

Cap d'Antibes Antibes ist ein knapp 30 Kilometer südwestlich von Nizza gelegener Badeort, der zu Beginn des 20. Jahrhunderts zu einem Anziehungspunkt europäischer Künstler wurde. Die Halbinsel Cap d'Antibes südlich der Stadt, ebenfalls ein gesuchtes Touristenziel, ist Schauplatz von F. Scott Fitzgeralds (1886–1940) 1934 veröffentlichtem Roman »Tender is the Night« (»Zärtlich ist die Nacht«).

Bernard Shaw 1856 geborener, seinerzeit sehr bekannter irischer Dramatiker und Pazifist, der 1925 den Nobelpreis für Literatur erhalten hatte und bis 1950 lebte

von dem alten Nobel Der schwedische Chemiker und Erfinder Alfred Nobel (1833–1896) entwickelte 1866 den Sprengstoff Dynamit und verfügte 1895 – auch unter dem Einfluss der mit ihm persönlich bekannten österreichischen Schriftstellerin und Pazifistin Bertha von Suttner (1843–1914), die durch ihren 1889 veröffentlichten Roman »Die Waffen nieder!« zur Galionsfigur der zeitgenössischen Antikriegsbewegung geworden war – testamentarisch die 1900 erfolgte Gründung der Nobel-Stiftung, deren Zinserträge zu gleichen Teilen an jährlich zu bestimmende Preisträger (Menschen, »die im vergangenen Jahr der Menschheit den größten Nutzen erbracht haben«) in den Bereichen ›Physik‹, ›Chemie‹, ›Physiologie oder Medizin‹, ›Literatur‹ und ›Frieden‹ vergeben werden sollten.

Toulon Die etwa 70 Kilometer südöstlich von Marseille gelegene Stadt ist seit der frühen Neuzeit (und bis heute) der Heimathafen der französischen Kriegsmarine.

Torpedoboote kleine, wendige Kriegsschiffe zum Abfeuern von zylinderförmigen Unterwassergeschossen

Panzerkreuzer gepanzerte Kriegsschiffe, die zur Feindaufklärung und zur Sicherung eines Konvois (einer Kolonne) von Handelsschiffen eingesetzt wurden

S. 72 Pola deutscher und italienischer Name der Stadt Pula an der Südspitze der Halbinsel Istrien (Kroatien), die schon in der Römerzeit ein wichtiger Flottenstützpunkt war und ab Mitte des 19. Jahrhunderts zum Hauptkriegshafen der k. u. k. Doppelmonarchie ausgebaut wurde. 1919 wurde die Stadt mit der gesamten Halbinsel Istrien Italien zugesprochen.

Deckoffizier Als Deckoffiziere bezeichnete man – schon seit dem Mittelalter – erfahrene Soldaten zur See, Spezialisten ihres Fachs (etwa als Steuermänner, Bootsmänner oder Maschinisten), die ihre Laufbahn oft als einfache Matrosen begonnen hatten und nun den Kapitän bei der Leitung des Schiffs unterstützten. Die Bezeichnung leitet sich aus dem Umstand ab, dass sie ihren Dienst hauptsächlich an Deck des Schiffes verrichteten.

mit ihrer europäischen Sendung mit ihrem Anspruch, die Werte einer demokratischen Gesellschaft in Europa zu verbreiten

La France (frz.) Frankreich (durch den Artikel personifiziert und emphatisch aufgeladen: ›das ruhmreiche Frankreich‹)

Korsika Die viertgrößte Mittelmeerinsel erwarb Frankreich im späten 18. Jahrhundert von Genua. Napoleon Bonaparte (1769–1821) war gebürtiger Korse.

liebe Mariann Seit der Französischen Revolution ist die »Marianne« als Personifikation der politischen Freiheit die Symbolfigur der französischen Nation. Ihr Porträt (für das seit dem letzten Drittel des 20. Jahrhunderts prominente Französinnen, meist Schauspielerinnen, als Modell dienten und dienen) erscheint auf Briefmarken und Münzen und schmückt als Büste so gut wie alle französischen Rathäuser.

Gare Saint-Charles Mitte des 19. Jahrhunderts entstandener Kopfbahnhof; in der Nähe des Stadtzentrums auf einer kleinen Anhöhe gelegen, ist er der wichtigste Bahnhof Marseilles.

Marseillaise Schmitz irrt: »Die ›Marseillaise‹ wurde von Claude Joseph Rouget de Lisle in der Nacht auf den 26. April 1792 während der französischen Kriegserklärung des Ersten Koalitionskrieges im elsässischen Straßburg verfasst. Sie hatte zunächst den Titel ›Chant de guerre pour l'armée du Rhin‹, d. h. ›Kriegslied für die Rheinarmee‹, und war dem Oberbefehlshaber und Gouverneur von Straß-

Der Gare Saint-Charles in Marseille. Aufnahme vom März 2019

burg, dem im Jahr zuvor zum Marschall von Frankreich ernannten Grafen Luckner, gewidmet. [...] Das Lied erhielt den Namen Marseillaise, weil es von Soldaten aus Marseille am 30. Juli 1792 beim Einzug in Paris, kurz vor dem Tuileriensturm, gesungen« und nach diesem Ereignis im revolutionären Frankreich populär wurde (Wikipedia-Artikel »Marseillaise«; Zugriff: 9. 11. 22).

S. 73 Boulevard Dugommier etwa auf halbem Wege zwischen dem Bahnhof Saint-Charles und dem alten Hafen gelegene breite Straße im 1. Arrondissement (Stadtbezirk) von Marseille

Stundenhotel »Hotel, in dem Paare stundenweise ein Zimmer mieten, um geschlechtlich zu verkehren« (Duden)

Canebière »Vom Alten Hafen aus zieht sich in nordöstlicher Richtung die etwa einen Kilometer lange ehemalige Prachtstraße ›La Canebière‹ bis zur Kirche ›Église des Réformés‹. Der Straßenname stammt vom provenzalischen Begriff ›Canabiero‹ und bezieht sich auf den Handel von Hanf ›Cannabis sativa‹. Die Canebière wurde von Geschäftshäusern und Cafés gesäumt und früher oft mit der Pariser ›Avenue des Champs-Élysées‹ verglichen.« (Wikipedia-Artikel »Marseille«; Zugriff: 9. 11. 22)

Prado Die von Villen gesäumte Avenue du Prado (im Norden von Park und Schloss Borély) führt zum Badestrand Plage du Prado.

Corniche Die Corniche – heute »Corniche Président John Fitzgerald Kennedy« – war und ist eine fünf Kilometer lange Uferstraße in Marseille, die eine Vielzahl schöner Ausblicke bietet.

Inselchen des romantischen Grafen von Monte Christo Auf der Marseille vorgelagerten Felseninsel »Île d'If« entstand um 1530 auf Geheiß des damaligen Königs Franz I. eine Festungsanlage, das »Château d'If«, das die Stadt vor Angriffen vom Meer her schützen sollte und das später als Staatsgefängnis diente. Zur Touristenattraktion wurde dieses Gefängnis durch den französischen Schriftsteller Alexandre Dumas (1802–1870), der es in seinem bis heute berühmten, 1844 bis 1846 in Fortsetzungen veröffentlichten Roman »Le Comte de Monte-Cristo« (»Der Graf von Monte Christo«) – seinem bekanntesten Werk neben den kurz zuvor erschienenen Romanen um »Les trois mousquetaires« (»Die drei Musketiere«) – zu einem wichtigen Schauplatz der Handlung machte. Der Held, der junge Seemann Edmond Dantès, wird 1815, zu Beginn der Romanhandlung, kurz vor seiner versprochenen Beförderung zum Kapitän und seiner Hochzeit mit der schönen Katalanin Mercédès Opfer eines Komplotts. Als angeblicher bonapartistischer Agent landet er im »Château d'If«, von wo er nach fünf Jahren Isolationshaft auf abenteuerliche Weise entkommt. Der Rest der Romanhandlung erzählt davon, wie er als reich gewordener ›Graf von Monte Christo‹ an den inzwischen in hohe gesellschaftliche Positionen aufgestiegenen Menschen Rache nimmt, die ihm einst sein Glück geraubt haben.

Felsen, auf dem Notre Dame de la Garde steht Die Mitte des 19. Jahrhunderts an der Stelle einer aus dem Mittelalter stammenden Kapelle im neuromantisch-byzantinischen Stil erbaute, im Volk liebevoll

Die dem Hafen von Marseille vorgelagerte Gefängnisinsel Château d'If. Foto von 2019

als »La Bonne Mère« (»Die gute Mutter«) bezeichnete Wallfahrtskirche steht auf einer Anhöhe und ist das weithin sichtbare bauliche Wahrzeichen der Stadt (siehe das Foto auf der folgenden Seite).

S. 74 eisernen Spinne des Pont Transbordeurs »Le Pont à Transbordeur de Marseille« war eine 1905 über der Einfahrt zum alten Hafen von Marseille erbaute Schwebefähre. Die »eiserne Spinne« ist wohl ein Bild für die Gondel, in der man in 90 Sekunden von einer Seite zur anderen kam (vgl. auch die beiden zeitgenössischen Abbildungen im Wikipedia-Artikel »Schwebefähre Marseille«; Zugriff: 9. 11. 22). Die Brücke wurde im August 1944 von den deutschen Besatzungstruppen gesprengt, um die Zufahrt zum Hafen zu blockieren – was nur halb gelang. Der stehen gebliebene Teil wurde im September 1945 durch eine weitere Sprengung zum Einsturz gebracht.

Sprichwort vom lieben Gott in Frankreich Die Redewendung »leben wie Gott in Frankreich« steht für ein sorgenfreies und freudvolles Leben im Überfluss. Sie entstand vermutlich in Deutschland, wo

Die Kirche Notre-Dame de la Garde, ein Wahrzeichen von Marseille. Foto von 2022

sie sich im späten 18. Jahrhundert und vielfach im 19. Jahrhundert nachweisen lässt. Ihr genauer Ursprung ist ungeklärt.

Kolonialdenkmal auf der Corniche das von dem aus Marseille stammenden Architekten Gaston Castel (1886–1971) entworfene und 1927 eingeweihte »Monument aux morts de l'Armée d'Orient et des terres lointaines« (auch »Porte d'Orient«, also »Tor des Orients«)

die armen Neger ›Neger‹ war damals keine bewusst herabsetzende Bezeichnung (wie auch der Kontext zeigt, in dem das Wort fällt). Aber die Vorstellung von der »Überlegenheit der weißen Rasse« war seinerzeit in Europa zweifellos das Gegebene; und in diesem Sinne hat der Begriff natürlich zwangsläufig auch eine rassistisch-diskriminierende Färbung. Das zeigt sich etwa auch in Horváths (früher oft in der Mittelstufe gelesenem) Roman »Jugend ohne Gott« (1937), in dem die Hauptfigur, ein junger Lehrer – der an seinen Schülern, die den neuen Geist des Nationalsozialismus aufgesaugt haben, verzweifelt –, einen Geografie-Aufsatz mit dem Kommentar zurückgibt: » ›Du schreibst‹, sagte ich, ›dass wir Weißen kulturell und zivilisatorisch über den Negern stehen, und das dürfte auch stimmen. Aber du darfst doch nicht schreiben, dass es auf die Neger nicht ankommt, ob sie nämlich leben könnten oder nicht. Auch die Neger sind doch Menschen.‹ « (Anfang des dritten Kapitels)

S. 75 **»Der Gott und die Bajadere«** Titel einer bekannten Ballade Goethes, entstanden im Juni des Jahres 1797, des »Balladenjahrs«, als Goethe und Schiller gleichsam Balladen um die Wette schrieben. Das neun Strophen (à elf Verse) umfassende Erzählgedicht trägt den Untertitel »Indische Legende« und handelt von der Begegnung des Gottes »Mahadöh«, des »Herr[n] der Erde« (V. 1) – der zum sechsten Mal zur Erde herabsteigt, um sich unter die Menschen zu mischen und sie zu prüfen –, mit einer Bajadere (indischen Tänzerin), die hier im Einklang mit dem europäischen Verständnis des Begriffs als Prostituierte vorgestellt wird. Sie macht den Gott zu ihrem Kunden und er behandelt sie grob (»fordert Sklavendienste«, V. 34), was sie ihm mit Hingabe und echter Liebe vergilt, die sie bei ihm zum ersten Mal fühlt. Am Morgen nach der Liebesnacht findet sie »den vielgeliebten Gast« (V. 59) tot »an ihrem Herzen« (V. 58). Vergeblich versucht sie ihn ins Leben zurückzurufen. Als er begraben werden soll, will sie sich nach indischer Sitte als seine rechtmäßige Frau mit ihm verbrennen lassen. Die Priester weisen dieses Ansinnen zurück, weil sie als Bajadere alle Männer bediene und nicht einem Einzelnen angehören könne. Verzweifelt setzt sie ihren Willen durch und »[s]pringt« »in den heißen Tod« (V. 92). Diese Tat wird belohnt – denn »der Götter-Jüngling hebet / Aus der Flamme sich empor, / Und in seinen Armen schwebet / Die Geliebte mit hervor.« (V. 93 – 96) Das Gedicht endet mit dem Resümee: »Es freut sich die Gottheit der reuigen Sünder; / Unsterbliche heben verlorene Kinder / Mit feurigen Armen zum Himmel empor.« (V. 96 – 99) (Zitiert nach: Johann Wolfgang Goethe: Gedichte 1756 – 1799. Herausgegeben von Karl Eibl. Frankfurt am Main: Deutscher Klassiker Verlag 1987, S. 692 – 695)

S. 76 Gottes Ebenbild Die Gottesebenbildlichkeit des Menschen ist eine alte religiöse, gerade auch im Christentum (vgl. die Schöpfungsgeschichte im Buch Genesis) tief verankerte Vorstellung.

singhalesischer Die Singhalesen sind die vorherrschende ethnische Bevölkerungsgruppe im östlich vom Südzipfel des afrikanischen Kontinents gelegenen Inselstaat Sri Lanka, der bis 1947 britische Kronkolonie war und bis 1972 Ceylon hieß. Die Stelle wirft ein Schlaglicht auf den Umstand, dass man in Marseille auf Menschen ›aus aller Herren Länder‹ treffen konnte, was damals den (für viele leicht unheimlichen) Reiz großer Hafenstädte ausmachte.

S. 77 Prokuristen leitenden Angestellten, der über Prokura verfügt, also über die Vollmacht, im Namen des Unternehmens rechtlich verbindliche Geschäfte abzuschließen

Kommunistischen Manifest eigentlich »Manifest der Kommunistischen Partei«; 1848 entstandene kurze Programmschrift von Karl Marx und Friedrich Engels, in der die Grundgedanken der marxistischen Theorie entwickelt werden und die mit dem berühmten Appell endet: »Proletarier aller Länder, vereinigt euch!«

Man muss durch Marx unbedingt hindurchgegangen sein. Für die intellektuelle Entwicklung eines Menschen ist es unbedingt notwendig, den Marxismus studiert zu haben und eine Zeitlang ein Anhänger dieser Lehre gewesen zu sein (anschließend aber zu anderen, realistischeren Anschauungen zu gelangen).

bürgerlichen Produktionsverhältnisse Begrifflichkeit der marxistischen Wirtschaftstheorie, die insbesondere die Konzentration des Kapitals und der Produktionsmittel in den Händen einer kleinen privilegierten Minderheit kritisiert

S. 78 Louis-XVI.-Stil Nach König Ludwig XVI. (1754–1793) von Frankreich benannte Stilrichtung, die den Übergang von der geschwungenen, ausladenden und verschnörkelt-verspielten Formgebung des Rokoko hin zu einem strengeren – klassizistischen – Stilideal der schlichten und zierlichen Eleganz bezeichnet; als Schmuckelemente dienten vorzugsweise Motive der griechisch-römischen Antike.

Stiche nach Watteau und Fragonard Jean-Antoine Watteau (1684 bis 1721) war ein französischer Maler der Rokokozeit, dessen Spezialität das von ihm begründete Genre der »Fête galante« (des »galanten Festes«) war, das heitere »Schäferszenen« (Liebespaare, Tänzer, Hirten) in idyllischer Landschaft zeigte. Der französische Maler, Zeichner und Kupferstecher Jean-Honoré Fragonard (1732–1806) führte in lockerer Malweise und unter stärkerer Betonung des Erotischen die von Watteau geschaffene Motivik fort. »Seine Bilder wurden von den bekanntesten Kupferstechern seiner Zeit reproduziert« (Wikipedia-Artikel »Jean-Honoré Fragonard«; Zugriff: 9. 11. 22). Im Druck vervielfältigte Stiche waren bis zum Zeitalter der Fotografie das Mittel der Wahl, um Gemälde einem breiteren Kreis von Kunstinteressierten zugänglich zu machen.

S. 79 Adolf Menjou der amerikanische Schauspieler französisch-irischer Abstammung Adolphe Menjou (1890–1963), der auf das Charakterfach des eleganten Gentleman spezialisiert war

S. 81 Reichshauptstadt Berlin (Die Weimarer Republik hieß offiziell weiterhin »Deutsches Reich« – daher auch »Reichsverfassung«, »Reichsparlament« und eben »Reichshauptstadt«.)

Hermaphroditen (griech. / lat.) »Zwitter; [...] Mensch [...] mit Geschlechtsmerkmalen von beiden Geschlechtern« (Duden); vielleicht sind aber auch nur androgyne Menschen gemeint, also Personen von nicht eindeutig weiblichem oder männlichem Aussehen.

S. 82 van Gogh Der zu seinen Lebzeiten weitgehend unbekannte niederländische Maler Vincent van Gogh (1853–1890), der im ersten Drittel des 20. Jahrhunderts als einer der wichtigsten Wegbereiter der modernen Malerei entdeckt und anerkannt wurde, lebte 1888 und 1889 in Arles. Hier entstanden in wenigen Monaten fast 190 Gemälde. Im Spätjahr 1888 teilten sich van Gogh und sein französischer Malerkollege Paul Gauguin (1848–1903) – der bald darauf nach Tahiti ging und mit den symbolistisch-frühexpressionistischen Gemälden der dortigen Welt seinen unverwechselbaren Stil entwickelte – einige Wochen die Wohnung, bis sich van Gogh nach einem heftigen Streit mit Gauguin einen Teil des linken Ohrs abschnitt oder zumindest schwer verletzte.

Tartarins »Tartarin von Tarascon« ist der Held dreier sehr erfolgreicher satirischer Unterhaltungsromane des französischen Schriftstellers Alphonse Daudet (1840–1897) (vgl. auch den Wikipedia-Artikel »Tartarin von Tarascon«; Zugriff: 9. 11. 22). Die beiden deutschen Übersetzungen des besonders populären ersten Romans erschienen 1913 und 1921; die zweite stammte von dem Autor Klabund (einem Bekannten Horváths, vgl. Seite 271 dieses Bands) und enthielt 97 Illustrationen von George Grosz.

Nîmes Die etwa 35 Kilometer nordwestlich von Arles gelegene Stadt Nîmes war ähnlich wie Arles ein wichtiges Verwaltungszentrum des Römischen Reichs, was heute noch am Stadtbild erkennbar ist. Mitte der 1920er-Jahre hatte Nîmes etwa 85 000 Einwohner.

S. 84 Biarritz Stadt im südlichsten Teil der französischen Atlantikküste, nahe der französisch-spanischen Grenze. Bis Mitte des 19. Jahrhunderts ein kleines Fischerdorf, entwickelte sich Biarritz in wenigen Jahren zum Treffpunkt europäischer Monarchen und des europäischen Hochadels, nachdem die französische Kaiserin, Eugénie, eine gebürtige Spanierin, 1854 zwei Monate in dem Ort verbracht hatte, woraufhin ihr Napoléon III. dort eine Residenz erbauen ließ und das Kaiserpaar seine Sommer regelmäßig in Biarritz zubrachte. Mitte der 1920er-Jahre hatte Biarritz gut 20 000 Einwohner (und ein Vielfaches an jährlichen Badegästen).

S. 85 sexuellen Neurasthenie Die kurz vor 1870 von dem New Yorker Nervenarzt George M. Beard als Krankheitsbild beschriebene und benannte »Neurasthenie« war ein durch reizbare Empfindlichkeit ausgelöstes Leiden, das Sigmund Freud (1856–1939) bereits 1887, als er noch ein unbekannter Arzt war, als »die allerhäufigste Erkrankung in unserer Gesellschaft« bezeichnete. Als Gründe für die seit 1890 in allen Schichten der Gesellschaft um sich greifende Nervosität wurden häufig die folgenden Faktoren genannt: die gewaltig gesteigerte Dynamik des modernen Kapitalismus, die fort-

Die Altstadt von Nîmes im Süden Frankreichs. Luftaufnahme aus dem Jahre 2021

schreitende Individualisierung, die allgemeine Beschleunigung des Lebens und daraus resultierende Zeitnot des Einzelnen sowie die ungesunde moderne Lebensweise in einer immer stärker von Arbeit dominierten Gesellschaft. Aus den Patientenakten der Sanatorien, die damals vermehrt von Neurasthenikern aufgesucht wurden und sich entsprechend auf diese ›Modekrankheit‹ zu spezialisieren begannen, geht aber vor allem hervor, dass »der Nervositätsdiskurs [...] über weite Strecken ein halbverdeckter Diskurs über die Sexualität« war. »Bei den ›Nervenreizen‹ dachte man nicht zuletzt an sexuelle Reize, bei der ›Nervosität der Zeit‹ an die Turbulenzen der ›freien Liebe‹, die um die Jahrhundertwende aus der Sicht vieler Zeitgenossen das explosivste von allen Problemen war. Sexuelle Nöte« waren somit »das Leitmotiv vieler Neurasthenikergeschichten« (Joachim Radkau: »Das Zeitalter der Nervosität. Deutschland zwischen Bismarck und Hitler«. München: Carl Hanser Verlag 1998, S. 144; das Zitat von Freud ebenda, S. 54).

S. 88 aus einzelnen Zellen Krischke verweist auf den damals als Vermittler zwischen moderner Kunst und Naturwissenschaft populären und auch von Horváth nachweislich rezipierten Wilhelm Bölsche (1861–1939), der in seiner Schrift »Das Liebesleben in der Natur. Eine Entwicklungsgeschichte der Liebe« (3 Bände, 1898–1903) seinen Lesern und Leserinnen erklärte: »Dein Leib, deine Organe, dein ganzes Du sind ein einziger großer Wunderbau aus Millionen winziger Zellen« (Band 1, S. 67; zitiert nach Krischke, S. 410).

Termiten Die Termite ist ein »den Schaben ähnliches Staaten bildendes Insekt besonders der Tropen und Subtropen« (Duden). Krischke macht auf das 1926 erschienene und wenig später auch ins Deutsche übersetzte Buch »La Vie des Termites« (»Das Leben der Termiten«) des belgischen (französisch schreibenden) symbolistischen Dramatikers Maurice Maeterlinck (1862–1949) aufmerksam sowie auf Wilhelm Bölsches Schrift »Der Termitenstaat. Schilderung eines geheimnisvollen Volkes«, die allerdings erst 1931 erschien.

S. 89 weil sie immer wieder das Vaterland verraten In der Wilhelminischen Zeit wurden die Sozialdemokraten und die politischen Anführer der Arbeiterbewegung von konservativen Kreisen beharrlich als »Vaterlandsverräter« gebrandmarkt, um ihren immer stärker wachsenden Rückhalt in der Bevölkerung einzudämmen, indem man an den ausgeprägten Nationalismus der Deutschen appellierte und ihre Furcht instrumentalisierte, von neidischen Konkurrenten und Feinden umgeben zu sein.

als sie den Erzberger erschossen haben Der Publizist und Politiker der katholisch geprägten Zentrums-Partei Matthias Erzberger unterzeichnete im November 1918 als Bevollmächtigter der Reichsregierung das Waffenstillstandsabkommen von Compiègne, mit dem das Deutsche Reich seine militärische Niederlage eingestand, und wurde seither als »Novemberverbrecher« beschimpft. 1919 und 1920 war er Finanzminister der Weimarer Republik. Am 26. August 1921 wurde er während eines Erholungsurlaubs im Schwarzwald im Alter von 45 Jahren von rechtsgerichteten Attentätern ermordet.

Verständigungspolitik ein politisches Schlagwort der Zeit, das von den Republikgegnern als polemischer Kampfbegriff verwendet wurde, um die gemäßigten Politiker – zu denen auch Matthias Erzberger gehörte – zu verunglimpfen, die Deutschland zurück in die internationale Staatengemeinschaft zu führen versuchten

die Rolle der Mütter im Krieg Im Ersten Weltkrieg mussten Mütter, als immer mehr Männer eingezogen wurden, nicht nur in immer größerer Mangellage ihre Familien durchbringen, sondern rückten auch in viele berufliche Positionen ein, die zuvor von Männern ausgefüllt worden waren.

Frauenfrage zeitgenössische Bezeichnung für den Diskurs um die Rechte und individuellen Entfaltungsmöglichkeiten von Frauen, der um 1900 durch das Wirken einer ganzen Reihe von selbstbewussten Aktivistinnen einen Aufschwung erlebte

S. 90 Montpellier etwa 170 km nordwestlich von Marseille gelegene Stadt an der französischen Mittelmeerküste mit seinerzeit etwa 85 000 Einwohnern

Pazifismus »weltanschauliche Strömung, die jeden Krieg als Mittel der Auseinandersetzung ablehnt und den Verzicht auf Rüstung und militärische Ausbildung fordert« (Duden)

infolge der großen russischen Revolution der Oktoberrevolution von 1917, in der die kommunistischen Bolschewiki unter der Führung Lenins (1870–1924) in Russland die Macht an sich rissen

Idee des revolutionären Krieges Nach Lenins Überzeugung »war der Sozialismus keinesfalls ohne einen ›revolutionären Krieg‹ zu erreichen. Der Bürgerkrieg«, der von 1918 bis 1922 in Russland wütete, »war für Lenin ›unvermeidliche Weiterführung‹ des Klassenkampfes, eine zwangsläufige Erscheinung bei der Errichtung des Sozialismus. Deswegen könnten Kommunisten ›niemals Gegner revolutionärer Kriege sein‹.« (Jan Rödel: Falsche Vorbilder: Wladimir Iljitsch Lenin. Aufsatz auf der Seite der Konrad Adenauer Stiftung: https://www.kas.de/de/web/extremismus/linksextremismus/falsche-vorbilder-wladimir-iljitsch-lenin)

Das axialsymmetrisch angelegte Gelände der Weltausstellung in Barcelona,
die von Mai 1929 bis Januar 1930 dauerte. Zeitgenössische Aufnahme

Malefizwelt frevelhaften, verbrecherischen Welt (von lateinisch ›maleficium‹ bzw. ›malefacere‹: ›Böses tun‹)

S. 91 Sowjets russische Bezeichnung für einen Arbeiter- und Soldatenrat oder eine Behörde in der Sowjetunion oder (nur im Plural, wie wohl im vorliegenden Fall) als Sammelbezeichnung für die Einwohner der Sowjetunion; gemeint sind in diesem letzten Fall nicht so sehr die Menschen als der Staat, ›das System‹.

Bourgeoisie das »wohlhabende[] Bürgertum« bzw., in marxistischer Sichtweise und Terminologie: die »herrschende Klasse der kapitalistischen Gesellschaft, die im Besitz der Produktionsmittel ist« (Duden)

Botticelli der italienische Maler Sandro Botticelli (1445–1510), ein florentinischer Meister der Frührenaissance, dessen Gemälde »Die Geburt der Venus« heute noch weltbekannt ist und auch in der Popkultur immer wieder adaptiert wird

Der Haupteingang der Weltausstellung von der Plaza d'España aus gesehen, mit dem von Josep Maria Jujol entworfenen Brunnen im Hintergrund. Zeitgenössisches Foto

Exposición de Barcelona 1929 Knappe und nützliche Hintergrundinformationen bietet der Artikel »Exposició Internacional de Barcelona« bei Wikipedia (Zugriff: 9. 11. 22); zeitgenössische Bilddokumente auf dieser und den folgenden Doppelseiten.

Nepp Gaunerei, Ausbeutung, Betrug (vor allem bezogen auf einen überhöhten Preis für ein minderwertiges Produkt oder eine minderwertige Dienstleistung)

die spanischen Habsburger Dank seiner geschickten Heiratspolitik herrschte das Haus Habsburg seit dem späten 15. Jahrhundert nicht nur über Österreich, sondern auch über Spanien (und die Niederlande sowie Burgund). In den 1520er-Jahren teilten sich die Habsburger formell in eine österreichische und eine spanische Linie. Diese erlosch im Jahre 1700. Im Spanischen Erbfolgekrieg (1701 bis 1714) büßten die Habsburger den größeren Teil ihrer Machtstellung auf der iberischen Halbinsel ein.

Der deutsche Pavillon von Ludwig Mies van der Rohe (1886–1969), eine auf den Elementen Platte, Scheibe und Stütze beruhende »Architektur des fließenden Raumes«

S. 93 Goldmark »Die Mark [...] war die Rechnungseinheit und das Münznominal der zu einem Drittel goldgedeckten Währung des Deutschen Kaiserreichs ab 1871 (›Reichsgoldwährung‹). [...] Im August 1914 wurde [...] die Abgabe von auf Mark lautenden Goldmünzen durch die öffentlichen Kassen eingestellt. [...] Der Ausdruck ›Goldmark‹ entstand nach 1914 zur Unterscheidung gegenüber den durch Inflation entwerteten, auf Mark lautenden Geldzeichen, insbesondere den Banknoten (›Papiermark‹). ›Goldmark‹ war ab 1923 auf Notgeldscheinen mit US-Dollar-Bezug aufgedruckt sowie später in der Amtssprache der Weimarer Republik gebräuchlich.« (Wikipedia-Artikel »Mark (1871)«; Zugriff: 9. 11. 22)

S. 94 Geist von Locarno Geist der Aussöhnung der ehemaligen Kriegsgegner und der (Wieder-)Eingliederung Deutschlands in die Weltgemeinschaft – durch die Aufnahme in den Völkerbund und vor allem in die Wertegemeinschaft der westlichen, demokratisch ge-

Blick in den ›Gang‹ an der Vorderseite des deutschen Pavillons

prägten Welt – als Folge der im Oktober 1925 in Locarno im Tessin ausgehandelten und im Dezember in London unterzeichneten »Verträge von Locarno«

S. 95 in wilhelminischem Stil protzig, auftrumpfend

Ölbilder mit Ölfarben auf Leinwand angefertigte Gemälde; hier wohl als Synonym für konventionelle, vor allem Repräsentationszwecken dienende Auftragsmalerei

Missionspalast (siehe die Abbildung auf der folgenden Seite)

begehrte ... auf beklagte sich, forderte, maulte

original vatikanische vollständig vom römisch-katholischen Kirchenstaat getragene

sinniger sinnreicher, durchaus passender

Missionäre österreichisch veraltet für: Missionare: Mitglieder der katholischen Kirche, die deren Lehre in die Welt hinaustragen

Primitiven ›Naturvölkern‹

Der Palast der Missionen auf der Weltausstellung in Barcelona

ad maiorem bürgerlicher Produktionsweise gloriam sarkastische Abwandlung des jesuitischen Leitspruchs »Ad maiorem Dei gloriam« (»Zum höheren Ruhme Gottes«)

nach dem zum

Miramare (span.) Meeresblick

Mont Juich Barcelonas 170 Meter hoher Hausberg Montjuïc im Süden der Stadt verdankt seine heutige parkähnliche Anlage und seine vielen Museen wesentlich der Weltausstellung 1929, deren Gelände den Nordwesthang des Berges mit einbezog. Die Herkunft des Namens ist nicht eindeutig geklärt: Manche meinen, er gehe auf die Zeit der römischen Besiedlung zurück, in der dort ein Tempel des Jupiter gestanden habe (»Mons Jovis«: »Berg des Jupiter«); andere glauben dagegen, er beziehe sich auf einen jüdischen Friedhof, der auf der Südseite des Berges existiert habe (»Montjeu«: »Judenberg«).

Etablissement hier: gepflegtes kleines Restaurant

Das »spanische Dorf«, die beim einheimischen Publikum beliebte ›historische Ecke‹ des Geländes mit Nachbildungen alter spanischer Bauten, Plätze und Straßenzüge

nach der Legende … wohin Satan den Herrn geführt hatte vgl. das Matthäus-Evangelium, Kapitel 4, 2, Verse 8–11: »8 Wiederum führte ihn der Teufel mit sich auf einen sehr hohen Berg und zeigte ihm alle Reiche der Welt und ihre Herrlichkeit 9 und sprach zu ihm: Das alles will ich dir geben, wenn du niederfällst und mich anbetest. 10 Da sprach Jesus zu ihm: Weg mit dir, Satan! Denn es steht geschrieben (5. Mose 6, 13): ›Du sollst anbeten den Herrn, deinen Gott, und ihm allein dienen.‹ 11 Da verließ ihn der Teufel. Und siehe, da traten Engel herzu und dienten ihm.« (Lutherbibel 2017)
neppen das Geld aus der Tasche ziehen (siehe auch Seite 229: Nepp)
Am Horizont grüßten die Berge der Gralsburg herüber Die ironische Bemerkung bezieht sich auf die etwa zehn Kilometer lange und fünf Kilometer breite Gebirgskette im Hinterland von Barcelona, die den Namen »Montserrat« (katalanisch für »Gesägter Berg«) trägt, welcher wiederum an die Gralsburg »Munsalvaesche« in Wolfram von Eschenbachs Versroman »Parzival« (entstanden et-

Die Säule des Kolumbus in Barcelona. Aufnahme vom Januar 2022

wa 1200 bis 1210) anklingt, einem Hauptwerk der mittelalterlichen Literatur. Der Gral ist ein von edlen Rittern gehütetes wundertätiges Gefäß, ein Symbol für das Streben nach einem reinen Leben und nach Erlösung von der sündhaften Natur des Menschen.

die Säule des Kolumbus das aus Anlass der Weltausstellung von 1888 in Barcelona nahe des Hafens auf der Plaça del Portal de la Pau errichtete »Monumento a Colón«, eine 60 Meter hohe Säule mit der gut sieben Meter hohen Statue von Christoph Kolumbus (1451–1506)

S. 96 in der Ferne vor dem Nationalpalast die herrlichen Wasserspiele der Palau Nacional (so der katalanische Name), der aus Anlass der Weltausstellung entstand, als zentraler Bau am Fuße des Montjuïc das Gelände dominierte, nachts spektakulär angestrahlt war und seit 1934 das Nationale Kunstmuseum von Katalonien beherbergt

S. 97 Don Quichotte oder Sancho Pansa die beiden Protagonisten des berühmtesten Romans der spanischen Literatur, »El ingenioso hi-

Der Palau Nacional (Nationalpalast), Barcelona 1929. Zeitgenössische Postkarte

dalgo Don Quixote de la Mancha« (zwei Teile, 1605 und 1615; »Der sinnreiche Junker Don Quijote von der Mancha«) von Miguel de Cervantes (1547–1616). Don Quijote ist ein edler Narr, der »Ritter von der traurigen Gestalt«, der die Welt der von ihm verschlungenen Ritterromane mit der wirklichen Welt verwechselt und daher auszieht, um selbst heroische Abenteuer zu vollbringen und vermeintlich bedrohte Jungfrauen zu erretten. Der hagere große (auch großgewachsene) Herr in all seiner Lebensfremdheit und sein korpulenter und kleingewachsener, lebenspraktisch handelnder Diener sind als ungleiches Paar zu Archetypen der europäischen Romanfiguren und zum Modell berühmter Komikerduos geworden.

S. 98 Nun betraten … Widerhaken »Im zweiten Teil« der Corrida »treten die sogenannten ›banderilleros‹ auf, deren Aufgabe es ist, dem Stier jeweils ein Paar lange, mit bunten Bändern versehene Spieße (›banderillas‹) so in den Rücken zu stechen, dass sie hängen bleiben. Zu diesem Zweck sind die ›banderillas‹ mit Widerhaken

Titelseite des »Diario Oficial de la Exposición Internacional Barcelona 1929«, also des offiziellen Katalogs oder Führers der Weltausstellung

versehen. Entscheidend für den Erfolg oder Misserfolg der ›banderilleros‹ ist die ›colocación‹ (Platzierung) der Spieße. Ziel ist es, die Muskeln zwischen den Schulterblättern des Stieres zu verletzen und zu schwächen, ohne jedoch den späteren Zugang für den finalen tödlichen Stoß des Matadors zu versperren.« (Wikipedia-Artikel »Stierkampf«, Abschnitt 2.4: »Ablauf der ›Corrida de toros‹ «; Zugriff: 9. 11. 22)

S. 99 Völkerbund Anfang 1920 gegründete globale Staatengemeinschaft mit Sitz in Genf mit dem Ziel der Förderung internationaler Kooperation und der Vermeidung künftiger Kriege. Durch das Entstehen der »Vereinten Nationen« (»United Nations«, kurz »UN«) im Jahre 1945 (mit Sitz in New York und Nebensitzen in Genf, Nairobi und Wien) wurde der »Völkerbund«, der im schwierigen politischen Umfeld der Zwischenkriegszeit die in ihn gesetzten Erwartungen nie hatte erfüllen können, als völkerverbindende Institution endgültig delegitimiert und folgerichtig im April 1946 aufgelöst.

Vorderseite einer von Horváth aus Barcelona verschickten Postkarte (siehe Seite 161)

S. 100 polnischen Korridor Der ›Polnische Korridor‹ war ein politischer Begriff der Zwischenkriegszeit, der sich auf den Umstand bezog, dass Deutschland nach dem Ersten Weltkrieg auf der Höhe der nunmehr ›Freien Stadt Danzig‹ (vgl. Seite 176 unten) einen größeren Landstreifen an Polen abtreten musste (das auf diese Weise Zugang zur Ostsee erhielt), mit der Folge, dass Ostpreußen vom Hauptgebiet des Deutschen Reichs abgeschnitten war.

S. 101 unberufen wörtlich: ohne Berechtigung, ohne Befugnis; als stehende Wendung jedoch: durchaus, guten Gefühls (ohne Sorge, durch eine vorschnelle Äußerung Unheil heraufzubeschwören; vgl. mhd. ›beruofen‹: ›tadeln‹, ›unzeitig und zum Unheil nennen‹, ›bezaubern‹, ›anklagen‹)

Mörtel »breiartiges, innerhalb kürzerer Zeit erhärtendes Gemisch aus Wasser, Sand und Zement, Kalk, Gips o. Ä., das als Bindemittel bei Bausteinen oder zum Verputzen von Wänden und Decken dient« (Duden)

das Weib ist halt doch noch eine Sphinx, trotz der Psychoanalyse! Die Psychoanalyse Sigmund Freuds und seiner Schüler und Mitstreiter (von denen manche zu Gegnern wurden und eigene psychoanalytische Richtungen begründeten) entwickelte sich im ersten Drittel des 20. Jahrhunderts zu einer international bekannten, wenn auch nie umstrittenen Behandlungsmethode ›seelischer Leiden‹. Seine frühesten Einsichten bezog Freud aus der Behandlung weiblicher »Hysterikerinnen«. In späteren Jahren bekannte Freud, die weibliche Sexualität und damit das Seelenleben von Frauen bleibe für ihn ein »dunkler Kontinent«, ein schwer zu lösendes Rätsel. – Die Sphinx, ein mythologisches Wesen mit Löwenkörper und Frauenkopf, anziehend und bedrohlich zugleich, steht im übertragenen Sinne für einen rätselhaften, undurchschaubaren Menschen. Der Begriff wird vornehmlich auf Frauen angewandt.

was fürs Feuilleton zu tun einen kleinen Text für die Kulturseiten meiner Zeitung zu schreiben

Unter den Linden eineinhalb Kilometer lange Prachtstraße im Zentrum Berlins, die auf das Brandenburger Tor zuführt

nur Interesses halber bloß in Erwartung eines interessanten, berichtenswerten Vorfalls (also nicht, weil mich persönliche Wünsche dazu trieben)

Konversationszimmer mit Sitzgruppen ausgestatteter Raum, der dazu dient, mit anderen Hotelgästen ins Gespräch zu kommen

S. 102 Avignon Stadt in Südfrankreich, im 14. Jahrhundert jahrzehntelang Sitz der Gegenpäpste, bekannt vor allem wegen seiner in der Nähe des Papstpalastes gelegenen Brücke, der »Pont Saint-Bénézet«, die seit einer großen Flut im Jahre 1668 mitten in der Rhône endet und von der auch das bekannte Volkslied »Sur le pont d'Avignon« handelt, das aber noch aus der Zeit stammt, bevor die Strömung einen Teil der Brücke mit sich riss.

Milwaukee größte Stadt des US-amerikanischen Bundesstaats Wisconsin mit einem hohen Bevölkerungsanteil deutscher Einwanderer, die vor allem ab Mitte des 19. Jahrhunderts kamen

S. 106 Metz Die gut 60 Kilometer westlich von Saarbrücken gelegene Stadt Metz war im Mittelalter als Herkunftsort der Karolinger und Zentrum des Frankenreichs von hoher Bedeutung. Später diente sie als Verwaltungszentrum Lothringens. Nach dem Dreißigjährigen Krieg fiel sie an Frankreich, zwischen 1871 und 1918 gehörte sie zu Deutschland und wurde nach dem Weltkrieg wieder französisch.

das Rheinland räumen Die Besetzung des Rheinlands (alle linksrheinischen Gebiete und auf rechtsrheinischer Seite ein Puffergürtel von 50 Kilometer Breite sowie die grenznahen Städte Köln, Koblenz, Mainz und Kehl) durch alliierte Truppen nach dem Ersten Weltkrieg diente als Sicherheitsgarantie für Frankreich gegen deutsche Revanchegelüste und als Faustpfand für die Erfüllung der hohen Reparationsleistungen, die Deutschland auferlegt worden waren. Die Räumung dieser Gebiete (also der Abzug der Besatzungstruppen) war teils nach 10, teils nach 15 Jahren vorgesehen. Weil Deutschland seinen Verpflichtungen zwischenzeitlich nicht nachgekommen war, waren 1923 auch große Teile des Ruhrgebiets besetzt worden. Nach dem Beginn der Aussöhnung zwischen Frankreich und Deutschland wurden allerdings bereits 1926 erste Gebiete geräumt. Nachdem die Zahlungsverpflichtungen Deutschlands im sogenannten Young-Plan (1929/1930) neu geregelt worden waren, zogen die Siegermächte ihre Besatzungstruppen zeitnah auch aus den restlichen Gebieten des Rheinlands zurück.

Amanullah und Habibullah Habibullah Khan (1872–1919) war von 1901 bis zu seiner Ermordung Emir von Afghanistan. Er versuchte sein Land zu modernisieren und wahrte im Ersten Weltkrieg strikte Neutralität. Im Frühjahr 1919 fiel er einem Attentat von Gegnern seiner Außenpolitik zum Opfer. Sein Nachfolger wurde sein dritter Sohn, Amanullah Khan (1892–1960), der ab 1926 als König von Afghanistan regierte. Er setzte gegen erhebliche Widerstände im eigenen Land die Modernisierungspolitik seines Vaters fort (seine Frau Soraya ging unverschleiert) und suchte insbesondere die wirtschaftliche Annäherung an England und Deutschland. Im

Januar 1929 dankte er unter dem Druck eines Aufstands ab und lebte fortan in Rom und später in Zürich im Exil.

Abd el-Krim Gemeint ist der marokkanische Publizist, Richter und Lehrer Mohammed Abd al-Karim (1882–1963), der während des Ersten Weltkriegs von deutscher Seite ermutigt wurde, sich an die Spitze der marokkanischen Unabhängigkeitsbewegung zu stellen, woraufhin ihn die Spanier in den Jahren 1916 und 1917 ins Gefängnis steckten. 1921 wurde er von sechs Stämmen zum Emir ausgerufen und führte seither einen bewaffneten Befreiungskampf gegen die Kolonialmächte Spanien und Frankreich. 1923 proklamierte er als Präsident einer nordmarokkanischen Republik die Unabhängigkeit von Spanien. 1926 ergab er sich französischen Truppen und wurde auf die Insel Réunion im Indischen Ozean verbannt. Erst 1947 erlangte er seine Freiheit zurück. Im Dezember desselben Jahres wurde er in Kairo Vorsitzender des Befreiungskomitees des arabischen Maghrebs (Nordafrikas). Er starb 1963 in Kairo.

General Feng Feng Yuxiang (1882–1948) verbündete sich 1927, zu Beginn des Chinesischen Bürgerkriegs (1927–1949), mit Chiang Kai-shek (1887–1975), dem Führer der Kuomintang (der »Nationalchinesen«) und Gegenspieler von Mao Zedong (1893–1976). Als Belohnung für seine militärischen Erfolge und um seinen Einfluss zu begrenzen, bot Chiang Kai-shek Feng Yuxiang 1929 die Herrschaft über die Provinz Shandong an, die dieser, davon überzeugt, dass Chiang seine Zusagen nicht einhalte, bald darauf für unabhängig erklärte. Da Chiang zu diesem Zeitpunkt aber bereits zwei von Fengs wichtigsten Generälen auf seine Seite gezogen hatte, musste Feng zurücktreten und sich mit seinen verbliebenen Streitkräften aus Shandong zurückziehen.

gehören vergast Zu denken ist bei dieser für alle Nachgeborenen entsetzlichen Formulierung nicht an den von den Nationalsozialisten verübten Massenmord in sogenannten Gaskammern, sondern an die Erfahrungen des Ersten Weltkriegs, in dem Giftgas erstmals als chemische Waffe eingesetzt wurde. Der Einsatz von Giftgas in kriegerischen Auseinandersetzungen war schon vor dem Ersten Weltkrieg, in der Haager Landkriegsordnung von 1899, geächtet worden. 1925 kam es im sogenannten Genfer Protokoll zu einem neuerlichen Verbot von chemischen und biologischen Waffen. Der Ratifizierungsprozess gestaltete sich jedoch mühsam: Frankreich unterzeichnete das Abkommen 1926, Deutschland 1929, Großbritannien 1930, um nur einige wichtige Länder zu nennen. Japan unterschrieb erst 1970, die USA unterzeichneten gar erst 1975.

einen freundlichen Herrn Krischke meint, der »freundliche Herr« sei ein verdecktes Porträt des österreichischen Publizisten Karl Anton Prinz Rohan (1898–1975), der 1924 den konservativ-elitären »Europäischen Kulturbund« ins Leben rief, ab 1925 in Berlin die monatlich erscheinende »Europäischen Revue« herausgab und der Paneuropa-Bewegung von Richard Nikolaus Coudenhove-Kalergi (vgl. Seite 168 unten: Paneuropäer) erklärtermaßen skeptisch gegenüberstand (vgl. Krischke, S. 419).

S. 109 »Nur wer sich wandelt, bleibt mit mir verwandt.« Zitat aus der zwölften Strophe von insgesamt fünfzehn Strophen des (unter der Abschnittsüberschrift »Aus hohen Bergen« stehenden) Gedichts »Nachgesang«, mit dem Friedrich Nietzsche (1844–1900) seine 1886 veröffentlichte Schrift »Jenseits von Gut und Böse. Vorspiel einer Philosophie der Zukunft« ausklingen ließ. Die zwölfte Strophe lautet vollständig: »O Jugend-Sehnen, das sich missverstand! / Die *ich* ersehnte, / Die ich mir selbst verwandt-verwandelt wähnte, / Dass *alt* sie wurden, hat sie weggebannt: / Nur wer sich wandelt, bleibt mit mir verwandt.« (Friedrich Nietzsche: Werke in sechs Bänden. Herausgegeben von Karl Schlechta. Vierter Band. München und Wien: Carl Hanser Verlag 1980, S. 758 f.)

zwounddreißig »zwo« ist ein Zahlwort, das in der Umgangssprache vorkommt, »häufig auch aus Gründen der Deutlichkeit, um eine akustische Verwechslung mit ›drei‹ zu vermeiden« (Duden)

hatten die räuberischen Zinsen und Wechsel seine Substanz vertilgt war der Wertbestand seines Unternehmens durch übermäßig hohe

Zinsen und fällige schuldrechtliche Zahlungsverpflichtungen da-
hingeschmolzen

auf den Namen seiner Frau umgeschrieben Eigentumsübertragung,
die den Besitz vor dem Zugriff der Gläubiger schützen soll, weil die
Ehefrau für den Konkurs ihres Ehemanns nicht haftbar gemacht
werden kann

S. 110 Kopfgrippe (griech.) Enzephalitis, Gehirnentzündung; oder
auch Hirnhautentzündung, wie sie als Folge der sogenannten Spanischen Grippe auftreten konnte, die in der unmittelbaren Nachkriegszeit direkt oder indirekt Millionen von Menschen das Leben
kostete

Ludwigskirche »Die zwischen 1829 und 1844 errichtete katholische
Pfarr- und Universitätskirche St. Ludwig in München, genannt
Ludwigskirche, [...] (Ludwigstr. 20) befindet sich im nördlichen
Teil der Ludwigstraße und bildet den städtebaulichen Auftakt der
in Ost-West-Richtung verlaufenden Schellingstraße.« (Wikipedia-
Artikel »St. Ludwig (München)«; Zugriff: 9. 11. 22)

S. 111 den Film »Zehn Tage, die die Welt erschütterten« »Oktober« beziehungsweise »Oktober. Zehn Tage, die die Welt erschütterten«
war ein Stummfilm von 102 Minuten Länge des sowjetrussischen
Regisseurs Sergei Michailowitsch Eisenstein (1898–1948). Er entstand aus Anlass des zehnjährigen Jubiläums der Oktoberrevolution 1917 und behandelte den Sturz der Regierung Alexander Ke-
renskis (1881–1970) durch Lenin. Das Drehbuch beruhte auf dem
1919 erschienenen Roman »Ten Days that Shook the World« des
US-amerikanischen Journalisten John Reed (1887–1920). Im gleichen Jahr gründete Reed die »Kommunistische Arbeiterpartei«,
die erste kommunistische Partei in der Geschichte der USA, deren
Vorsitz er auch übernahm. Eine erste deutsche Ausgabe von Reeds
Roman erschien bereits 1922; eine zweite, erweiterte Ausgabe folgte 1927. Eisensteins Film wurde am 14. März 1928 in Moskau uraufgeführt, die deutsche Premiere fand kurz darauf, am 2. April, in
Berlin statt.

S. 113 die typische Bohemenatur der exemplarische Antibürger (unkonventionell, unstet, vage künstlerisch veranlagt, mittellos, in den Tag hinein lebend)

Montmartre der an und auf der höchsten Erhebung der Stadt, dem Montmartre (dem ›Märtyrer-Hügel‹) sich erstreckende 18. Pariser Stadtbezirk, in dem nicht nur viele Künstler lebten, sondern seit Beginn des 20. Jahrhunderts auch zahlreiche Kabarettbühnen und Vergnügungslokale lagen

Morgue (frz.) (städtisches) Leichenschauhaus (zunächst in Paris, später auch andernorts; heute eine veraltete Bezeichnung)

Film: »Der bethlehemitische Kindermord, oder Ehre sei Gott in der Höhe« Dieser Film ist wohl eine Erfindung von Horváth.

flog er aus dem Glashaus wohl eine Anspielung auf die Redensart »Wer im Glashaus sitzt, soll nicht mit Steinen werfen!«

Dialektik »Fähigkeit, den Diskussionspartner in Rede und Gegenrede zu überzeugen« (Duden); bzw., im Sinne der marxistischen Lehre: die aus den bestehenden ökonomischen Ungleichheiten abgeleitete Analyse der Klassenherrschaft

Feuilleton »literarischer Beitrag im Feuilletonteil [in den Kulturseiten] einer Zeitung« (Duden) (siehe Seite 243: was fürs Feuilleton ...)

er spreche hier aus eigener, aus sexualer und sexualethischer Neugier gesammelter Erfahrung er könne das aufgrund seiner eigenen Forschungen zur Sexualität als sozialem und sittlichem Phänomen bezeugen; Krischke verweist in diesem Zusammenhang auf eine gleichlautende Passage aus dem 1911 erschienenen Band »Die Grenzen der Geschlechtsmoral« des deutsch-italienischen Soziologen Robert Michels (1876–1936), die der marxistisch orientierte Kulturwissenschaftler und Autor Eduard Fuchs (1870–1940) in seiner seinerzeit viel gelesenen »Illustrierten Sittengeschichte vom Mittelalter bis zur Gegenwart« (3 Bände, 1909, 1910 und 1912) zitierte: »Von Turin berichtet Robert Michels [...], dass es hier mehrfach Schneiderinnenateliers gibt mit 20 oder 30 Arbeiterinnen, die alle heimlich der Prostitution obliegen [nachgehen] und zwar in den betreffenden Häusern selbst. Michels schreibt: ›Weiter gibt es – ich spreche hier aus eigener, aus sexualer und sexualethischer Neugier gesammelter Erfahrung – vielerorts, z. B. in Turin, Schneidereien, Nähstuben, meist im zweiten oder dritten Stock stark bewohnter Häuser gelegen.‹ « (Band 3, S. 410, zitiert nach Krischke, S. 422)

ein tiefes stilles Wasser Anspielung auf das Sprichwort »Stille Wasser sind tief.« (Zurückhaltende Personen sind oft tiefgründig.)

schlicht hier: einfach, bescheiden, persönlich uninteressiert

strickte Strümpfe wohl eine Anspielung auf die drei Moiren bzw. Parzen, die Schicksalsgöttinnen der griechischen bzw. römischen Mythologie, die gemeinschaftlich den Lebensfaden des Menschen spinnen und beizeiten kappen

verhutzeltes altersbedingt zusammengeschrumpftes, eingetrocknetes, runzliges

S. 115 der billigeren Buchführung wegen wohl bildlich-ironisch für: der Einfachheit halber; um nicht so viele Umstände machen zu müssen

Radierer Eine Radierung ist wie ein Stich (vgl. S. 223) ein künstlerisches Verfahren zur Herstellung einer Druckplatte, mit der man beispielsweise ein Gemälde (zwar nicht in seiner Maltechnik und Farbgebung, aber in den Konturen seiner Formgebung) vervielfältigen kann. Radierer sorgten vor dem Zeitalter der Fotografie im Verbund mit Druckern dafür, dass Kunst einem breiteren Kreis von Liebhabern zu erschwinglichen Preisen zugänglich gemacht werden konnte. Natürlich gab es aber auch Radierer, die nicht nur als Kopisten arbeiteten, sondern eigene Werke schufen.

S. 117 Löwenmädchens Lionella Krischke hat in der von Richard Bauer und Fritz Fenzl zusammengestellten Publikation »175 Jahre Oktoberfest. 1810–1985« (München: Bruckmann Verlag 1985) die Erläuterung gefunden, dass es sich bei » ›Lionella‹ dem Löwenweib« offenbar um eine weniger bekannte, aber kaum weniger traurige Schicksalsgenossin des »Affenweibs« Julia Pastrana (vgl. den Wikipedia-Artikel »Julia Pastrana«) handelte, die von dem Dresdner

Schausteller O. Seifert in einer Art »Freakshow« gegen Eintrittsgeld vorgeführt wurde; auf dem Münchner Oktoberfest erstmals im Jahre 1920. Der Werbetext für die Vorführung lautete: »Ist das einzige weibliche Wesen, welches als Weib und halb Löwe zu begegnen ist. Oberschenkelknochen ist mit Beckenknochen verwachsen, Kniescheiben fehlen, vordere Tatzen weisen rechts wie links 6 Zehen, hintere je 8 Zehen auf, im Ganzen 28 Zehen. Kann infolge ihres tierischen Körperbaues bloß auf vier Gliedmaßen sich fortbewegen. Ein Teil des Körpers ist behaart. Alter 26 Jahre. Gesicht normal und hübsch, geisteshochgebildet, kann, so gut es mit ihren Tatzen geht, schreiben« (S. 83; zitiert nach Krischke, S. 423).

S. 119 was man im bürgerlichen Sinne als ein Original bezeichnet was der Durchschnittsbürger als einen etwas absonderlichen Menschen gerade noch so zu akzeptieren bereit ist

hatte er einen Pullover an und Segelschuhe gemeint ist: war er ohne alle Förmlichkeit gekleidet (ohne Hemd und Anzug und mit leichten Freizeitschuhen aus Stoff)

englischen Zigaretten vielleicht ein Hinweis auf die exzentrischen Vorlieben des Radierers Achner

Auf dem Herdchen lagen zwei verbogene Löffel wohl eine Anspielung auf das von Unordnung und Armut geprägte Bohemedasein des Künstlers; vielleicht auch auf den Konsum von Kokain

die Briefe Vincent van Goghs in Halbleinen Sein Interesse an van Gogh (siehe Seite 223 unten) charakterisiert den Künstler; dass er nur eine Ausgabe in Halbleinen besitzt, verweist auf seine Armut.

Madonna mit sechs Armen … und sechs Augen malen wohl eine Anspielung auf die vielarmige Durga, die populärste Göttin der Hindus (siehe die Abbildung auf der folgenden Seite); die christliche Darstellungstradition der Mutter Gottes (mit sittsam gesenktem Blick, das jungfräulich empfangene Kind auf dem Schoß) hält Achner offenbar für hoffnungslos konventionell.

Und manchmal musste er denken, ob er nicht auch lieber ein Spießbürger geworden wäre Dieser angedeutete Zwiespalt – die heimliche

Terracotta-Statue der Hindu-Göttin Durga

Sehnsucht des unkonventionellen Bohemien nach (spieß-)bürger-
licher Wohlanständigkeit – könnte durch eine ganz ähnliche Stelle
in Hermann Hesses (1877–1962) 1927 erschienenem Roman »Der
Steppenwolf« angeregt sein. Dort heißt es im »Vorwort des Her-
ausgebers«. »›[...] Ich weiß nicht, wer da wohnt, aber es muss hinter dieser Glastür ein Paradies von Reinlichkeit und abgestaubter
Bürgerlichkeit wohnen, von Ordnung und ängstlich-rührender
Hingabe an kleine Gewohnheiten und Pflichten.‹ / Da ich schwieg,
fuhr er [Harry Haller, der »Steppenwolf«] fort: ›Glauben Sie bitte
nicht, daß ich ironisch spreche! Lieber Herr, nichts liegt mir ferner
[...]. Es ist ja richtig, ich selbst lebe in einer andern Welt, nicht in
dieser, und vielleicht wäre ich nicht imstande, es auch nur einen
Tag lang in einer Wohnung mit solchen Araukarien auszuhalten.
Aber wenn ich auch ein alter und etwas ruppiger Steppenwolf bin,
so bin ich doch auch der Sohn einer Mutter, und auch meine Mutter war eine Bürgersfrau und zog Blumen und wachte über Stube

und Treppe, Möbel und Gardinen […].‹ «. (Hermann Hesse: Der Steppenwolf. In: Derselbe: Die Romane und die großen Erzählungen. Jubliäumsausgabe zum hundertsten Geburtstag von Hermann Hesse. Fünfter Band. Frankfurt am Main: Suhrkamp Verlag 1986, S. 19f.)

S. 120 rezitierte Rainer Maria Rilke sagte Gedichte von Rilke auswendig her; Rainer Maria Rilke (1875–1926) war der populärste der drei großen deutschsprachigen Lyriker der Jahrhundertwende, Stefan George (1868–1933), Hugo von Hofmannsthal (1874–1929) und eben Rilke.

S. 121 spanische Wand auch Wandschirm, oder (frz.) Paravent: zusammenfaltbare Wand aus rechteckigen, mit Stoff bespannten und miteinander verbundenen Holzrahmen, die als leicht aufzustellender und in seiner Position zu verändernder Raumteiler dient

Trikot hier: Schwimmanzug. Als Trikots bezeichnete man die hautengen Kostüme der Artisten und Akrobaten.

Broschüre über den Geist der Antike aufgenötigt schmale populärwissenschaftliche Abhandlung in Broschur (also als eigene Veröffentlichung, jedoch ohne festen Umschlag) über die in der griechisch-römischen Antike herrschende Lebensauffassung aufgedrängt

»Wir alle opfern auf dem Altare der Kunst« redensartlich für: Wir alle bringen der Kunst zuliebe manches Opfer, wir alle opfern uns um der Kunst willen auf.

jener ›unsichtbaren Loge‹ wahrer Geister, die sich über ihre Zeit erhoben haben jener Geheimgesellschaft echter Idealisten, die ihrer Zeit voraus sind und wahrer Toleranz und Menschenliebe den Boden bereiten; vielleicht auch eine Anspielung auf den Titel des zweiten Romans von Jean Paul (1763–1825), »Die unsichtbare Loge« (1793).

den Kollektivismus die Weltanschauung, die der Gemeinschaft (dem Kollektiv) unbedingten Vorrang vor dem Einzelnen (dem Individuum) einräumt

Glyptothek Eine Glyptothek ist ein Museum, in dem Steinskulpturen (meist: antike Bildhauerkunst) ausgestellt sind. Die berühmte

Münchner Glyptothek entstand im Auftrag des bayerischen Königs Ludwig I. und nach Plänen des Architekten, Malers und Autors Leo von Klenze (1784–1864), eines Vertreters des Klassizismus, in den Jahren 1816 bis 1830 am (ebenfalls von Klenze gestalteten) Königsplatz in der Münchner Maxvorstadt (dem Stadtbezirk 3).

S. 122 Die Göttin der Liebe hatte weder Arme noch Beine. Auch der Kopf fehlte Gemeint ist die in der Münchner Glyptothek ausgestellte Kopie der sogenannten Knidischen Aphrodite, einer Arbeit des Athener Bildhauers Praxiteles (circa 390 bis circa 320 v. Chr.). Die wohl zwischen 350 und 340 entstandene Statue gilt als die früheste lebensgroße Darstellung des nackten weiblichen Körpers in der Bildhauerkunst der Antike und begründete den Typus der »Venus pudica«, der »schamhaften Venus« (Venus ist bekanntlich der lateinische Name für Aphrodite), die mit einer Hand ihren Schoß bedeckt. Die Statue stand in einem Tempel in Knidos (einer Hafenstadt im Südwesten der heutigen Türkei), galt lange als Inbegriff weiblicher Schönheit und wurde vielfach kopiert. Der Kopie in der Münchner Sammlung fehlen die unteren Partien der Arme und Beine; der Kopf ist allerdings vorhanden (vgl. die Abbildung rechts).

Sendlinger-Tor-Platz Das Sendlinger Tor ist das südliche Stadttor der Münchner Altstadt. Dort befand und befindet sich das 1913 eröffnete »Filmtheater Sendlinger Tor«, »das älteste noch bestehende Groß-Kino Münchens« (Wikipedia-Artikel »Filmtheater Sendlinger Tor«; Zugriff: 9. 11. 22). Seit 1928 wurde es von dem 1917 gegründeten Berliner Filmkonzern UFA betrieben.

S. 123 Harry Priegler Horváths Freundin und zeitweise Schwägerin Gustl Schneider-Emhardt meinte, Martin Schröttle (1901–1972) vom Sportclub Riessersee aus Garmisch-Partenkirchen, der 1927 die deutsche Meisterschaft gewann, habe Horváth als Vorbild für die Figur des Harry Priegler gedient. Schröttle nahm mit der deutschen Eishockeynationalmannschaft an zwei Olympischen Spielen teil, im Februar 1928 in St. Moritz (Schweiz) und 1932 in Lake Placid (USA). Dort holte er mit der Mannschaft die Bronzemedaille. 1930 wurde

Römische Kopie der Aphrodite von Knidos
des Praxiteles in der Glyptothek München

er mit dem Team Vizeweltmeister. Ein 1927 entstandenes Foto zeigt ihn zusammen mit Ödön, Lajos, Gustl und anderen Freundinnen und Freunden bei einem Maskenball in Murnau (vgl. Einem Schriftsteller auf der Spur [siehe S. 268 oben dieses Bands], S. 36).

sein Lexikon prunkvoll einbinden Vielbändige Konversationslexika (wie »der Brockhaus« oder »der Meyer«) galten als Statussymbol einer bürgerlichen Privatbibliothek. Bücherliebhaber oder auch einfach statusbewusste Menschen, die sich das finanziell leisten konnten, trugen ihre Bücher zum Buchbinder, der sie durch strapazierfähige oder auch kostbar und einheitlich gestaltete Ledereinbände zusätzlich aufwertete.

S. 124 Briefmarkensammlung Briefmarkensammlungen, inzwischen als Hobby ziemlich aus der Mode gekommen, waren einst nicht nur etwas für Kinder, sondern eine mit Leidenschaft, großer Kennerschaft und oft erheblichem finanziellen Einsatz betriebene Freizeitbeschäftigung von Erwachsenen (sogenannten Philatelisten);

einzelne seltene Marken erzielten astronomische Preise, wertvolle Sammlungen konnten ein Vermögen darstellen.

den »schwarzen Einser« und den »sächsischen Dreier« Krischke kommentiert: »In Pasing bei München gedruckte schwarze 1-Kreuzer-Marke für Orts- und Drucksachenporto; gültig vom 1. 11. 1849 bis 1. 8. 1864.« Sowie: »Die ›Drei Pfennige‹-Marke von Sachsen aus dem Jahr 1850 gehört zu den Seltenheiten der Philatelie.« (Vgl. Krischke, S. 426 f.)

lebensfreudige Baronin attachiert lebenslustige (seine Annäherungsversuche eher ermutigende als zurückweisende) Freiherrin herangemacht

Aus Liebe tun sich ja heut nur noch die Kinder was an! Krischke kommentiert: »Am 9. 2. 1928 erregte der Prozess über die ›Steglitzer Schülertragödie‹ Aufsehen [Steglitz ist ein Stadtteil von Berlin]. Der Primaner [angehende Abiturient] Paul Krantz und sein Freund Günther Scheller hatten beschlossen, um Juni 1927 die Schwester Schellers und deren Verehrer zu erschießen und dann gemeinsam Selbstmord zu begehen. Scheller führte den Vorsatz aus. Krantz wurde des Mordes angeklagt, am 20. 2. 1928 aber freigesprochen.« (Krischke, S. 427; vgl. auch den Wikipedia-Artikel »Steglitzer Schülertragödie«; Zugriff: 9. 11. 22)

S. 127 Die Einsamkeit ist wie ein Regen Bei dem von Achner zitierten Gedicht handelt es sich um Rilkes am 21. September 1902 in Paris entstandenes Gedicht »Einsamkeit«, veröffentlicht 1906 in der stark veränderten zweiten Fassung des »Buch[s] der Bilder«. Der Wortlaut des Gedichts ist korrekt wiedergegeben, die Zeichensetzung weicht geringfügig vom Original ab, das überdies aus zwei Strophen besteht (erste Strophe: fünf Verse, »Die Einsamkeit« bis »auf die Stadt.«; zweite Strophe: sechs Verse, »Regnet hernieder« bis »schlafen müssen:«) und mit einer abgesetzten einzelnen Schlusszeile endet (»dann geht die Einsamkeit mit den Flüssen …«).

Bulgarien … ein Königreich Streng genommen war Bulgarien kein Königreich. Ferdinand Maximilian Karl Leopold Maria von Sachsen-Coburg und Gotha (1861–1948) regierte Bulgarien von 1887 bis 1918 unter dem Herrschernamen Ferdinand I., zunächst als »Fürst« und ab 1908, nach erfolgreicher Loslösung vom Osmanischen Reich, als »Zar von Bulgarien«. Im Weltkrieg kämpfte Bulgarien an der Seite der Mittelmächte und kapitulierte am 30. September 1918. Ferdinand I. dankte zugunsten seines Sohn Boris (1894–1943) ab, der das Land bis zu seinem Tod als Zar Boris III. von Bulgarien regierte. Im Herbst 1944 geriet Bulgarien, das auch im Zweiten Weltkrieg zu den Verbündeten Deutschlands zählte, unter sowjetische Herrschaft und wurde nach Zweiten Weltkrieg zu einem Satellitenstaat der Sowjetunion.

S. 129 Possenhofen seit dem Spätmittelalter bezeugte Ortschaft am Westufer des Starnberger Sees. Schloss Possenhofen (siehe die folgende Seite) gelangte 1834 in den Besitz von Herzog Maximilian Josef in Bayern (1808–1888), einem Mitglied des Herrscherhauses Wittelsbach. Seine Tochter Elisabeth (1837–1898), die spätere Kaiserin »Sisi« (auch »Sissi«) von Österreich (ab 1854), verbrachte hier ihre Kindheit.

am anderen Ufer ertrank ein König von Bayern im See Ludwig II. von Bayern (1845–1886), der Erbauer von Schloss Neuschwanstein und anderer »Märchenschlösser« sowie Bewunderer und Sponsor Richard Wagners (der ihn ausnutzte und die Bevölkerung gegen ihn aufbrachte), wurde im Juni 1886 im Alter von 30 Jahren aufgrund seiner psychischen Probleme auf Betreiben der bayerischen Regierung durch ärztliche Gutachten für unheilbar seelengestört erklärt und entmündigt. Nur fünf Tage später kam er in der Nähe von Schloss Berg im Starnberger See ums Leben. Die Todesumstände blieben ungeklärt, wahrscheinlich handelte es sich um Selbstmord. **Die beiden Majestäten waren miteinander verwandt** Ludwig II. und Sisi gehörten beide zur Dynastie der Wittelsbacher. **romantisch und unglücklich auf der Roseninsel** Die etwa 170 Meter vom Westufer des Sees gelegene kleine »Roseninsel« ist die einzige Insel im Starnberger See. Ursprünglich eine heidnische Kultstätte,

Schloss Possenhofen am Starnberger See. Darstellung aus dem späten 19. Jahrhundert

beherbergte sie seit dem 7. Jahrhundert eine im romanischen Stil erbaute christliche Kirche. Ludwigs Vater, König Maximilian II. von Bayern (1811–1864), erwarb die Insel im Jahre 1850 und ließ dort zunächst ein Gärtnerhaus und später ein Casino mit Parkanlage errichten, deren Zentrum ein ovaler Rosengarten bildete, der der Insel fortan ihren Namen gab. Sein Sohn und Nachfolger Ludwig nutzte die Insel für Empfänge und traf dort auch seine Verwandte Sisi. Da sich sowohl um Ludwig als auch um Sisi viele Legenden rankten, wurde den beiden auch eine gegenseitige romantische Neigung angedichtet. Ludwigs erotisches Interesse galt aber wohl eher Männern als Frauen.

Feldafing Ort am Starnberger See, der vor allem durch die ihm vorgelagerte Roseninsel bekannt ist und in dem im 19. Jahrhundert zahlreiche begüterte Personen Villen errichteten. Das Hotel trägt den Namen »Kaiserin Elisabeth«. Um 1930 hatte Feldafing etwa 1500 Einwohner.

Blick vom Hotel Strauch in Feldafing über den Starnberger See

ein annehmbares Publikum lässig und versnobt für: Feldafing ist ein Treffpunkt der Wohlhabenden.

Golfplatz Krischke vermerkt, der Golfplatz von Feldafing werde in der 1928 erschienenen Auflage des »Baedeker«-Reiseführers »München und Südbayern« erwähnt (vgl. Krischke, S. 428).

Bowel vielleicht von engl. ›bowel‹: ›Eingeweide‹, ›Gedärm‹, ›Stuhlgang‹

S. 130 Tutzing Marktgemeinde am Westufer des Starnberger Sees mit seinerzeit knapp 3000 Einwohnern, deren Hauptsehenswürdigkeit das Mitte des 17. Jahrhunderts erbaute Schloss Tutzing ist, das der ungarische Großindustrielle Marcell Nemes (1866–1930) 1921 erwarb und in den Folgejahren renovieren und mit Teilen seiner bedeutenden Kunstsammlung ausstatten ließ

S. 131 wohnt in der Mauerkircherstraße acht Im gleichen Haus im Münchner Stadtteil Bogenhausen befand sich 1918 auch die Wohnung der Familie Horváth (vgl. Krischke, S. 428).

Tutzing am Starnberger See. Darstellung aus dem späten 19. Jahrhundert

Berliner Sportpalast Die 1910 zunächst unter dem Namen »Hohenzollern-Sport-Palast« eröffnete Halle in der Potsdamer Straße in Berlin-Schöneberg bot (je nach Veranstaltungsart) Platz für bis zu 10 000 Zuschauer und beherbergte die damals größte Kunsteisbahn der Welt. In den sportbegeisterten 1920er-Jahren erlebte der »Berliner Sportpalast« als Schauplatz wichtiger Eishockeyspiele, Boxkämpfe, Reitturniere und Radrennveranstaltungen einen Boom. Im »Dritten Reich« diente die Halle den Propagandazwecken der Regierung. Joseph Goebbels hielt hier im Februar 1943 seine berüchtigte »Sportpalastrede«, in der er nach dem militärischen Desaster von Stalingrad den »totalen Krieg« ausrief. 1973 wurde der »Berliner Sportpalast« abgerissen.

Meineckestraße eigentlich Meinekestraße, 1899 nach dem Sprachwissenschaftler Johann Albrecht Friedrich August Meineke (1790 bis 1870) benannte Straße in Berlin-Wilmersdorf, eine Seitenstraße des Kurfürstendamms

S. 132 Albert von Reisinger angeblich eine Anspielung auf den wenig bekannten Schriftsteller Hans Reisiger (1884–1968), einen Freund

Ödön von Horváth (rechts) mit seinem Bruder Lajos und dessen Frau Gustl (links) sowie einer weiteren Freundin 1929 auf der Terrasse der »Fürst-Alm« bei Murnau. Die »Fürst-Alm« war ein Aussichtscafé, das Josef Fürst (1863–1940) betrieb, der Gründer und Herausgeber des »Staffelsee-Boten« (der Murnauer Lokalzeitung) und als Mitglied des Gemeinderats und Vorsitzender des Turnvereins einer der prominentesten Murnauer. Er hatte sieben Kinder. Seine beiden ältesten Söhne fielen im Ersten Weltkrieg. Horváth, der mit Fürst gut bekannt war, schrieb 1929 in dem Text »Die Fürst Alm«, nirgends in ganz Oberbayern habe man »solch einen instruktiven Überblick über eine typisch oberbayerische Landschaft« (zitiert nach: Einem Schriftsteller auf der Spur [siehe S. 268 oben dieser Textausgabe], S. 52).

Thomas Manns, der ihm in seinem Roman »Doktor Faustus« (1947) in der Figur des Rüdiger Schildknapp ein (nur halb schmeichelhaftes) literarisches Denkmal setzte

S. 135 **»Und die Liebe höret nimmer auf.«** vgl. Vers 8 des 1. Korintherbriefs (»Das Hohelied der Liebe«): »Die Liebe höret nimmer auf, wo doch das prophetische Reden aufhören wird und das Zungenreden aufhören wird und die Erkenntnis aufhören wird.« (Die Bibel nach Martin Luthers Übersetzung, revidiert 2017, © 2016 Deutsche Bibelgesellschaft, Stuttgart.) Horváth stellte den berühmten

Bibelspruch auch seinem auf dem Münchner Oktoberfest, in der Zeit der Weltwirtschaftskrise spielenden Stück »Kasimir und Karoline« (1932) als Motto voran.

S. 136 hatte einen lauten Auftritt störte durch lautes und provozierendes Verhalten die öffentliche Ordnung

Augustenstraße nach Prinzessin Auguste Amalia Ludovika von Bayern (1788–1851) benannte Straße in der Münchner Maxvorstadt, die zum Josephsplatz hinführt

Waffenstudent Mitglied einer schlagenden (Mensuren ausfechtenden) Studentenverbindung, in der besondere Ehrbegriffe herrschten

Couleur »Gesamtheit der Kleidungsstücke und Accessoires in bestimmten Farben als Kennzeichen der Zugehörigkeit zu einer studentischen Verbindung« (Duden) ·

S. 138 Reichswehrkompagnie (frz.) mittelgroßer (mehr als 100 Mann starker) Truppenteil der Reichswehr; heutzutage ist die französische Schreibweise ›Kompagnie‹ (frz: ›compagnie‹) nur noch in der Schweiz üblich.

Herrn von Löwenstein Krischke kommentiert: »Vermutl. Anspielung auf die 63-jährige Prinzessin zu Löwenstein-Wertheim-Freudenberg, die am 3. 9. 1927 von Windsor aus als erste Frau den Atlantik überfliegen wollte. Das Flugzeug mit seiner Besatzung wurde als verschollen gemeldet.« (Krischke, S. 431)

dass sich das Sphinxgesicht der Wirtschaft langsam dem Sozialismus zuwende, weil die Kapitalisten anfingen, sich zu organisieren bitterironisch: dass das immer schwer durchschaubare Wirtschaftsleben allmählich mehr und mehr sozialistische (zur Vergemeinschaftung tendierende) Züge aufweise, da auch die Unternehmer begönnen, sich zusammenzuschließen (und in Kartellen ihre gemeinsame Marktmacht zu ihrem Vorteil zu nutzen)

S. 139 Oase Biskra Die Oasenstadt Biskra im Osten Algeriens war für den Anbau von Datteln bekannt und diente als Stützpunkt zur Erschließung der Sahara. Sie war ein beliebtes Reiseziel für Touristen, die eine exotische Erfahrung suchten. Der ungarische Komponist

Die Stadt und Karawanenstation El Kantara in der Provinz Biskra (Holzstich von 1891)

Béla Bartók (1881–1945) hielt sich hier im Sommer 1913 auf, Rilke war Anfang 1923 da und versicherte, er wäre gern noch länger geblieben.

wandeln (innerlich erfüllt) spazieren gehen; »unter Palmen wandeln« ist, nicht zuletzt durch Werke der deutschen Literatur, beinahe eine stehende Wendung: So schreibt Ottilie in Goethes Roman »Die Wahlverwandtschaften« (1809) in ihr Tagebuch: »Es wandelt niemand ungestraft unter Palmen, und die Gesinnungen ändern sich gewiss in einem Lande, wo Elefanten und Tiger zu Hause sind.« Und in Lessings »dramatischem Gedicht« »Nathan der Weise« (1779) sagt der Tempelherr zu Daja: »Weib, macht mir die Palmen nicht / Verhasst, worunter ich so gern sonst wandle.« (I, 6, V. 785 f.)

die Schweinerei in Sarajevo passiert, wo die Serben den tschechischen Erzherzog, der wo der österreisch-ungarische Thronfolger gewesen sei, erschossen hätten Anspielung auf das Attentat auf Erzherzog Franz Ferdinand von Österreich-Este (1863–1914) und seine Frau

Sophie Herzogin von Hohenberg (1868–1914) am 28. Juni 1914, das zum Ausgangspunkt der diplomatischen Eskalationsspirale wurde, die fünf Wochen später zum Ausbruch des Ersten Weltkriegs führte; vom »tschechischen Erzherzog« ist wohl deshalb irrtümlich die Rede, weil Sophie eine gebürtige Gräfin Chotek von Chotkowa und Wognin war und somit einer böhmischen Adelsfamilie entstammte.

die Inflation, wo auch sie Billionärin gewesen sei die Hyperinflation des Jahres 1923, als die Geldentwertung in Deutschland schwindelnde Höhen erreichte und im November schließlich ein US-Dollar dem Wert von 4,2 Billionen Reichsmark entsprach

S. 140 dass er als ... keinen rechtlichen Anteil habe Krischke zitiert aus dem von Wilhelm Morgenroth herausgegebenen »Münchner Jahrbuch 1926« (36. Jahrgang, S. 457): »Ausländer erhalten Erwerbslosenfürsorge nur dann, wenn reichsdeutsche Arbeitslose in dem Heimatstaate der Ausländer nachweislich ebenfalls Erwerbslosenfürsorge beziehen können.« (vgl. Krischke, S. 432)

1915 in Wolhynien Wolhynien, eine Region der heutigen Westukraine, war bis in die 1790er-Jahre eine polnische Woiwodschaft (ein Amtsbezirk) und danach (nach den »Zweiten und Dritten Polnischen Teilungen« der Jahre 1793 und 1795) ein russisches Gouvernement. Im Spätsommer 1915 wurde das Gebiet von österreichischen Truppen erobert. 1921, nach dem Ersten Weltkrieg, fiel der westliche Teil Wolhyniens an Polen und der östliche Teil an die sowjetische Ukraine.

Tom Mix »Tom Mix (eigentlich: Thomas Hezikiah Mix; [geb. am] 6. Januar 1880 in Mix Run, Pennsylvania; [gest. am] 12. Oktober 1940 in Florence, Arizona) war ein US-amerikanischer Filmschauspieler, Regisseur und Produzent. Er war während der Stummfilmzeit einer der frühen Stars des Westerngenres, verdiente Millionen von US-Dollars und spielte während seiner Karriere in über 300 Filmen.« (Wikipedia-Artikel »Tom Mix«; Zugriff: 9. 11. 22)

fürchterliches Kreuzfeuer feindlicher Beschuss, und zwar aus mehreren Richtungen gleichzeitig

Generalstabsoffizier Mitglied des Kreises »von ausgewählten, besonders ausgebildeten Offizieren, der den obersten Befehlshaber oder Heerführer beratend unterstützt« (Duden)

Gesellschaftsdrama Krischke kommentiert: »Gemeint ist der Film ›Kleine Affären großer Leute‹ mit May [eigentlich: Mae] Murray, der in der letzten Augustwoche 1928 im UFA-Theater in der Dachauer Straße 16 lief. In die Inhaltsangabe arbeitete Horváth auch Handlungselement[e] des Films ›Die Dame und ihr Chauffeur‹ mit Jack Trevor, Elisabeth Pinajeff, Charlotte Ander und Fritz Kampers ein; dieser Film lief Mitte August 1928 in den Kammer-Lichtspielen, Kaufingerstraße 28.« (Krischke, S. 433; vgl. auch den Wikipedia-Artikel »Die Dame und ihr Chauffeur«; Zugriff: 9. 11. 22)

S. 141 maniküren und pediküren die Hände und die Füße pflegen

an der Riviera promenierte an der (italienischen) Küste Liguriens (am Ligurischen Meer, vgl. Z. 12) oder auch an der Côte d'Azur spazieren ging

Baden-Baden Der zwischen Karlsruhe und Offenburg gelegene Kurort Baden-Baden war nicht zuletzt wegen seines 1812 eröffneten Spielcasinos seit Beginn des 19. Jahrhunderts die »Sommerhauptstadt Europas« – ein bevorzugter Aufenthalt und Treffpunkt des europäischen Adels und der »Reichen und Schönen«.

Opernloge Loge: »kleiner, durch Seitenwände abgeteilter [überdachter] Raum mit mehreren Sitzplätzen im Theater« (Duden)

Zofen weibliche Angestellte, die mit der persönlichen Bedienung einer vornehmen Dame betraut sind

Schofföre seinerzeit verbreitete eingedeutschte Schreibweise von (frz.) Chauffeure, als Nebenform heute noch korrekt

S. 143 Die Frau sei halt nun mal eine Sklavennatur Krischke kommentiert: »Im Herbst 1929 war unter dem Titel ›Das Weib als Sklavin‹ von Dr. Joachim Welzl das ›erste Spezialwerk, das das hochbedeutsame Problem der Sexual-Pathologie, den Masochismus der Frau in wissenschaftlich einwandfreier und doch gemeinverständlicher Weise nach allen Seiten durchleuchtet‹, erschienen. Die Publikation wurde u. a. auch im ›Simplicissimus‹ (34. Jg., Nr. 23, 2. 9. 1929) annonciert.« (Krischke, S. 433)

S. 144 vollendete ihre vorgeschriebene Reise mit Donnergang … herrlich wie am ersten Tag. Ironische Paraphrase der Eingangsverse des Erzengels Raphael im »Prolog im Himmel« von Goethes »Faust I« (1808): »Die Sonne tönt nach alter Weise, / In Brudersphären Wettgesang, / Und ihre vorgeschriebne Reise / Vollendet sie mit Donnergang. / Ihr Anblick gibt den Engeln Stärke, / Wenn keiner sie ergründen mag [zu ergründen vermag]. / Die unbegreiflich hohen Werke / Sind herrlich wie am ersten Tag.« (V. 243–250)

S. 145 Journalistenausstellung Gemeint ist die »Pressa«, eine internationale Presse-Ausstellung, die von Mai bis September 1928 in Köln stattfand und an der sich 1500 Aussteller aus 43 Ländern (darunter auch China und Japan) beteiligten. Sie sollte die kulturelle und wirtschaftliche Bedeutung des Pressewesens und der Kommunikationstechnik stärker ins öffentliche Bewusstsein heben.

Gesoleiausstellung in Düsseldorf Krischke kommentiert: »In Verbindung mit der Düsseldorfer Kunstausstellung wurde am 8. 5. 1926 die ›Große Ausstellung Gesundheitspflege, Soziale Fürsorge, Leibesübungen‹ (= Gesolei) eröffnet; es wurden insgesamt 7,5 Mill. Besucher gezählt.« (Krischke, S. 434)

S. 146 große vaterländische Heimatkundgebung in Nürnberg Gemeint ist wohl der Reichsparteitag der NSDAP in Nürnberg vom 1. bis 4. August 1929, bei dem es zu erheblichen Ausschreitungen kam, woraufhin die Stadtverwaltung in den beiden Folgejahren die Ausrichtung des Parteitags in Nürnberg untersagte.

Katholikentag in Breslau Das Katholikentreffen in Breslau war der 65. Katholikentag. Er fand bereits am 21. bis 25. August 1926 statt. Ihm folgten in den Jahren 1927 bis 1929 in die Katholikentage in Dortmund, Magdeburg und Freiburg.

Preßburg Preßburg wurde nach dem Ersten Weltkrieg (gegen den Willen der Einwohnerschaft) Teil des neu geschaffenen Staates Tschechoslowakei und hieß fortan Bratislava. Heute ist Bratislava die Hauptstadt der Slowakei und die größte Stadt des Landes. Horváth kannte Preßburg gut, weil er 1916 bis 1918 die dortige königlich-ungarische Staats-Oberrealschule besucht hatte.

Montenegro Montenegro, bis 1878 größtenteils zum Osmanischen Reich gehörend, wurde mit den Beschlüssen der Berliner Konferenz zunächst ein eigenständiges Fürstentum und 1910 sogar zum Königreich aufgewertet. Zur Zeit des Ausbruchs des Ersten Weltkriegs hatte der kleine Balkanstaat eine knappe halbe Million Einwohner. Montenegro trat an der Seite Serbiens in den Krieg ein, wurde 1916 von Österreich-Ungarn erobert und blieb für die folgenden zwei Jahre besetzt. Nach dem Ende des Krieges wurde König Nikola I. (1841–1921) durch einen Beschluss der Nationalversammlung gestürzt und das Land Teil des neu geschaffenen Königreichs Jugoslawien. Seit 2006 ist Montenegro wieder ein selbstständiger Staat (mit heute gut 600 000 Einwohnern).

S. 147 auf Ehr und Seligkeit Bekräftigungsformel, die sowohl das zeitliche (weltliche) als auch das ewige (religiöse) Heil aufruft, um den eigenen Worten Nachdruck zu verleihen

S. 148 Propeller »dem Antrieb dienendes Teil von [Luft]fahrzeugen, das aus […] um eine Nabe angeordneten Blättern besteht und das durch den Motor in schnelle Rotation versetzt wird« (Duden)

S. 149 Frau Kommerzienrat In der bürgerlichen Epoche, die mit dem Ersten Weltkrieg allmählich zu Ende ging, war es üblich gewesen, verheiratete Frauen, denen sich nur geringe öffentliche Wirkungsmöglichkeiten boten, mit den Titeln ihrer Männer anzusprechen (vgl. auch Seite 170: Frau Hofopernsänger); und zwar als eine Form der Respektbezeugung, die aber aus heutiger Sicht natürlich zwiespältige Gefühle auslöst.

Neu-Ulm Neu-Ulm liegt gegenüber von Ulm, auf der anderen Seite der Donau. Als Ulm Mitte des 19. Jahrhunderts zur »Bundesfestung« ausgebaut wurde, gewann auch die Ortschaft Neu-Ulm an Bedeutung. 1869 verlieh Ludwig II. von Bayern ihr das Stadtrecht. In den 1920-Jahren hatte die Stadt etwa 23 000 Einwohner.

den ersten Ochsen an die Höhlenwand gezeichnet 1879 wurden in der Nähe der nordspanischen Stadt Altamira Höhlenmalereien aus der Steinzeit entdeckt, die mittlerweile zum UNESCO-Weltkulturerbe zählen. Neben Hirschen, Pferden und Wildschweinen sind auch Bisons abgebildet; auf diese bezieht sich wohl die Bemerkung von »den ersten Ochsen«.

ob die Fünfpfennigmarke Schiller oder Goethe heiße … zuführen wollte 1926 und 1927 kam die dreizehnteilige Briefmarkenserie »Berühmte Deutsche« heraus, die die Deutsche Post in ihrem Shop auch heute (2022) noch beziehungsweise heute wieder zum Kauf anbietet, und zwar für den stolzen Preis von 995,00 Euro (vgl. https://shop.deutschepost.de/deutsches-reich-freimarken-beruehmte-deutsche; dort auch Abbildungen der einzelnen Marken). Das Porträt des späten Goethe zierte die (in zwei Farben erhältliche) 3-Pfennig-Marke sowie die 25-Pfennig-Marke; Schiller war auf der (ebenfalls in zwei Farben erhältlichen) 5-Pfennig-Marke abgebildet. Die 40-Pfennig-Marke zeigte den Universalgelehrten Gottfried Wilhelm Leibniz (1646–1716) und nicht den Aufklärungsphilosophen Immanuel Kant (1724–1804), wie der Romantext nahelegt (ob es sich hier um einen Irrtum Horváths oder des »freundlichen Herrn« handelt, bleibt offen); Kant war auf der 15-Pfennig-Marke zu sehen. Das »Genie« auf der 50-Pfennig-Marke war Johann Sebastian Bach (1685–1750). Die übrigen berühmten Deutschen der Serie waren Beethoven (auf der 8-Pfennig-Marke und der 20-Pfennig-Marke), Friedrich der Große (auf der 10-Pfennig-Marke), Lessing (auf der 30-Pfennig-Marke) und Dürer (auf der 80-Pfennig-Marke).

S. 152 in stummer Ruh Anspielung auf den Anfang von Heinrich Heines berühmter Ballade »Belsatzar« (1820): »Die Mitternacht zog näher schon; / In stummer Ruh lag Babylon. // Nur oben, in des Königs Schloss, / Da flackert's, da lärmt des Königs Tross, / Dort oben, in dem Königssaal, / Belsatzar hielt sein Königsmahl.«

Ödön von Horváth, um 1930. Fotografie (Reproduktion)

Ödön von Horváth in Murnau vor dem Bauernhof von Jakob Utzschneider, dem sogenannten Utzschneiderhof. Fotografie aus dem Jahre 1923 (Reproduktion)

Leben und Werk im Überblick

Fiume, Belgrad, Budapest, München, Preßburg, Wien, 1901–1919

Edmund (Ödön) Josip Horváth kommt am 9. Dezember **1901** in der Hafenstadt Fiume zur Welt, wo sein Vater, der im diplomatischen Dienst der österreichisch-ungarischen Doppelmonarchie steht, zu dieser Zeit unter dem ungarischen Gouverneur der Stadt tätig ist. Fiume, das heute Rijeka heißt und die drittgrößte Stadt Kroatiens ist, war im Wiener Kongress (1815) der Habsburgermonarchie zugesprochen worden und gehörte seit dem »Österreichisch-Ungarischen Ausgleich« von 1867, der Umwandlung des Kaisertums Österreich in die Doppelmonarchie Österreich-Ungarn, zur ungarischen Reichshälfte. Beide Eltern, Dr. Edmund Josef Horváth (1874–1950) und seine Frau Maria Hermine, geborene Přehnal (1882–1959), stammen aus Militärfamilien und haben ihre Jugend in Ungarn verbracht. Sie heiraten am 26. Februar 1901, als Edmund bereits den Posten in Fiume angetreten hat.

Seine Kinderjahre verbringt Ödön in Belgrad, wo der Vater ab **Sommer 1902** eingesetzt wird und wo am 6. Juli **1903** der Bruder Lajos geboren wird, sowie in Budapest, wohin die Familie **1908** umzieht und wo Ödön zunächst Privatunterricht erhält, um sich auf den Besuch einer ungarischen Schule vorzubereiten, denn zu Hause wird Deutsch gesprochen. Bereits **1909** wird der Vater jedoch erneut versetzt und fungiert nun, nachdem er zuvor in den Adelsstand erhoben worden ist (auch Ödön heißt von nun an: von Horváth), als Fachberichterstatter des königlichen ungarischen Handelsministeriums in München. Die Brüder, die die Eltern zunächst mit nach München genommen haben, werden bald wieder in Budapest untergebracht, wo sie zunächst weiter Privatstunden nehmen und wo Ödön **1911** Schüler des Erzbischöflichen Internats wird. Als sich im **Sommer 1913** die Spannungen zwischen Österreich-Ungarn und Serbien verschär-

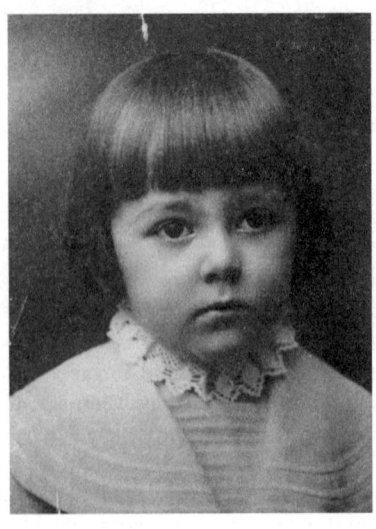

Ödön von Horváth, 1904.
Fotografie (Reproduktion)

fen – die ein Jahr später mit der Ermordung des österreichischen Thronfolgers Erzherzog Franz Ferdinand und seiner Frau in Sarajevo weiter eskalieren und den Ersten Weltkrieg auslösen werden –, holen die Eltern Ödön und Lajos zu sich nach München. Sie ziehen aus ihrer bisherigen Wohnung in der vornehmen Prinzregentenstraße in eine geräumige Wohnung an der Isar in der Widenmayerstraße 43 um und schicken Ödön auf das altsprachliche Kaiser-Wilhelms-Gymnasium, wo er besonders mit dem Lateinischen solche Schwierigkeiten hat, dass er ein Jahr später auf das neusprachliche Alte Realgymnasium überwechselt. Die strenge, beinahe militärische Disziplin an diesen Schulen steht in starkem Kontrast zu den liberalen Ansichten und Erziehungsmethoden im Elternhaus, was seinen Teil dazu beigetragen haben wird, dass Ödön die Schule ohne Begeisterung besucht und auch im Alten Realgymnasium ein schlechter Schüler bleibt. Er fällt in der vierten Gymnasialklasse zweimal durch, womit nach den damals geltenden Vorschriften seine Schullaufbahn im **Sommer 1916** beendet ist. Der Vater – der bei Kriegsbeginn einberufen worden ist und einige Monate als Reserveleutnant der Infanterie in Serbien gedient hat, bereits 1915 aber zunächst als Dolmetscher in ein Kriegsgefangenenlager bei Graz versetzt und wenig später als Attaché (Mitarbeiter des Botschafters) an die ungarische Gesandtschaft in München zurückbeordert worden ist – interveniert in höflicher Form, die Lehrer zeigen Verständnis und führen Ödöns unzureichende Leistungen auf einen »Mangel an Kenntnissen der deutschen Sprache« zurück; und so wird ein Ausweg gefunden und das bayerische Kultusministerium erteilt die Genehmigung, dass Ödön seine Schullaufbahn im 500 Kilometer östlich von München (und 80 Kilometer östlich von Wien) gelegenen Preßburg (heute Bratislava, die Hauptstadt der Slowakei) fortsetzen darf.

In einem von Horváths knappen autobiografischen Gelegenheitstexten, die alle unverkennbare Anzeichen der Stilisierung aufweisen und in Bezug auf lebensgeschichtliche Einzelheiten nicht sehr zuverlässige Quellen sein mögen, aber hinsichtlich der Weltsicht und inneren Haltung nicht nur des rückblickenden Autors, sondern auch des einstigen Jugendlichen doch aufschlussreich sind, heißt es über die Jahre **1914 bis 1918**:

»Ganz am Anfang gefiel uns Buben der Weltkrieg ganz ausgezeichnet. Wir hatten viele schulfreie Tage, und es gab immer wieder eine Sensation – – deren fürchterliche Ursachen und Auswirkungen wir damals natürlich weder erfassen konnten noch sollten. Wir waren alle sehr begeistert und es tat uns außerordentlich leid, dass wir nicht um fünf bis sechs Jahre älter waren – – dann hätten wir nämlich sofort hinaus können in das Feld [in den Krieg, auf das Schlachtfeld]. Natürlich spielte bei dieser Begeisterung auch der Gedanke an ein Zeugnis ohne Prüfungen eine nicht zu unterschätzende Rolle.« (»Wenn sich jemand bei mir erkundigt ...«, geschrieben 1932, zitiert nach: Heinz Lunzer, Victoria Lunzer-Talos,

Elisabeth Tworek: Horváth. Einem Schriftsteller auf der Spur. Salzburg, Wien, Frankfurt am Main: Residenz Verlag 2001, S. 14; dort auch das Kurzzitat im Absatz darüber; im Folgenden zitiert als: Einem Schriftsteller auf der Spur)

Bitterer und pathetischer lautet Horváths Resümee seiner Kindheit und Jugend in der 1927 entstandenen »Autobiographische[n] Notiz«:

»Als der sogenannte Weltkrieg ausbrach, war ich dreizehn Jahre alt. An die Zeit vor 1914 erinnere ich mich nur, wie an ein langweiliges Bilderbuch. Alle meine Kindheitserlebnisse habe ich im Kriege vergessen. Mein Leben beginnt mit der Kriegserklärung. [...] Während meiner Schulzeit wechselte ich viermal die Unterrichtssprache und besuchte fast jede Klasse in einer anderen Stadt. Das Ergebnis war, dass ich keine Sprache ganz beherrschte. Als ich das erste Mal nach Deutschland kam, konnte ich keine Zeitung lesen, da ich keine gotischen Buchstaben kannte, obwohl meine Muttersprache die deutsche ist. Erst mit vierzehn Jahren schrieb ich den ersten deutschen Satz. [...] Wir [›wir Kriegslümmel‹, wie es an anderer Stelle im Text heißt] hätten uns alle aufhängen dürfen, hätten wir nicht darauf gepfiffen, dass unsere Pubertät in den Weltkrieg fiel. Wir waren verroht, fühlten weder Mitleid noch Ehrfurcht. Wir hatten weder Sinn für Museen noch die Unsterblichkeit der Seele – und als die Erwachsenen zusammenbrachen, blieben wir unversehrt. In uns ist nichts zusammengebrochen, denn wir hatten nichts. Wir hatten bislang nur zur Kenntnis genommen. / Wir haben zur Kenntnis genommen – – und werden nichts vergessen. Nie. Sollten auch heute Einzelne von uns das Gegenteil behaupten, denn solche Erinnerungen können unbequem werden, so lügen sie eben.« (Zitiert nach: Einem Schriftsteller auf der Spur, S. 17)

Der zuerst zitierte Text von 1932 veranschaulicht, in welcher Stimmung Horváth und seine Mitschüler in die Kriegsjahre hineingingen, der zweite von 1927 zeigt, wie sie, nun an der Schwelle zum Erwachsenenalter stehend, aus den Kriegsjahren herauskamen.

In Preßburg, wo der Unterricht wieder in ungarischer Sprache stattfindet, besucht Ödön die staatliche Oberrealschule und wohnt bei einem seiner Lehrer. Da sein Vater **1918** nach Budapest zurückbeordert wird, verbringt Ödön das Schuljahr **1918 / 19** in Budapest, wo die Familie im Hotel wohnt und den Austritt Ungarns aus der Realunion mit Österreich (31. Oktober), das Ende des Weltkriegs, die Abdankung König Karls IV. (13. November), die Ausrufung der demokratischen Republik Ungarn durch den Ministerpräsidenten Mihály Károlyi (16. November) sowie die Errichtung einer von Kommunisten und Sozialisten geführten Räterepublik (21. März 1919) erlebt, die Edmund von Horváth als hohen Beamten der alten Regierung unter Hausarrest stellt und zwei Rotgardisten als Wächter vor seinem Hotelzimmer postiert. Ödön verfolgt all diese Ereignisse mit angespanntem Interesse. Nach der Einführung der Räteverfassung Anfang April verlässt die Familie Budapest und quartiert sich nach einem kurzen Aufenthalt in Wien in einer Pension im oberbayerischen Bad Reichenhall ein, um dort die weitere Entwicklung abzuwarten. Ödön wird in Wien zurückgelassen, damit er dort im Sommer seine Schullaufbahn beenden kann. Er wohnt zunächst in einer Pension, dann bei seinem als Inspektor der Österreichischen Nationalbank tätigen Onkel Josef Přehnal (1875–1929), dem »Onkel Pepi«. Nachdem er in einem privaten Realgymnasium die Matura (das Abitur) abgelegt hat, reist er nach München, wohin die Eltern inzwischen zurückgekehrt sind, schreibt sich zum **Wintersemester 1919 / 20** an der Ludwig-Maximilian-Universität ein und besucht dort literaturwissenschaftliche Vorlesungen und Seminare.

München, Murnau und Berlin, 1920 – 1933

Nach dem Ende der Räterepublik im August 1919 und einer kurzen Phase unklarer politischer Verhältnisse marschiert der ehemalige k. u. k. Admiral Miklós Horthy (1868–1957) im November in Budapest ein und bildet eine konservative Regierung. Anfang März 1920 wird er von der Ungarischen Nationalversammlung zum Reichsverweser (Reichsverwalter) gewählt. Formal führt er die Monarchie wieder ein, faktisch aber behält er (bis 1944) die Macht in den Händen. Seine Regierung beruft Edmund von Horváth als Ministerialrat zum Vertreter Ungarns – das im Juni, als der Friedensvertrag mit den Siegermächten unterzeichnet wird, große Teile seines Territoriums und seiner Bevölkerung verliert – im süddeutschen Raum, also in Bayern, Baden und Württemberg.

Nach unruhigen Jahren mit unsicheren Aussichten leben die Horváths nun wieder in gesicherten, großzügigen Verhältnissen. Schon vor dem Krieg haben sie ein Auto besessen und sich Ferienreisen leisten können, was damals beides Privilegien wohlhabender Leute waren. **1923** erwerben sie, die bis dahin in der Türkenstraße 98 im Stadtteil Schwabing gewohnt haben, ebenfalls in Schwabing in der Nähe des Englischen Gartens ein mehrstöckiges Haus in der Martiusstraße (Nr. 4) und beziehen das erste Stockwerk. Bereits im Sommer 1920 hatten sie bei einem Ausflug nach Murnau am Staffelsee einen solchen Gefallen an dem 70 Kilometer südlich von München gelegenen oberbayerischen Marktflecken gefunden, dass Edmund von Horváth hier im Folgejahr für 50 000 Reichsmark in der Bahnhofstraße (ab 1929 Hindenburgstraße) ein Grundstück kaufte, auf dem er **1924** ein Haus mit Wohnzimmer, Arbeitszimmer, Esszimmer und Küche im Erdgeschoss sowie im ersten Stockwerk neben dem Elternschlafzimmer Zimmern für die beiden Söhne sowie für die Großmutter und den »Onkel Pepi« errichten lässt. Fast zeitgleich baut die Familie Emhardt, mit der Horváths schon seit 1913 befreundet sind, in Murnau ein Haus, sodass die nun erwachsenen Kinder, Ödön und Lajos sowie Gustl, Christian und Heiner weiterhin engen Kontakt haben. **1925** heiraten Gustl und Lajos. Während den Eltern das Haus in Murnau nur als Ferienaufenthalt dient, verbringen die Großmutter, die Oberstabsarztwitwe Maria Přehnal (1851–1938), und der Onkel (der Bruder der Mutter) von nun an jedes Jahr mehrere Monate in Murnau;

Maria Hermine von Horváth mit ihren Söhnen Ödön (links) und Lajos und ihren Hunden vor ihrem Haus in Murnau. Fotografie (Reproduktion) aus dem Jahre 1925

und auch Lajos und Ödön, der im **Frühjahr 1922** sein Studium ohne Abschluss abgebrochen hat, machen Murnau zu ihrem Hauptquartier. Die Eltern unterstützen ihre Söhne in ihren künstlerischen Bestrebungen und lassen ihnen auch sonst viele Freiheiten. Ödön, der als Student in München unter anderem die lose Bekanntschaft der angehenden Dramatiker Bertolt Brecht (1898–1956) und Klabund (eigentlich Alfred Henschke, 1890–1928) gemacht hat, will Schriftsteller werden; und Lajos, der sich später als Karikaturist und Illustrator einen gewissen Namen macht, verfolgt sein zeichnerisches Talent. Dafür ist Murnau kein unpassender Ort, denn immerhin lebt hier seit 1909 (und bis zu ihrem Tod) Gabriele Münter (1877–1962), die heute als die wichtigste Künstlerin des deutschen Expressionismus gilt; und Wassily Kandinsky (1866–1944), ihr Lebensgefährte in der Zeit zwischen 1902 und Ende 1914 (als er nach Russland zurückkehrte), verbrachte in den Jahren vor dem Ersten Weltkrieg, in denen er und Münter zusammen mit Franz Marc und anderen die Künstlergemeinschaft des »Blauen Reiter« bildeten, die meisten Sommer in Murnau.

Aber auch Ödön empfängt in Murnau Eindrücke, die wichtig für seine schriftstellerische Arbeit werden. Hier, in dem ländlichen Ort mit seinen knapp 3000 Einwohnern, findet er das Material (Charaktere, Lebensanschauungen, Sprechweisen) für seine »Volksstücke«, mit denen er ab Ende der 1920er-Jahre zunehmenden Erfolg haben wird. »Will man«, schreibt er später im Rückblick, »das alte Volksstück heute fortsetzen, so wird man natürlich heutige Menschen aus dem Volke (wie der schöne feudale Ausdruck lautet) auf die Bühne bringen – also: Kleinbürger und Proletarier« (zitiert nach: Dieter Hildebrandt: Ödön von Horváth. Reinbek bei Hamburg: Rowohlt Taschenbuch Verlag 1975, S. 37, im Folgenden zitiert als: Hildebrandt).

Ödön verbringt viel Zeit in den Wirtschaften des Ortes, liest Zeitung und trinkt Bier, hört zu, wie sich die Leute unterhalten, und macht sich Notizen. Auf diese Weise lernt er, Dialoge zu verfassen, die zwar literarisch pointiert sind, aber doch so authentisch klingen, als seien sie Mitschriften alltäglicher Gespräche. In politischer Hinsicht dominiert in diesen Gesprächen schon früh das Dumpfe, Antiliberale. Die NSDAP hat in Murnau bereits in den frühen 1920er-Jahren eine treue Gefolgschaft. Zahlreiche Bewohner der Stadt nehmen 1923 am gescheiterten Hitlerputsch in München teil; bei der Reichstagswahl des Jahres 1924 kommt die NSDAP in Murnau auf fast ein Drittel aller abgegebenen Stimmen; und bei der Reichstagswahl vom 5. März 1933 wird ihr Anteil mit 55,8 Prozent deutlich über dem landesweiten Ergebnis von 43,9 Prozent liegen. Ödön von Horváth, der sich nach der Erinnerung von Carl Zuckmayer (1896–1977), dem Autor der erfolgreichen Bühnenstücke »Der fröhliche Weinberg« (1925) und »Der Hauptmann von Köpenick« (1931, beide uraufgeführt in Berlin), in seinem Auftreten und seiner Sprechweise das Bayerische ganz zu eigen gemacht hatte, während bei seinem Bruder Lajos die ungarische Herkunft nie zu übersehen gewesen sei, ist von Murnau

»Fasching 1926« im Strand-Hotel Murnau. Vorne links: Ödön von Horváth als Matrose. Aus einem Album aus dem Besitz von Käthe Emhardt. »Im Winter gab es im Strandhotel immer rauschende Karnevalsfeste, und unsere ganze Clique verkleidete sich jeweils nach einem bestimmten Motto. Einmal waren alle Männer als kleine Buben in Matrosenanzügen [...].« (Gustl Schneider-Emhardt, in: Horváth-Blätter 1, S. 71)

und seinen Einwohnern angezogen und abgestoßen zugleich. Angesichts der vorherrschenden völkischen Engstirnigkeit bleibt er distanzierter Beobachter. Auch liebt er es, bei Faschingsfesten und anderen Freizeitaktivitäten die Murnauer mit seinen künstlerischen, weltläufigen und übermütigen Münchner Freunden vor den Kopf zu stoßen, die gerne hin und wieder in Murnau einfallen – etwa die beiden ältesten Kinder von Thomas Mann, die Schauspielerin Erika Mann (1905–1969) und der Schriftsteller Klaus Mann (1906–1949), in deren Gefolge manchmal auch der angehende Theaterstar Gustaf Gründgens (1899–1963) auftaucht, mit dem Erika 1926 bis 1929 verheiratet ist. Andererseits hat Horváth ein ehrliches Bedürfnis, dazuzugehören, und so stellt er im **April 1927** bei der Gemeinde den Antrag auf Einbürgerung, der ihn nicht nur zum bayerischen Staatsangehörigen,

Am 7. März 1926 entstandenes Gruppenbild der befreundeten und benachbarten Familien Horváth und Emhardt vor deren Haus anlässlich der Silberhochzeit der Eltern Emhardt. Diese stehen in der Bildmitte, links neben Ödön von Horváth, dem Zweiten von rechts; außen neben ihm wahrscheinlich sein Bruder Lajos. In der linken Bildhälfte (auf einer höheren Treppenstufe) die älteren Horváths: Mutter Maria Hermine mit heller Pelzstola, links daneben ihr Bruder Josef Přehnal (der »Onkel Pepi«), hinter den beiden Vater Edmund und rechts hinter der Mutter deren Mutter Maria Přehnal; ganz links, im Schneidersitz, Heiner, einer der beiden Söhne der Emhardts

sondern auch zum deutschen Staatsbürger gemacht hätte. Der Antrag wird mit knapper Mehrheit abgewiesen. Als Begründung wird angeführt, es bestünden Zweifel, ob der Antragsteller dauerhaft in der Lage sei, seinen Lebensunterhalt zu verdienen (mit Blick auf Horváths damalige Einkommenssituation ein berechtigtes Argument, das aber aufgrund des für alle Murnauer offenkundigen Wohlstands seiner Eltern dennoch wenig überzeugend wirkt). Im **Frühjahr 1928** versucht er es erneut und erhält wieder einen abschlägigen Bescheid, diesmal verbunden mit der endgültig wirkenden Bemerkung, dass »die Einbürgerung in Bayern nicht in Aussicht gestellt werden« könne (zitiert nach: Einem Schriftsteller auf der Spur, S. 43).

Wohl die Rückseite des Murnauer Hauses der befreundeten Familie Emhardt

Wie ein Resümee dieser Erfahrungen klingt die pointierte autobiografische Auskunft, die Horváth **Anfang 1929** unter der Überschrift »Fiume, Belgrad, Budapest, Preßburg, Wien, München …« in der in Berlin erscheinenden Zeitschrift »Der Querschnitt« veröffentlicht:

> »Sie fragen mich nach meiner Heimat, ich antworte: Ich wurde in Fiume geboren, bin in Belgrad, Budapest, Preßburg, Wien und München aufgewachsen und habe einen ungarischen Pass – aber: ›Heimat‹? Kenn' ich nicht. Ich bin eine typisch altösterreichisch-ungarische Mischung: magyarisch, kroatisch, deutsch, tschechisch – mein Name ist magyarisch, meine Muttersprache ist deutsch. Ich spreche weitaus am besten Deutsch, schreibe nunmehr nur Deutsch, gehöre also dem deutschen Kulturkreis an, dem deutschen Volke. Allerdings: der Begriff ›Vaterland‹, nationalistisch gefälscht, ist mir fremd. Mein Vaterland ist das Volk.
> Also, wie gesagt: ich habe keine Heimat und leide natürlich nicht darunter, sondern freue mich meiner Heimatlosigkeit, denn sie be-

freit mich von einer unnötigen Sentimentalität. Ich kenne aber freilich Landschaften, Städte und Zimmer, wo ich mich zu Hause fühle, ich habe auch Kindheitserinnerungen und liebe sie, wie jeder andere. Die guten und die bösen. Ich sehe die Straßen und Plätze in den verschiedenen Städten, auf denen ich gespielt habe, oder über die ich zur Schule ging, ich erkenne die Eisenbahn wieder, die Rodelhügel, die Wälder, die Kirchen, in denen man mich zwang, den heiligen Leib des Herrn zu empfangen – ich erinnere mich auch noch meiner ersten Liebe: Das war während des Weltkrieges in einem stillen Gässchen, da holte mich in Budapest eine Frau in ihre Vierzimmerwohnung, es dämmerte bereits, die Frau war keine Prostituierte, aber ihr Mann stand im Feld, ich glaube in Galizien, und sie wollte mal wieder geliebt werden.

Meine Generation, die [der] in der großen Zeit [ironisch: im Krieg] die Stimme mutierte, kennt das alte Oesterreich-Ungarn nur vom Hörensagen, jene Vorkriegsdoppelmonarchie, mit ihren zweidutzend Nationen, mit borniertestem Lokalpatriotismus neben resignierter Selbstironie, mit ihrer uralten Kultur, ihren Analphabeten, ihrem absolutistischen Feudalismus, ihrer spießbürgerlichen Romantik, spanischer Etikette [steifen Sitten] und gemütlicher Verkommenheit.

Meine Generation ist bekanntlich sehr misstrauisch und bildet sich ein, keine Illusionen zu haben. Auf alle Fälle hat sie bedeutend weniger als diejenige, die uns herrlichen Zeiten entgegengeführt hat. Wir sind in der glücklichen Lage, glauben zu dürfen, illusionslos leben zu können. Und das dürfte vielleicht unsere einzige Illusion sein. Ich weine dem alten Oesterreich-Ungarn keine Träne nach. Was morsch ist, soll zusammenbrechen, und wäre ich morsch, würde ich selbst zusammenbrechen, und ich glaube, ich würde mir gar keine Träne nachweinen.

Manchmal ist es mir, als wäre alles aus meinem Gedächtnis ausradiert, was ich vor dem Kriege sah. Mein Leben beginnt mit der Kriegserklärung. Und es widerfuhr mir das große Glück, erkennen zu dürfen, dass die Ausrottung der nationalistischen Verbrechen nur durch die völlige Umschichtung der Gesellschaft ermöglicht werden wird. Das ist mein Glaube. Lächeln Sie nicht! Dadurch, dass eine Erkenntnis oft als Schlagwort formuliert wird, verliert sie nichts von ihrer Wahrheit. Worauf es ankommt, ist die Bekämpfung des Nationalismus zum Besten der Menschheit.

Ich glaube, es ist mir gelungen, durch meine ›Bergbahn‹ den Beweis zu erbringen, dass auch ein nicht ›Bodenständiger‹, nicht ›Völkischer‹, eine heimatlose Rassenmischung, etwas ›Bodenständig-Völkisches‹ schaffen kann, – denn das Herz der Völker schlägt im gleichen Takt, es gibt ja nur Dialekte als Grenzen.« (Jahrgang 9, Heft 2 vom Februar 1929, S. 136 f.)

Das erwähnte Stück »Die Bergbahn« wird am 4. Januar **1929** in Berlin uraufgeführt und ist Horváths erster Erfolg als Dramatiker, nachdem eine in ihrer Kapitalismuskritik radikalere erste Fassung des Stücks unter dem Titel »Revolte auf Côte 3018« bei der Hamburger Premiere am 4. November 1927 (der ersten Aufführung eines abendfüllenden Bühnenwerks von Horváth) bei Publikum und Kritik wenig Anklang gefunden hat. Das Stück handelt von den harten Arbeitsbedingungen beim Bau einer Bergbahn. Den realen Hintergrund bildet der – auch im Roman »Der ewige Spießer« erwähnte – Bau der Tiroler Seilbahn auf die Zugspitze in den Jahren 1924 bis 1926. Horváth machte auf seinen zahlreichen Bergtouren häufig im unterhalb des Gipfels der Zugspitze gelegenen »Münchner Haus« Station (siehe die Abbildung auf der folgenden Seite), mit dessen Hüttenwirt er gut bekannt war. Dort kam er mit den Arbeitern des Bahnprojekts ins Gespräch. »Ihre erschütternden Berichte über Witterungsverhältnisse, unzureichende Ausrüstung, schlechte Verpflegung, ausständigen Lohn, Termindruck, Unfälle und Streitigkeiten mit der Bauleitung flossen in Horváths erstes Volksstück ein.« (Einem Schriftsteller auf der Spur, S. 57)

Murnau bleibt in den 1920er-Jahren Horváths Lebensmittelpunkt. Daneben hält er sich in München auf; und immer wieder zieht es ihn

Ödön von Horváth mit Freunden auf einer Hochgebirgstour: Aufenthalt am »Münchner Haus« unterhalb des Gipfels der Zugspitze und Abstieg über den Höllentalferner, einen Gletscher im Westen des Wettersteingebirges (zu dem auch die Zugspitze gehört). Fotos aus einem Album von Käthe Emhardt

auch nach Berlin, wo sich seine Aufenthalte mit der Zeit immer stärker ausdehnen. In Berlin pulst das kulturelle Leben der Weimarer Republik, dort und wohl nur dort kann man es als junger Autor zu allgemeiner Bekanntheit bringen. Er habe, schreibt Horváth Anfang 1929, »dem Lande den Rücken gekehrt«, weil er »in der Großstadt« »mehr Eindrücke« habe, »mehr und Wichtigeres für unsere Zeit« sehe. Die oft besungene »Stille« des Landes sei eigentlich die Atmosphäre »des Stillstands«. Ein Freund habe ihm einmal gesagt, er lebe hier »am Rande der Welt«, während sich in der Stadt »die Umwandlung des gesellschaftlichen Bewusstseins« vollziehe. »Auf dem Lande besteht die Gefahr des Romantischwerdens. [...] Und nun das Wichtigste: [...] Es hat sich allmählich herumgesprochen, dass das Materielle unentbehrlich ist. Und das bietet dem jungen Schriftsteller nur Berlin, von allen deutschen Städten. Berlin, das die Jugend liebt, und auch etwas für die Jugend tut, im Gegensatz zu den meisten anderen Städten, die nur platonische Liebe kennen. / Ich liebe Berlin.« (»Flucht aus der Stille oder das Werden eines neuen gesellschaftlichen Bewusstseins«. Zu Lebzeiten unveröffentlicht. Aus: Ödön von Horváth: Gesammelte Werke. Kommentierte Werkausgabe in Einzelbänden. Herausgegeben von Traugott Krischke unter Mitarbeit von Susanna Foral-Krischke. Band 11: Sportmärchen, andere Prosa und Verse. Frankfurt am Main: Suhrkamp Verlag 1988, S. 187 f.)

Ende 1924 kommt Horváth zum ersten Mal für längere Zeit nach Berlin. Die »BZ am Mittag« (»Berliner Zeitung am Mittag«), eine im Ullstein-Konzern erscheinende Zeitung und in mancher Hinsicht die erste Boulevardzeitung Deutschlands, druckt in diesem Herbst (in der Ausgabe vom 21. November) drei seiner »Sportmärchen«. Horváth verfasst in den Jahren seiner schriftstellerischen Anfänge rund 30 solcher kurzen Geschichten, von denen er viele in Zeitungen unterbringt. Die Begeisterung für Sport ist in den 1920er-Jahren ja allgemein groß und ein nicht zu unterschätzendes Zeichen für die Demokratisierung beziehungsweise die beginnende Nivellierung der bis zum Epochenumbruch des Weltkriegs festgefügten Klassengesellschaft. Auch Horváth besucht gerne Fußballspiele, Boxkämpfe und andere Massenveranstaltungen, lässt sich aber nicht so sehr selbst hinreißen, sondern beobachtet eher mit Interesse das Hochkochen der Emotionen um ihn herum. Im Alltag bevorzugt er Einzelsportarten wie Schwimmen, Schlittschuhlaufen und vor allem Bergsteigen und beschränkt sich damit in gewisser Weise auf die in seiner Herkunftsschicht seit Langem anerkannten sportlichen Betätigungen. Sein 1924 entstandenes »Sportmärchen« »Die Beratung« beginnt so: »Es war einmal ein Bergsteiger, der vernachlässigte in gar arger Weise seine Ausrüs-

Ödön von Horváth mit Schneebrille vor winterlicher Gebirgslandschaft, 1920er-Jahre

tung. Das ließ sich diese aber nicht länger mehr gefallen und trat zusammen zur Beratung.« Und während nun Nagelschuhe, Seil, Kletterschuhe, Rucksack, Eispickel und Windjacke ein Mordkomplott schmieden, »glitt der Bergsteiger auf der Straße über eine Apfelsinenschale und brach sich das Bein.« Die Pointe lautet: »Und – – – er würde sicher nicht mehr fluchen, dass er nun nie mehr in die Berge kann, wüsste er von der Beratung.« (Zitiert nach: Einem Schriftsteller auf der Spur, S. 40)

Während Horváths »Sportmärchen« wohl schon auf damalige Leserinnen und Leser allenfalls ›hübsch‹, aber in ihren Themen und ihrem Tonfall doch etwas altmodisch wirkten – sie erinnern eher an die »Kalendergeschichten« des alemannischen Mundartdichters Johann Peter Hebel (1760–1826) als an zeitgenössische Prosa der sogenannten Neuen Sachlichkeit –, zeigte er sich in seinen Stücken auf der Höhe seiner Zeit. Er ist politisch interessiert und engagiert. So arbeitet er in Berlin in der »Deutschen Liga für Menschenrechte«

mit, die Ende 1914 (zunächst unter dem Namen »Bund Neues Vaterland«) gegründet worden ist, und hilft bei den Recherchen für die Buchdokumentation »Acht Jahre politische Justiz. Das Zuchthaus – die politische Waffe«, die im Juni 1927 den Abgeordneten des Reichstags übergeben und der Presse zugänglich gemacht wird und in der es unter anderem um die Fememorde republikfeindlicher, verbotener Organisationen geht. Literarisch gestaltet Horváth dieses Thema in den beiden Fassungen seines Dramas »Sladek« und damit ganz im Sinne der berühmten, bis heute aktuellen Mannheimer Rede des jungen Friedrich Schiller »Die Schaubühne als eine moralische Anstalt betrachtet« (1784).

Die Heldinnen und Helden von Horváths Stücken sind keine heroischen Menschen, sondern gefährdete Existenzen. Ihnen, den Opfern oft inhumaner gesellschaftlicher Verhältnisse, gilt seine ganze Sympathie. In besonderer Weise gefährdet waren junge Frauen, die sich in der Nachkriegszeit – nachdem zahllose Männer ihrer Generation auf den Schlachtfeldern des Krieges geblieben waren – allein durchs Leben schlagen mussten oder unter Bedingungen und in Beziehungen lebten, aus denen sie sich heraussehnten. Diese »Fräulein«-Figuren macht Horváth besonders in seinen dramatischen Hauptwerken der frühen 1930er-Jahre – »Italienische Nacht« (uraufgeführt in Berlin am 20. März 1931), »Geschichten aus dem Wiener Wald« (Berlin, 2. November 1931), »Kasimir und Karoline« (Leipzig, 18. November 1932) und »Glaube Liebe Hoffnung. Ein kleiner Totentanz in 5 Bildern« (1933, die geplante Berliner Uraufführung wird im Zuge der nationalsozialistischen Gleichschaltung der Kultur abgesagt) – in ergreifender Weise zu Repräsentantinnen einer weiblichen »Lost Generation«.

Horváths persönliche Beziehungen zu Frauen gehen in den Zwanzigerjahren offenbar nicht sehr tief. **1924** hat er einige Monate lang eine Beziehung mit der neun Jahre älteren Felizia Seyd, die bereits eine gescheiterte Ehe mit einem Schweizer hinter sich hat. Ihr rückblickendes Urteil über die Zeit mit Ödön lautete: »Ödöns und meine

Beziehung war zauberhaft (im Anfang), aber vielleicht allzu typisch für junge Menschen. Wir waren mehr an uns selbst interessiert als aneinander. Ich war älter und in mancher Beziehung blasierter [überheblicher], auch politisch gesehen, was uns langsam auseinanderbrachte.« (Zitiert nach: Einem Schriftsteller auf der Spur, S. 39) Jahre später, 1938, veröffentlichte sie in Deutschland einen Roman und 1940, nach ihrer Emigration in die USA, auf englischer Sprache eine Biografie über die französische Schriftstellerin George Sand (1804–1876).

Horváth mochte insbesondere Schauspielerinnen (vielleicht, weil sie seine Frauenfiguren zum Leben erweckten) und Frauen mochten ihn. Die aus Wien stammende Schauspielerin Hertha Pauli (1906–1973), die in den Jahren 1927 bis 1933 unter Max Reinhardt, dem berühmtesten Theaterregisseur jener Zeit, in Berlin spielte, mit Horváth eng befreundet war und auch einigen Anteil an der Entstehung seines Dramas »Die Unbekannte aus der Seine« (1933) hatte – ein Stück über eine nicht identifizierte Frau, deren Leiche um 1900 in Paris aus der Seine geborgen worden war und deren Totenmaske als Kopie in den Folgejahren in vielen Künstlerwohnungen hing –, beschrieb ihn als »immer freundlich, gefällig und heiter«. »Es schien mir unmöglich, ihm etwas übelzunehmen.« Seine jungenhafte Ausstrahlung fiel vielen auf. Grete Fischer, die im Propyläen-Verlag als Lektorin arbeitete, meinte: »So hab ich ein Bild von Ödön von Horváth: seinen großen Kopf mit den hellen Augen über dunklen Tränensäcken, voll von einer überempfindlichen Trauer, in einem unbewegten Gesicht – während er lächerliche Sachen sagte. ›Ich bin Bayer‹, sagte er, ›die Eltern haben ein Gütchen in Murnau. Der Bayer, das is a Kreuzung zwischen an Aff und an Tiroler.‹« Ihr Eindruck war: »Er liebte die Menschen nicht, er sah sie.« (Alle Zitate nach: Hildebrandt, S. 53)

Ab **Anfang 1929**, als »Die Bergbahn« erfolgreich in Berlin uraufgeführt wird und er bei Ullstein einen Verlagsvertrag unterschreibt, der ihm als Vorschuss auf seine künftigen Werke, die er jeweils zuerst dem Ullstein Verlag anzubieten hat, regelmäßige Einkünfte beschert, kann sich Horváth als professioneller Schriftsteller fühlen. (Der zu-

Ödön von Horváth mit Bruder und Schwägerin und einer Freundin auf der Terrasse der »Fürst-Alm« (siehe hierzu die ausführliche Bildunterschrift auf Seite 255).

nächst auf ein Jahr geschlossene Vertrag sah Zahlungen von monatlich 300 Mark vor; später wurde er verlängert, 1931 erhöhten sich die Zahlungen für die jeweilige Dauer von Horváths Aufenthalten in Berlin auf 500 Mark, 1932 fiel diese Bedingung weg und die monatliche Summe von 500 Mark galt pauschal.) Seit **Ende 1927** nähert er sich auch der großen Erzählform, dem Roman, an. Es bedarf allerdings mehrerer Anläufe (und einer Reise zur Weltausstellung in Barcelona im **Herbst 1929**), bevor er im ersten Halbjahr **1930** seinen ersten Roman »Der ewige Spießer« fertigzustellen vermag, der im Oktober des gleichen Jahres erscheint. Die komplizierte Entstehungsgeschichte dieses Werkes wird im Abschnitt »Zur Textgestalt« beschrieben (vgl. die Seiten 155 – 162 dieses Bands).

Ende der 1920er-Jahre verschärfen sich in Murnau die Spannungen zwischen den demokratisch gesinnten und den republikfeindlichen Einwohnern. Am **1. Februar 1931** wird Horváth in der Gaststätte

Kirchmeir Zeuge, wie eine von der Murnauer Ortsgruppe der SPD organisierte Versammlung zum Thema »Demokratie oder Diktatur«, auf der auch der Vizepräsident des Bayerischen Landtags spricht, in eine wüste Schlägerei zwischen Nationalsozialisten und sozialdemokratischen Mitgliedern des »Reichsbanner« – eines politischen Wehrverbands zum Schutz der Republik, der größten demokratischen Massenorganisation der frühen Dreißigerjahre – ausartet. 26 Personen erleiden teils schwere Verletzungen und es entsteht erheblicher Sachschaden. Im Gerichtsprozess wegen Landfriedensbruch, der ab dem **20. Juli** in Weilheim stattfindet, ist auch Horváth als Zeuge geladen. Er sagt unter Eid aus und belastet die beteiligten Nationalsozialisten schwer, die dennoch am **1. August** fast alle von jeder Schuld freigesprochen wurden. Die wenigen Verurteilten fechten das Urteil an und werden im **Oktober** im Revisionsprozess am Landgericht München II ebenfalls freigesprochen. Horváth sagt erneut aus und bekräftigt dabei seine frühere Aussage, die Schlägerei sei seinem Eindruck zufolge von den Nationalsozialisten planmäßig vorbereitet und vom Zaun gebrochen worden.

Von nun an geht man in Murnau auf Abstand zu ihm. Nur wenige billigen seine Aussagen vor Gericht; und diese Distanzierung wäre wohl noch deutlicher ausgefallen, hätte man sich in Murnau für das Stück »Italienische Nacht« interessiert, das am **20. März** unter der Regie des mit Horváth gleichaltrigen und gut befreundeten Francesco von Mendelssohn (1901–1972) in Berlin am Theater am Schiffbauerdamm uraufgeführt wurde. Es spielt in einer »süddeutschen Kleinstadt«, in der der Eingeweihte unschwer Murnau wiedererkennen konnte, und behandelt den Gegensatz zwischen dem harmlosen Treiben eines »Republikanischen Schutzverbandes« und den aggressiven, der kriegerischen Ertüchtigung dienenden Aktionen einer faschistischen Ortsgruppe von Republikgegnern. Die Parallelen zwischen den Geschehnissen im Stück und denen in Murnau am 1. Februar 1931 sind so frappierend, dass immer behauptet wurde und wird, das Stück beruhe auf diesen Ereignissen. Doch es war, als es zu dem provozierten Gewaltexzess in der Gaststätte Kirchmeir kam, bereits fertig; und so kann es lediglich als Beweis dienen, wie realitätsnah Horváths Stücke jener Jahre sind, die im Übrigen tatsächlich oft auf realen Vorfällen beruhen.

Gabriele Münter sieht sich die Aufführung vom 26. März an, erzählt aber, zurück in Murnau, offenbar nichts weiter. Carl Zuckmayer beglückwünscht Horváth zur »bezaubernden Leichtigkeit und Echtheit der Dialoge« und der »Lebensdichtheit der Atmosphäre« (zitiert nach: Einem Schriftsteller auf der Spur, S. 79) und sorgt dafür, dass Horváth im **Oktober 1931** (gemeinsam mit Erik Reger) den Kleist-Preis, den wichtigsten Literaturpreis der Weimarer Republik, erhält.

Wien, Berlin, Wien, Henndorf, von Wien bis Paris, 1933–1938

Als die Nationalsozialisten Anfang 1933 an die Macht kommen, gerät Horváths Schriftstellerkarriere ins Stocken. Bereits im **November 1932** ist der Vertrag mit Ullstein in »gegenseitige[m] freundschaftlichen Übereinkommen[]« aufgelöst worden. In einem Brief vom **2. Januar 1933** an den Verlag versichert Horváth, er gedenke seinen »Verpflichtungen zur Rückzahlung« der nicht durch Einnahmen aus dem Verkauf seiner Werke ausgeglichenen Vorschüsse »unter allen Umständen nachzukommen«, merkt jedoch auch an, er »bitte [...] freundlichst« darum, dass von Verlagsseite ebenfalls »etwas betr. der Abdeckung meines Kontos geschieht«. Als er zuletzt in Leipzig gewesen sei (anlässlich der Uraufführung von »Kasimir und Karoline« am 18. November 1932), »war in der ganzen Stadt bei keinem Buchhändler auch nur eines meiner Bücher zu sehen. Und in Berlin war sogar nicht einmal in einer Ullsteinfiliale« – einer der verlagseigenen Buchhandlungen – »ein Buch vorrätig, geschweige denn, dass sich mal eines in eine Auslage verirrt hätte. Ich hoffe, dass dies bei der Aufführung von ›Glaube Liebe Hoffnung‹ etwas anders wird, denn es schädigt doch eigentlich nur uns, wenn niemand in die Lage versetzt wird, sich eines meiner Bücher kaufen zu können.« (Alle Zitate dieses Absatzes nach: Hildebrandt, S. 57, 58 und 59 f.) – Dass die Aufführung von »Glaube Liebe Hoffnung«, wie bereits erwähnt, auf Druck der neuen Machthaber letztlich abgesagt wird, ist ein weiterer entmutigender Misserfolg.

Der Beginn des Jahres **1933** bringt auch den endgültigen Abschied aus Murnau, und zwar auf hässliche Weise. Als am **10. Februar** im Hotel Post, in dessen Schankraum Horváth ein häufiger abendlicher Gast ist, eine Rundfunkrede des neuen Reichskanzlers Adolf Hitler übertragen wird, bittet Horváth die Bedienung, den Apparat auszuschalten, woraufhin er von zwei SA-Leuten gewaltsam aus dem Lokal befördert wird. Horváth verlässt Murnau am nächsten Morgen. Das Haus seiner Eltern wird durchsucht und der Vorfall im Hotel Post wird durch Zeitungsberichte öffentlich. Am **14. Februar** heißt es im »Völkischen Beobachter«, dem auflagenstarken Hetzblatt der NSDAP, Horváth besitze »die Frechheit, die Nationalsozialisten anzupöbeln. Seine ›Italienische Nacht‹ zeichnet uns als Feiglinge, die durch ein einziges Schimpfwort einer Frau in die Flucht geschlagen werden können. Wird sich der Ödön noch wundern!« Horváth sieht sich veranlasst, durch seinen Rechtsanwalt erklären zu lassen, er habe »keine Bemerkungen, noch weniger Bemerkungen schlimmster Art gemacht« (zitiert nach: Einem Schriftsteller auf der Spur, S. 108 und 107). Trotz dieser Gegenerklärung gilt Horváth den Polizeibehörden der Gegend von nun an als Kommunist. Seine Eltern verkaufen 1934 das Haus (das 1973 abgerissen wurde), um weiteren Feindseligkeiten aus dem Weg zu gehen, und verlegen ihren zweiten Wohnsitz – neben München – nach Possenhofen am Starnberger See.

Horváth geht im **Frühjahr 1934** nach Österreich. Nach einem Zwischenaufenthalt im Salzkammergut bei dem Schriftstellerkollegen Alexander Lernet-Holenia (1897–1976) trifft er **Mitte April** in Wien ein, wo er bis **Anfang Juni** in dem vornehmen Hotel Bristol wohnt. Er vermeidet es in den kommenden Monaten, sich öffentlichen Protesten von Schriftstellern gegen die sich in Deutschland vollziehende Gleichschaltung anzuschließen, was ihm mancher übel nimmt. Auch seine bereits zugesagte Mitarbeit an der von Klaus Mann ins Leben gerufenen und herausgegebenen Exilzeitschrift »Die Sammlung«, deren erste Nummer im September in Amsterdam erscheint, zieht er wieder zurück.

In Wien schließt Horváth enge Freundschaft mit dem dort geborenen Schriftsteller Franz Theodor Csokor (1885–1969), der vor allem durch seine expressionistischen Dramen bekannt geworden ist. Csokor bringt ihn mit vielen Leuten zusammen und stellt ihm im Herbst sogar seine eigene Wohnung zur Verfügung. Im **Oktober** reist Horváth nach Berlin und Murnau (was zeigt, wie schwer er von diesem Ort loskommt) und besucht anschließend Carl Zuckmayer, der mit seiner Familie nach der Machtübernahme der Nationalsozialisten nach Österreich gezogen ist, wo er nun in Henndorf (bei Salzburg) lebt.

Anschließend ist Horváth in Passangelegenheiten in Budapest und am **27. Dezember** heiratet er zur Überraschung von Freunden und Angehörigen die Opernsängerin und Schauspielerin Maria Elsner (1905–1983), nachdem beide gerade einmal ein paar Wochen zusammengelebt haben. Als Horváth Hertha Pauli, die mittlerweile auch nach Wien ausgewichen ist und sich dort in den folgenden Jahren als Herausgeberin und Autorin biografischer Romane über Wasser hält, wenige Tage vor der in kleinem Kreis vollzogenen Trauung von seinen Absichten berichtet, unternimmt sie einen Selbstmordversuch.

Maria Elsner stammte aus Leipzig, debütierte 1928 am Stadttheater Freiburg, wirkte 1930 und 1931 auch in vier Spielfilmen mit und wurde 1931 Ensemblemitglied der Semperoper in Dresden. Dort weigerte sie sich im Sommer 1933, eine Misstrauenskundgebung der nationalsozialistischen Mitarbeiter gegen den Operndirektor, den berühmten Dirigenten Fritz Busch (1890–1951), zu unterzeichnen, woraufhin man ihr kündigte.

Bereits vier Tage nach der Trauung gesteht Maria – die die treibende Kraft hinter der Eheschließung gewesen ist – ihrem Mann, »dass sie einen anderen liebe und ihn nur geheiratet habe, um durch die Ehe die ungarische Staatsangehörigkeit und den Namen des Gatten zu erlangen« (aus dem späteren Scheidungsprotokoll, zitiert nach:

Maria Elsner (1905 – 1983).
Foto: Edith Glogau, Wien

Wera Liessem (1909 – 1991). Detail einer
Autogrammkarte aus den 1930er-Jahren

Traugott Krischke: Horváth-Chronik. Daten zu Leben und Werk. Frankfurt am Main: Suhrkamp Verlag 1988, S. 106). Horváth reagiert erschüttert und wird vielleicht auch handgreiflich (über diesen Punkt herrscht im Scheidungsverfahren Uneinigkeit). Am **9. Januar 1934** reist er aus Wien ab. Zwei Tage später gibt seine Frau ihr Debüt an der Wiener Staatsoper, und zwar in ihrer Glanzrolle, dem Stubenmädchen Adele in der Operette »Die Fledermaus« (1874) von Johann Strauss. Am **8. Februar** ist Horváth zurück in Wien. Er wohnt nun wieder im Hotel Bristol, wo ihn am **21. Februar** ein Brief seiner Frau erreicht, in dem sie ihm aufgrund der durch ihn erlittenen »Demütigungen« und »Brutalitäten« die eheliche Gemeinschaft aufsagt. In seinem Antwortbrief vom gleichen Tag willigt Horváth in die Scheidung ein, die **Anfang September** rechtskräftig wird. Wenige Tage später lernt Horváth in Berlin auf einer Party die junge Schauspielerin Wera Liessem (1909–1991) kennen, mit der er im **Dezember** zusammenzieht.

Nach seiner gescheiterten Ehe in Wien versucht Horváth 1934, seine Karriere als Bühnenautor in Deutschland fortzusetzen und überdies in der Filmbranche Fuß zu fassen – vielleicht angeregt durch das Beispiel Carl Zuckmayers, der seit 1927 mit Filmtreatments und Drehbüchern gutes Geld verdient. **Anfang Juni** wird ihm mitgeteilt, dass er als Dramatiker unter der neuen Regierung unerwünscht sei. In seiner Angst, nach seiner Frau auch sein Publikum und seine Verdienstmöglichkeiten zu verlieren, bittet er seinen Bühnenverlag, zu seinen Gunsten beim auch für Kultur zuständigen Propagandaministerium zu intervenieren, indem er versichert, es wäre für ihn »mehr als ein sehr schmerzliches Erlebnis, wenn man es mir untersagen würde, am Wiederaufbau Deutschlands mitzuarbeiten« (zitiert nach: Einem Schriftsteller auf der Spur, S. 112). Diese unterwürfige Erklärung wird mit einem gewissen Wohlwollen aufgenommen und Horváth wird signalisiert, er könne einen Antrag stellen, in den 1933 gegründeten, politisch gleichgeschalteten »Reichsverband Deutscher Schriftsteller« aufgenommen zu werden, was er auch tut, ohne dass ihm das aber, wie sich in der Folge zeigt, viel nützt. Bereits 1935 hört er auf, seine Mitgliedsbeiträge zu entrichten, 1937 wird ihm aus diesem Grund die Mitgliedschaft entzogen.

Zunächst, im **Sommer 1934**, schöpft er jedoch Hoffnung, sich mit dem nationalsozialistischen Deutschland arrangieren zu können. In Erwartung kommender Einnahmen macht er den Führerschein, erwirbt ein Auto und mietet im Dezember zwei Zimmer in einer Villa in Berlin-Nicolaussee, die seine Freundin Wera mit ihm teilt.

Die in Altona bei Hamburg geborene Wera Liessem hatte ihre ersten Schritte als Schauspielerin im Alter von 18 Jahren in Kapstadt gemacht, wo ihr acht Jahre älterer Bruder Kurt gerade die Leitung des Deutschen Theaters übernommen hatte. Wenig später kehrte sie nach Deutschland zurück, debütierte am Stadttheater Bamberg und hatte anschließend Engagements in Frankfurt am Main, Zürich, München

Ödön von Horváths Führerschein, ausgestellt in Berlin am 21. September 1934

und Berlin. 1932 startete ihre Karriere als Filmschauspielerin, die sich vielversprechend anließ. In drei Jahren hatte sie 13 Filmrollen, darunter 1933 die weibliche Hauptrolle in Fritz Langs sozialkritischem Kriminalfilm »Das Testament des Dr. Mabuse«, der allerdings von den Nationalsozialisten sofort verboten wurde. Ihre Filmkarriere endete im Herbst 1935, als sie Horváth nach Wien folgte.

Horváths eigene Hoffnungen auf die Filmwelt erfüllen sich nicht. Er arbeitet an einigen Projekten mit, aber nie in verantwortlicher und einträglicher Weise, er plant und entwirft, findet jedoch keinen Fürsprecher. Als Bühnenautor wird er in Deutschland boykottiert; auch gelingt es ihm nicht mehr, an die Qualität seiner bedeutenden Stücke der frühen Dreißigerjahre anzuknüpfen, was wohl auch damit zu tun hat, dass er sich nun bemüht, keine Angriffsfläche zu bieten. Im **Dezember 1934** kommt es in Zürich – nachdem die geplante Premiere am Wiener Volkstheater aufgrund erfolgreicher Einschüchterungsversuche der Theaterleitung durch Rechtsradikale abgesagt worden ist – zur Uraufführung des 1933 entstandenen Stücks »Hin und Her«. Doch das für das ernste Thema der Heimat- und Staatenlosigkeit etwas zu gefällige und seichte Lustspiel hat wenig Erfolg. Auch die im **Herbst 1935** nach der Rückkehr nach Wien allzu schnell geschriebene Komödie über Machtverhältnisse in der Filmwelt, »Mit dem Kopf durch die Wand«, in der Wera die weibliche Hauptrolle spielt, erlebt nach der Premiere am **10. Dezember** nur vier weitere Aufführungen.

Bis ins **Frühjahr 1937** arbeitet Horváth, zunehmend unzufrieden mit seinem Tun und pessimistisch hinsichtlich der Erfolgsaussichten, an weiteren Bühnenwerken. Dann zieht er einen Schlussstrich, auch wenn zwei seiner Stücke, »Figaro lässt sich scheiden« und »Ein Dorf ohne Männer«, im **April** und **September 1937** in Prag in deutscher Sprache uraufgeführt werden, und wendet sich wieder der Prosa zu. Dazu geht er im **Juli** nach Henndorf, wo er bis **Anfang September** im Gasthof Bräu wohnt und in wenigen Wochen den Roman »Jugend ohne Gott« schreibt (vgl. dazu die Seiten 220 f. dieses Bands), der auf Ideen und Skizzen beruht, die bis in die Jahre 1933 und 1934 zurückreichen. Mitte Juli schließt er mit dem Allert de Lange Verlag in Amsterdam, der deutsche Exilautoren verlegt, einen Vertrag, zwei Monate später schickt er das Manuskript und **Ende Oktober** kann der Roman bereits ausgeliefert werden. Er wird ein großer Erfolg und macht Horváth zu einem international bekannten Schriftsteller. Binnen eines Jahres liegt das Buch in acht Sprachen vor. In Deutschland wird es im **Frühjahr 1938** wegen »pazifistischer Tendenzen« auf die »Liste des schädlichen und unerwünschten Schrifttums« gesetzt (zitiert nach: Einem Schriftsteller auf der Spur, S. 146).

Beflügelt vom Erfolg von »Jugend ohne Gott« zieht sich Horváth im **Spätherbst 1937** zu einer weiteren Arbeitsphase nach Henndorf zurück, in der sein dritter Roman entsteht. »Ein Kind unserer Zeit« erzählt in symbolhaft aufgeladenen Szenen vom Desillusionierungsprozess eines Kriegsfreiwilligen. Das Buch wird im **Frühjahr 1938** fertig, erscheint im **Herbst**, nach Horváths unerwartetem Tod, bei Allert de Lange und findet ebenfalls internationale Verbreitung. Sein nächster Roman sollte »Adieu Europa!« heißen.

Am **12. März 1938** erfolgt der »Anschluss« Österreichs an das Deutsche Reich. Die Popularität Hitlers, dem alles zu gelingen scheint, erreicht in diesen Tagen ihren Höhepunkt. Horváth fährt am nächsten Tag mit dem Bus nach Budapest, zu einem bereits vorher geplanten Besuch bei dem Ehepaar Hatvany, das künstlerisch interessiert ist und sich mäzenatisch engagiert. Nach zwei Wochen geht es weiter nach Teplitz, wo er die 1898 geborene Schauspielerin Lydia Busch besucht, an seinem neuen Roman arbeitet und sich Gedanken über die Zukunft macht. Er überlegt, entweder in der Tschechoslowakei zu bleiben oder aber in die Westschweiz zu gehen. Schließlich reist er **Ende April** über Ungarn und Italien nach Zürich, wo Wera Liessem im Ensemble des Schauspielhauses Aufnahme gefunden hat, und von dort weiter nach Amsterdam, wo er die Druckfahnen von »Ein Kind unserer Zeit« Korrektur liest. **Ende Mai** trifft er in Paris ein, wo er in einem einfachen Hotel nahe des Théâtre de l'Odéon ein Zimmer nimmt, in dem auch Hertha Pauli und andere Emigranten wohnen. Er will seinen französischen Übersetzer Armand Pierhal kennenlernen und ist mit dem Filmregisseur Robert Siodmak (1900–1973) verabredet, der sich mit dem Gedanken trägt, »Jugend ohne Gott« zu verfilmen. Am **1. Juni** sieht sich Horváth im Kino Walt Disneys Zeichentrickfilm »Snow White and the Seven Dwarfs« an, trifft sich dann mit Siodmak und dessen Frau in einem Café und schlendert anschließend am frühen Abend die Champs Élysées entlang, als ein kurzer heftiger Sturm aufkommt, bei dem aus einem der Bäume, die die Prachtstraße flankieren, ein schwerer Ast abbricht und Horváth am Kopf trifft. Er ist sofort tot. In den Manteltaschen des Toten finden sich ein Päckchen Aktfotos und eine Zigarettenschachtel, auf die

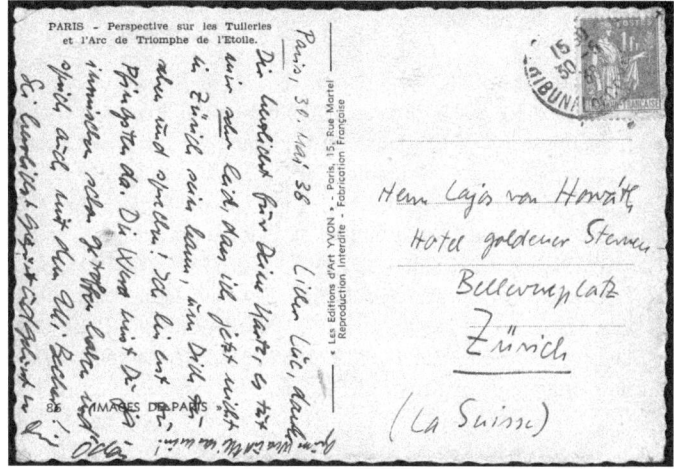

Die letzte Postkarte Ödön von Horváths an seinen Bruder Lajos, geschrieben in Paris am 30. Mai 1938: »Lieber Luc, danke Dir herzlich für Deine Karte, es tut mir sehr leid, daß ich jetzt nicht in Zürich sein kann, um Dich selber zu sprechen! Ich bin erst zu Pfingsten da. Die Wera wird ja inzwischen schon geholfen haben und sprich auch mit dem Ulli Becher! Sei herzlich gegrüßt und geküsst von Deinem Ödön.«

ein kleines Gedicht gekritzelt ist. Es lautet: »Und die Leute werden sagen / In fernen blauen Tagen / Wird es einmal recht / Was falsch ist und was echt // Was falsch ist, wird verkommen / Obwohl es heut regiert. / Was echt ist, das soll kommen – / Obwohl es heut krepiert.« (Zitiert nach: Hildebrandt, S. 11)

Bildquellenverzeichnis

|iStockphoto.com, Calgary: bpperry 220.1; CJ_Romas 217.1; clu 179.1, 252.1, 253.1, 254.1; duncan1890 201.1; efired 205.1; Gwengoat 219.1; Hannes6380 193.1; JackF 225.1; Manakin 198.1; Meinzahn 175.1; nightman1965 177.1; Richter, Dirk 203.1; Roop_Dey 246.1; Scukrov 210.1; SERDYUK, Natalia 186.1; tupungato 234.1; ZU_09 196.1, 213.1, 257.1. |Münchner Stadtbibliothek / Monacensia, München: P/a 1724 159.1, 171.1, 183.1, 255.1, 273.1, 274.1, 275.1, 278.1, 278.2, 280.1, 283.1. |Ödön-von-Horváth-Gesellschaft, Murnau: 290.1, 293.1, 294.1. |Schede, Hans-Georg, Freiburg: 180.1, 190.1, 249.1; Foto: Edith Glogau 288.1; Privatbesitz 161.1, 163.1, 166.1, 237.1. |© Schloßmuseum Murnau, Bildarchiv, Murnau a. Staffelsee: 2.1, 263.1, 264.1, 266.1, 271.1.

Vorderseite von Horváths letzter Postkarte an seinen Bruder Lajos (Paris, 31. Mai 1938)

© 2023 Westermann Bildungsmedien Verlag GmbH, Georg-Wester-
mann-Allee 66, 38104 Braunschweig, www.westermann.de

Druck A 4 / Jahr 2024
Alle Drucke der Serie A sind im Unterricht parallel verwendbar.

Redaktion, Satz, Erläuterungen und ›Leben und Werk
im Überblick‹: Dr. Hans-Georg Schede, Freiburg

Layout: Yvonne Behnke, Berlin

Druck und Bindung: Westermann Druck Zwickau GmbH,
Crimmitschauer Straße 43, 08058 Zwickau

ISBN 978-3-14-**120050**-8

Schroedel Interpretationen

ISBN 978-3-507-47727-8

Die »Schroedel Interpretationen« bieten anspruchsvolle, doch verständlich und interessant geschriebene Darstellungen und Deutungen von wichtigen Werken der deutschen Literatur. Dabei liegt ein besonderer Akzent auf der Vermittlung literaturgeschichtlicher Kenntnisse.

Die Bände der Reihe eignen sich besonders zur Vorbereitung auf Referate, Hausarbeiten, Klausuren und Prüfungen. Band 25 hat einen Umfang von 128 Seiten und enthält zahlreiche Abbildungen.

Weitere Bände der Reihe in Auswahl:

Bertolt Brecht: Leben des Galilei
ISBN 978-3-507-47702-5

Georg Büchner: Woyzeck
ISBN 978-3-507-47708-7

Friedrich Dürrenmatt: Die Physiker
ISBN 978-3-507-47712-4

Theodor Fontane: Effi Briest
ISBN 978-3-507-47707-0

Johann Wolfgang von Goethe: Faust I
ISBN 978-3-507-47721-6

Franz Kafka: Der Verschollene
ISBN 978-3-507-47742-1

Christian Kracht: Faserland
ISBN 978-3-507-47729-2

Gotthold Ephraim Lessing: Emilia Galotti
ISBN 978-3-507-47724-7

Friedrich Schiller: Kabale und Liebe
ISBN 978-3-507-47723-0

Sophokles: Antigone
ISBN 978-3-507-47735-3

Inhaltsverzeichnisse und Probeseiten zu allen Bänden der Reihe:
www.westermann.de/schroedel-interpretationen